Johann Martin von Abele

Briefe

Johann Martin von Abele

Briefe

ISBN/EAN: 9783744719827

Hergestellt in Europa, USA, Kanada, Australien, Japan

Cover: Foto ©ninafisch / pixelio.de

Weitere Bücher finden Sie auf **www.hansebooks.com**

Nützliche
auf alle fast nur erdenkliche Fälle
eingerichtete
auch
nach der heutigen Art
kurz und deutlich abgefaßte

Briefe,

samt einer nöthigen
Anweisung zum Briefschreiben,
und einer dreyfachen Zugabe
von Obligationen, Quittungen, Assignationen, Bescheinungen, Tauf- Communion-
Copulations- und Todesscheinen,
von Tituln in und auf den Briefen,
von einigen bey Geburten, Hochzeiten,
Leichen, Geburts- und Namenstägen,
auch zu dem Neuen Jahr mündlichen
Reden und Wünschen,
nebst einer
deutlichen Anzeige,
wie viel
teutsche Meilen die vornehmste Städte in
Europa von einander entlegen,
und
hinlänglichem Register.

Neue verbesserte Auflage.

Frankfurt und Leipzig, 1774.

Vorrede.

Man übergibt dem Publikum eine neue-verbesserte- und vermehrte Auflage von einem Buch, das auch ohne unser Erinnern schon bekannt ist. Man hat gesucht, die grösten Fehler auszumerzen, und lächerliche Redensarten wegzustreichen. Aber auch um Vermehrungen hat man sich bekümmert, und neue Briefe hinzugethan. Freylich wird dieses Werckgen dem Mann von Geschmack, und dem strengen Kunstrichter nicht so willkommen seyn, wie dem Ungelehrten, dem Bürger, dem Bauern. Aber es ist auch für diese allein geschrieben. Der Endzweck ist erreicht, wenn es im gemeinen Leben mit Nutzen kan gebraucht werden. Und das hoffen wir, da wir die Erfahrung zur Seite haben. Man mag uns immer diktatorisch belehren wollen, daß es besser wäre, selbst nachzudenken, als jede Anweisung Briefe zu schreiben. Aber man solte auch den Menschen mehr betrachten, wie er wirklich ist, und nicht, wie er seyn könnte, oder seyn solte. Im letzteren Fall haben Sie freylich Recht, mein Herr, und ihre Lehren mögen im Reiche der Möglichkeit, oder auch für Gelehrte recht heilsam seyn. Wir haben den Menschen aus dem erstern Gesichtspunkt betrachtet, und also — auch recht. Betrachten Sie einmal einen Menschen, der von Jugend auf nie zum Nachdenken gewöhnet ist. Nun tritt er auf die grosse Bühne dieser Welt, und spielt seine Rolle als Handwerker oder als Landmann gut. Seine Arbeiten beschäfti-

Vorrede.

gen mehr seinen Körper, und destoweniger seine Seele. Seine Gedanken-Maschine bleibt ohne Bewegung liegen, und gleicht endlich einer Uhr, die der Rost anfrißt, und der Staub bedecket. Seine verschiedene gesellschaftliche Verhältniße werden ihn öfters nöthigen, mit verschiedenen Personen wegen eben so viel verschiedenen Sachen Umgang zu haben. Er muß an Abwesende schreiben. Aber hier wird er vergebens den leeren Kopf sich zerbrechen, um ein Ganzes heraus zu bringen. Selbst seine Sprachkenntniß ist so arm, daß er kaum ein paar Perioden zusammen stoppeln kan. Er soll nachdenken! — Er — dessen Maschine durch den wenigen Gebrauch fast unthätig worden! Nein! hier muß man ihm sein Briefschreiben erleichtern, und Vorschriften in die Hände geben, die er wenigstens als seinen Gängelwagen ansehen kan. Er schlägt das Register seines Orakels nach, und findet seinen Wunsch erfüllt. Man hat im Anhang die Begriffe von Obligationen, Quittungen ꝛc. zu entwickeln gesucht, um den gemeinen Mann aus einer Verwirrung zu reissen, darein ihn Wörter aus fremden Sprachen gestürzt haben. Man hat für Geistliche Tauf-Communion-Copulations- und Todesscheine hinzugethan, weil man hoffet, manches ehrlichen Mannes stillen Dank dafür einzuerndten. Thut unsere Schutzrede Ihnen, meine Herren, kein Genüge, so messen Sie Sich, nicht uns die Schuld bey. Unser verschiedener Standort mußte, was ist natürlicher, verschiedene Beobachtungen nach sich ziehen.

Ein-

Einleitung,
oder
allgemeine Anweisung
zum
Briefschreiben.

§. 1.

Briefe schreiben ist eine sehr nützliche und nöthige Sache, ja ein Geschäfte, das einem jeden Menschen fast unentbehrlich ist. So nothwendig es ist, daß man wisse, mit andern zu reden, und eine Sache mündlich vorzutragen; so nothwendig ist es auch, daß man wisse, an andere zu schreiben, und seine Sache schriftlich vorzubringen, weil wir diejenigen Personen, mit welchen wir zu thun haben, nicht immer um uns haben, noch sie sprechen können. Wir können dahero einen Brief für nichts anders ansehen, als für eine schriftliche Unterredung mit einem andern, der von uns abwesend ist.

§. 2.

Wird aber nicht wenig dazu erfordert, daß man andern seine Angelegenheiten mündlich auf eine deutliche, wohlanständige und ordentliche Weise vorzutragen weißt, so hat es gewißlich noch mehr auf sich, solches schriftlich zu thun. Es ist daher gewiß nichts unnöthiges, mit guten Vorschriften von deutlichen Briefen, auch einer ver-

Allgemeine Anweisung

vernünftigen Anweisung dem unwissenden zu Hülfe zu kommen.

§. 3

Es läßt sich zwar nicht wohl thun, einen andern vollkommen und nach allen Umständen hierinnen zu unterrichten, indem der eigene Verstand einem jeden dißfalls selbsten am besten zu Hülfe kommen solte. Doch kan man, was die Hauptsache anbetrift, schon durch deutliche Regeln einige Anleitung geben.

§. 4.

Wenn man nemlich einen Brief schreiben will, und dazu das Papier zugerichtet und beschnitten hat, so pfleget man inwendig den Anfang mit dem Titul zu machen, welcher derjenigen Person gehöret, an welche man schreibet. Diesen setzet man mit etwas grössern Buchstaben obenhin. Das aber hat man wohl in Acht zu nehmen, daß man der Sache weder zu viel noch zu wenig thue, und den Titul weder zu groß noch zu klein mache. Denn geschiehet das erstere, und macht man den Titul zu groß und zu hoch, so macht man sich selbst lächerlich, und verräth seinen Unverstand; geschiehet das andere, und wird einer solchen Person nicht der gebührende Titul gegeben, so lauft es wider den schuldigen Respect. Mithin muß man hierinn die rechte Mittelstrasse zu treffen wissen, wozu wir in einem besondern Anhang den nöthigen Unterricht gegeben haben.

§. 5.

Es pflegen zwar manche bisweilen an statt des Tituls folgende Worte obenhin zu setzen, als:

Die

zum Briefſchreiben.

Die Gnade unſers Herrn ſey mit ihm. GOtt mit uns. JEſum zum Gruß, und andere dergleichen Redensarten mehr. Allein dieſes ſchickt ſich heut zu tag nicht immer wohl. Das ſind nur ſolche Redensarten, mit welchen diejenige, ſo in einer geiſtlichen Geſellſchaft leben, ihre Briefe anfangen, oder welche auch gebraucht werden können, wenn etwa Eltern, Kinder und Geſchwiſterige an einander ſchreiben, oder wenn es gleichſam ein Segen iſt, der denen, die über andere ſind, zukommt. Daher man, wenn man an Höhere ſchreibt, ſolches unterläßt: auch Perſonen gleiches Standes, wenn ſie dergleichen Segenswünſche gebrauchen, ſetzen an ſtatt mit Ihm, lieber mit uns, um allen Schein des Vorzugs zu vermeiden.

§. 6.

Hat man nun obenhin den gebührenden Titul hingeſchrieben, ſo muß man zwiſchen dem Titul und dem Anfang des Schreibens etwas Platz laſſen, und zwar weniger oder mehr, nachdem es der Stand derjenigen Perſon erfordert, an welche man ſchreibet; je höher ſie nemlich über uns iſt, je mehr muß man zwiſchen dem Titul und der erſten Linie des Briefs Platz laſſen.

§. 7.

Hierauf kan man den Brief ſelbſt anfangen, wozu wir die beſondere Anleitung bey einer jeden Gattung Briefe geben werden, dahin wir den Leſer verweiſen. Das vornehmſte, ſo man hiebey zu beobachten hat, iſt dieſes: daß man ſich, ſo viel möglich, der Kürze befleiſſe, ſeine Gedanken, ſo wie man in einem Geſpräch redet, mit ungekün-

Allgemeine Anweisung

künstelten, deutlichen und tauglichen Worten ausdrücke, und die schuldige Ehrerbietigkeit nach Beschaffenheit der Sachen und Personen geziemend beobachte.

§. 8.

Dazu gehöret vornehmlich auch, daß man, besonders wenn man an höhere Personen schreibet, an statt des Wörtleins Er oder Sie, zum öftern den Titul, der ihrem Stande zukommt, gebrauche. Zum Exempel: gegen einen von Adel, Euer Hochfreyherrlichen Gnaden, gegen einen Regierungsrath, Euer Hochedelgebohren, gegen einen Theologiæ Doctorem, Euer Hochwürden, gegen einen Special oder Stadtpfarrer, Euer Hochehrwürden, gegen einen Pfarrer auf dem Land, Euer Wohlehrwürden, und dergleichen, wie solcher in den Titulaturen mit mehrerem wird gezeigt werden. Doch darf man auch diese Titul nicht gar zu oft wiederholen, sonst würde es verdrüßlich seyn, sondern man setzt auch zum öftern das Wörtlein Dieselbe dafür, und wechselt damit ab.

§. 9.

Ferner ist zu beobachten, daß man seine Sachen ordentlich vortrage, und nicht bald vom vordersten auf das hinderste, und so hinwiederum vom hintersten auf das vorderste komme, oder ein Ding mehr als einmal vorbringe. So ist es auch nicht nöthig, wenn man unterschiedliche Sachen zu schreiben hat, daß man alles künstlich an einander hänge, dadurch etwa der Brief nur weitläuftig und lang wird. Es ist genug, wenn

man

zum Briefschreiben.

man nur eines nach dem andern der Ordnung nach anführet.

§. 10.

Man muß sich auch in den Briefen in Acht nehmen, daß man Höhere, an welche man schreibet, mit Commissionen, sich andern zu empfehlen oder andere zu grüssen, verschonet, dann das lauft wider den schuldigen Respect. Wenn man aber an seines gleichen, oder an solche, die nicht viel höher sind, schreibet, so kan man dergleichen Freyheit wohl, doch mit geziemender Ehrerbietung gebrauchen, da man etwa setzet: z. E. ich bitte gehorsamst, N. meinen Gruß oder Respect zu vermelden ꝛc.

§. 11.

Den Beschluß eines Briefs pflegt man gemeiniglich mit Bezeugung seiner Hochachtung oder guten Willens zu machen, daß man setzet, z. E. Ich bin, oder ich verbleibe ꝛc. Ich habe die Ehre zu seyn ꝛc. Der ich bin ꝛc. Der ich lebenslang verharre ꝛc.

§. 12.

Nach diesem setzt man wieder mit grössern Buchstaben den Titul in die Mitte auf eine frische Linie wie oben, nur etwas kürzer, nachdem es der Stand einer Person mit sich bringt: Euer Excellenz ꝛc. Euer Hochwürden ꝛc. Euer Hochedelgebohrn ꝛc. Meines Hochzuehrenden Herrn ꝛc. Meines Hochgeschätzten Freundes ꝛc.

§. 13.

Hierauf setzet man ganz unten zur rechten Hand seine Namens-Unterschrift, über selbige aber

Allgemeine Anweisung

aber zuvor noch ein Wort des Respects hin, nachdem es der Stand einer Person erfordert, als: unterthäniger Diener ꝛc. gehorsamster Diener ꝛc. ergebenster Diener ꝛc. aufrichtiger Freund und Diener ꝛc. ꝛc.

§. 14.

Endlich muß man nicht vergessen, das Datum oder den Tag und das Jahr, wie auch den Ort, wovon man schreibt, hinzu zu setzen: z. E. Berlin den 3ten April 1774. ꝛc. Dieses Datum setzt man unten am Ende des Briefes zur linken Hand, oder auch gleich zu Anfang des Briefs auf der ersten Seiten zur rechten Hand ganz oben hin, wie es die Handelsleute machen. Hiebey ist auch noch das zu merken, wenn etwa ein Ort unbekannt ist, oder wenn es noch mehrere dieses Namens gibt, daß man solches deutlich anzeige, und etwas beysetze, wo, und in welcher Landschaft, bey welchem Fluß oder bekannten Stadt oder Ort er liege, damit man wisse, wo die Antwort hinzuschicken ist, z. E. Ich setze entweder Halle in Sachsen, oder Halle in Schwaben, Halle in Tyrol, Hall in Westphalen, Hall an den brabantischen Gränzen. Frankfurt am Mayn, oder Frankfurt an der Oder. Kirchheim unter Teckh, oder Kirchheim am Neckar, Kirchheim am Donnersberge, Kirchheim im Riß bey Oettingen. Cölln am Rhein, oder Cölln an der Spree. Rotenburg am Neckar, oder Rotenburg an der Tauber, Rotenburg in Niederhessen, Rotenburg in Thüringen, Rotenburg im Fürstenthum Verden, Rotenburg in dem Canton

zum Briefschreiben.

Canton Lucern in der Schweitz, Rotenburg in dem Herzogthum Magdeburg, Rotenburg in Nieder-Schlesien. Sulz am Neckar, oder Sulz bey Schaffhausen, Sulz im Anspachischen, Sulz im obern Elsaß, Sulz im untern Elsaß. Deßgleichen müssen auch solche Oerter nicht abbrevirt oder verkürzt, sondern deutlich und vollkommen ausgeschrieben werden, damit es ein jeder leichtlich lesen kan.

§. 15.

Wenn nun auf solche Weise das innere des Briefs fertig ist, so legt man ihn ordentlich in der Form eines länglichen Vierecks zusammen, und besorgt auch das äussere, oder die Ueberschrift. Wobey noch das zu merken ist: Wenn der Brief an eine vornehme Standes-Person geschrieben wird, so pflegt man solchen nur ins Gevierte zusammen zu legen und ein Couvert oder Umschlag darüber zu machen.

§. 16.

Wenn er nun zusammen gelegt, oder das Couvert verfertiget ist, so schreibt man die Adresse oder Ueberschrift, und setzt den Namen, Titul und Character derjenigen Person darauf, an welche er gehöret. Man setze aber nicht: Dieser Brief zukomme an ꝛc. sondern nur: Herrn ꝛc. Frauen ꝛc. Man muß auch wohl in acht nehmen, und zuvor auf die andere Seite hinsehen, wo das Pettschaft hingedruckt wird, daß man die Ueberschrift nicht verkehrt hinschreibe, noch das Pettschaft auf der andern Seite oben zu stehen komme.

§. 17.

Allgemeine Anweisung

§. 17.

Den Ort, wo der Brief hinkommen soll, setzt man unten zur rechten Hand deutlich hin, und zwar, wie (§. 14.) angemerkt worden, wo es nöthig ist, auch die Landschaft und Gegend, Stadt oder Fluß dazu, wo er liegt. Mehrern Unterricht kan man bey den Titulaturen und Ueberschriften auf Briefen antreffen, wovon wir auch verschiedene Muster geben werden.

§. 18.

Will man den Brief bis an den Ort, wohin er kommen soll, bezahlen, so schreibt man zur linken Hand darauf *franco par tout*, oder kürzer *fr. par tout*. Will man ihn aber nicht ganz bezahlen, so muß man auch ordentlich hinsetzen, wie weit er bezahlt worden: als: *franco Nürnberg. franco Mannheim. fr.* Stuttgart. *fr.* Leipzig. *fr.* Schaffhausen. *fr.* Zürich. *fr.* Kehl. *fr.* Ulm. *fr.* Augspurg. *fr.* Cölln am Rhein. *fr.* Heilbronn. *fr.* Canstatt ꝛc. Man muß aber nicht den unrechten Ort hinschreiben, wie doch oft geschiehet, sondern, wenn man die Gegend nicht weißt, wohin der Brief lauft, sich dessen im Posthaus erkundigen, oder nur Platz lassen, daß man es daselbst hinschreiben kan. Man wird es einem auch im Posthaus sagen können, wie weit ein Brief müsse bezahlt werden: denn es können nicht alle Briefe ohne Franco (unfrankirt) fortkommen.

§. 19.

Alsdenn fehlt weiter nichts, als daß man an den gehörigen Ort, unten zur andern Seite, wo der Brief zusammen geschlossen wird, sein Pettschaft

zum Briefschreiben.

schaft fein ordentlich in die Mitte und nicht verkehrt, mit gutem Siegelwachs hindruckt, und also damit den Brif verwahrt. Dabey aber hat man sich in Acht zu nehmen, daß man den Brief also zusammen lege und versiegle, daß bey Eröfnung desselben nicht die Schrift verletzt, und wie manchmalen geschiehet, dadurch der nöthige Umstand unleserlich gemacht wird. Diesem kan am besten abgeholfen werden, wenn man so wohl oben und unten, als auf den Seiten einen weissen Rand lässet, und nicht zu weit hinaus schreibet.

§. 20.

Und dieses ist genug von Briefen überhaupt gesagt. Nun wollen wir die verschiedene Gattungen der Briefe in deutlichen Mustern mit vorangesetzten Anmerkungen zeigen, welche man sich bey jeder Gelegenheit wird wohl zu Nutzen machen können.

Das I. Capitel.
Von Freundschaftsbriefen.

Kurzer Vorbericht.

§. 1.

Unter diese Gattung Briefe nehme ich die sogenannte *Visit-* oder Besuchungs- und auch die Anwerbungsbriefe, davon man in denen ersteren die Freundschaft mit einem andern sucht zu unterhalten, in den letztern aber sich erst um eines andern Freundschgft bewirbt. Mithin sind es nichts anders, als Freundschaftsbriefe.

§. 2.

Will nun einer einen solchen Freundschaftsbrief
ver-

Das I. Cap. von Freundschaftsbriefen.

verfertigen, so muß er sich besonders darinnen der Höflichkeit befleissen. Wenn man z. E. eines Unbekannten seine Bekannt- und Freundschaft sucht, so bittet man wegen seiner dißfalls genommenen Freyheit um Verzeihung, man rühmet dessen gute Eigenschaften, und führet solche als eine Bewegursache an, warum man gerne mit ihm möchte bekannt seyn, und eine genaue Freundschaft errichten. Man muß darinn zu erkennen geben, daß man es für ein Glück und für eine Ehre halte, in dessen werthe Freundschaft aufgenommen zu werden. Man muß sich demselben bestens empfehlen, und auch seine Freundschaft und geringe Dienste anerbieten.

§. 3.

Lebt man aber bereits schon mit einem andern in Bekantschaft, und sucht nur dessen Freundschaft zu unterhalten; so muß man sein Vergnügen darüber bezeugen, und sich erfreuen, daß man die Ehre habe, in dessen Freundschaft zu stehen. Man muß sich seines Wohlstandes erkundigen, und daran Theil nehmen, ihm alles Gute von Herzen anwünschen, sich seine Freundschaft und Gewogenheit ferner ausbitten, und denselben seiner Gegenliebe und willigen Dienstfertigkeit auf immer versichern.

§. 4.

Will man aber auf einen solchen Brief antworten, so muß man sich über des andern Zuschrift erfreuen. Man muß sein Vergnügen bezeugen, daß man Gelegenheit bekommen hat, in seine Freundschaft zu tretten. Man muß ihn aller seiner Liebe würdigen, und sich zu seinen Diensten bestens empfehlen.

Freund-

Freundschaftsbriefe an einen Fremden,
dessen Freundschaft man sich gerne erwerben möchte.

Hochedler,
   insonders Hochzuehrender Herr!

Unverhofft hatte ich die Ehre, Dero Herrn Sohn hier anzutreffen, und mit Selbigem bekannt zu werden, so mir zu innigstem Vergnügen gereichte; aber eben hiedurch schmeichle mir, die schon längst gewünschte Bekanntschaft mit Euer Hochedel Selbsten ins künftige auf das beste zu bestätigen. Geschiehet dieses, so ist mein Wunsch erfüllet, und versichere ich, daß mich bestreben werde, selbiger jederzeit mehr und mehr würdiger zu machen; wie dann meine Dienste Dero Herrn Sohn so willigst als schuldigst anerboten habe. Der ich unter anhoffender geneigten Antwort nebst meinem Empfehl in schuldigstem Respect beharre

   Euer Hochedel,
Meines insonders Hochzuehrenden Herrn

Ulm, den 15. Jenner 1774.

                    gehorsamster Diener
                           N. N.

Das I. Capitel,

Antwort.

Hochedler,
     insonders hochzuehrender Herr! Euer Hochedel an mich abzulassen Beliebtes erfreuete mich innigst, theils weil ich daraus ersehen, wie mein Sohn mit Denenselben in Bekanntschaft gekommen, theils aber, weil ich nun hiedurch Gelegenheit habe, mit Euer Hochedel fernerhin besser bekannt zu werden. Solte ich irgend dienen zu können Gelegenheit finden, so werde mich jederzeit dazu bereit und willigst finden lassen. Meinen Sohn will ich demnach Dero Aufsicht bestens anbefohlen haben, da ich zumalen das zuversichtliche Vertrauen zu Ihnen hierinnen einzig und allein trage; inzwischen aber beharre nebst meinem Empfehl mit wahrer Hochachtung

Euer Hochedel,
     Meines insonders hochzuehrenden Herrn

Augsburg, den 20. Jenner
          1774.   gehorsamster Diener
                                        N. N.

Hochgeehrter Herr! Ich habe zwar noch niemalen die Ehre gehabt, Dieselbe von Person kennen zu lernen. Dero gute Eigenschaften und Verdienste aber sind mir schon so vielfältig angepriesen worden, ja ich erfahre täglich so viel zu Ihrem Ruhme, daß ich nun nimmer umhin kan, mich zu bemühen, mit Denenselben bekannt zu werden. Zu diesem Ende habe mir die Freyheit genommen, weil ich doch Dero persönlichen Umgang nicht genies-

von Freundschaftsbriefen.

sen kan, mir wenigstens einen schriftlichen zu verschaffen. Verzeihen Sie mir also meine Freyheit, und schlagen Sie mir solche Ehre nicht ab. Und, ob ich zwar Ihnen auch noch unbekannt bin, so lassen Sie Sich doch das hieran nichts hindern, sondern ziehen Sie allein in Betrachtung, daß ich Tugenden und Verdienste hochschätze, und aus solchem Grund auch eine so grosse Liebe und Hochachtung zu Ihnen gewonnen habe. Seyen Sie daher versichert, daß ich Ihnen jederzeit zu Diensten leben, und mit aller Aufrichtigkeit beharren werde

Meines Hochgeehrten Herrn

Nürnberg, den 3. May
1774.
ganz ergebenster
N. N.

Antwort.

Hochgeehrter Herr!

Deroselben an mich abgelassenes Schreiben hat mich nicht wenig erfreuet, weilen ich daraus Ihre Zuneigung zu mir ersehen, nach welcher Sie um meine Freundschaft ansuchen. Ich bin Ihnen auch deswegen verbunden. Das Glück, in Dero werthe Bekanntschaft und Freundschaft zu kommen, hätte ich mir schon lang selbst gerne gewünschet; da mir nun Dero gütige Zuschrift hiezu den Weg bahnet; so ist mir diese Gelegenheit desto angenehmer, und ich werde auch trachten, mir dieselbe zu Nuz zu machen. Die viele gute Eigenschaften, davon Sie so viel Rühmens machen, und welche mir Ihre Höflichkeit zugeschrieben, werden Sie zwar bey mir nicht antreffen, doch sollen Sie wenigstens jederzeit das an mir erfahren, daß ich meine Freunde aufrichtig liebe, und ihnen nach Vermögen zu dienen mir höchst angelegen seyn lassen werde; wie ich mich dann dessen auch gegen Sie erbiete, um beständig zu zeigen, daß ich wahrhaftig sey

Meines Hochgeehrten Herrn

Memmingen, ohnweit Ulm,
den 1. Jun. 1774.   ergebenster
                                         N. N.

Ein anderer gleichen Inhalts.

Hochwerthgeschäzter Herr!

Sie werden mir nicht übel auslegen, daß ich als ein Unbekannter mir die Freyheit nehme, Ihnen mit diesen Zeilen aufzuwarten, womit ich nichts anders suche, als Ihnen mein Verlangen zu eröfnen, um nun einmal mit Ihnen bekannt zu werden. Das Glük hat es bisher nicht fügen wollen in Gesellschaft zu kommen, allwo ich Ihnen meine Ergebenheit und Dienste hätte anerbieten können; deswegen habe ich solches diesem Brief anvertrauen, und in demselbigen bitten wollen: Sie möchten von der Güte seyn, mir Ihre Gewogenheit und hochschäzbare Freundschaft hinfüro zu gönnen. Ich werde alles dasjenige jederzeit beobachten, was einem rechtschaffe

von Freundschaftsbriefen.

schaffenen Freund und Diener zukommt, auch Ihnen um desto mehr verbunden seyn, wenn ich durch Dero freundliche Antwort versichert werde, daß mein Ansuchen Ihnen nicht unangenehm gewesen seye. In welcher Hoffnung ich dann auch verbleibe

Meines Hochwerthgeschäzten Herrn

Frankfurt am Mayn,
den 10. April 1774.

gehorsamer
N. N.

Antwort.

Werthgeschäzter Herr!

Sie hätten mir in der That kein grösseres Vergnügen machen, und keine grössere Ehre erweisen können, als mir durch Dero ohnelängst an mich abgelassene Zuschrift, worinnen Sie mir Dero werthe Freundschaft anerboten, widerfahren. Ich bin Ihnen deswegen zu schuldigstem Dank verbunden, und werde nicht unterlassen, Denenselben meine Ergebenheit auf alle Art und Weise bey allen Gelegenheiten zu bezeugen. Ich werde mich jederzeit, wie es die Natur der wahren Freundschaft mit sich bringt, treu und aufrichtig finden lassen. Ich erwarte also nur Gelegenheit, dadurch ich würklich an den Tag legen, und Sie überzeugen kan, wie sehr ich Sie liebe, und mit was für sonderbarer Achtung ich Ihnen zugethan sey, als

Meines werthgeschäzten Herrn

Heilbronn, den 6. May
1774.

ergebenster Diener
N. N.

An einen Anverwandten, den man noch nicht kennet.

Liebwerthester Herr Vetter!

Mütterlicher Seits habe ich zwar die Ehre, mit Ihnen in Verwandtschaft zu stehen, und Sie als einen Vetter zu betrachten, doch aber noch niemalen das Glück gehabt, mit Ihnen bekannt zu werden, noch vielweniger Sie zu sehen oder zu sprechen, weilen Sie auf Ihrer Reise allzuweit von mir entfernet waren, und ich auch nicht einmal wußte, wo Sie Sich befunden. Da nun aber diese Hinderniß gehoben, und ich nunmehro Gelegenheit habe, Ihnen meine Aufwartung zu machen, so nehme ich mir dadurch zugleich die Freyheit, Dero Liebe und Freundschaft auszubitten. Ich versichere Sie, daß ich alle Achtung und Liebe zu Ihnen habe, und mit aller Aufrichtigkeit ergeben seye, auch Lebenslang beharren werde

Meines liebwerthesten Herrn Vetters

Berlin, den 8. Merz
1774.

dienstwilliger
N. N.

Ant=

von Freundschaftsbriefen.

Antwort.

Werthester Herr Vetter!

Es ist mir sehr lieb, daß ich durch Ihre an mich abgeschickte Zeilen Gelegenheit finde, mit Denenselben in Bekanntschaft zu kommen. Ihre werthe Zuschrift uberzeuget mich genugsam von dem guten Angedenken, worinn ich bey Ihnen stehe. Die zwischen uns beyden obwaltende Anverwandschaft ist mir mehr, als zu wohl bewußt, und bedaure ich nichts mehr, als daß ich nicht längstens Ihre Freundschaft habe geniessen können. Mein unbeständiger Aufenthalt aber hat mich daran also verhindert, daß ich so gar wenig an meine beste Freunde gedenken konnte. Es ist mir daher desto lieber, daß ich jetzo zu solchem Glück gelangen kan. Glauben Sie sicherlich, daß Ihre zu mir tragende gute Neigung bey mir gewißlich nichts anders, als eine gleiche Würkung hervor gebracht habe, und daß ich Ihnen mit aller Ergebenheit zugethan seye. Ich wünsche mir auch nichts, als bald Gelegenheit zu bekommen, Ihnen meine Ergebenheit durch Erweisung gefälliger Dienste zu bezeugen, und darnach immer mehr zu bestätigen, daß ich seye

Meines Werthesten Herrn Vetters

Danzig, den 6. April
1774.

Treuverbundenster
N. N.

Das I. Capitel,

An einen Pfarrer, mit dem man gegenwärtig zu thun hat, ihn aber noch nicht kennet.

**Wohlehrwürdig-Hochgelehrter,
insonders Hochgeehrtester Herr
Pfarrer!**

Schon viele Jahre hatte ich ein Verlangen in Dero Bekanntschaft zu leben; es hat sich aber niemalen eine schickliche Gelegenheit ereignen wollen. Da ich aber jetzo durch eine mir aufgetragene Commißion an Sie dergleichen bekomme, Denenselben ein Buch von Herrn N. zu überschicken, und zugleich meine Wenigkeit bestens zu empfehlen, so versichere Dieselbe, daß mir nichts angenehmers seyn würde, als wenn Sie mich auch in Zukunft unter die Zahl Ihrer Freunde aufnehmen, und von mir glauben möchten, daß ich wahrhaftig seye, auch Lebenslang unverändert beharren werde.

Euer Wohlerwürden,
Meines Hochgeehrtesten Herrn Pfarrers

Zürch, den 4. Jun.
1774.

Dienst-ergebenster Diener
N. N.

Antwort.

**Hochedler,
insonders Hochgeehrter Herr!**

Denenselben bin ich höchstens verbunden, sowohl vor Ihre gütige Zuschrift, so Sie
au

von Freundschaftsbriefen.

an mich abgelaſſen, als auch inſonderheit vor die gehabte Bemühung wegen des von Herrn N. mir geſchikten Buchs. Deroſelben dabey mir angetragene Freundſchaft iſt mir um ſo mehr angenehm, als ich ſie mir ebenfalls ſchon oft gewünſchet habe, und bitte nur um Verzeihung, daß ich Sie gleich zum erſtenmal wieder mit einem Brief beſchwere, welchen Sie an Herrn N. beſtellen möchten. Geben Sie mir Gelegenheit, etwas angenehmes dargegen zu erweiſen, ſo werde ich zeigen, daß ich mit aller Hochachtung ſeye

Euer Hochedel,
   Meines Hochgeehrten Herrn

Baſel, den 16. Jun.
   1774.   aufrichtiger Freund und Diener
                            N. N.

Ein anderer gleichen Innhalts.

Hochzuehrender Herr!

Wenn Ihre Verdienſte und der von Ihnen in der Welt erworbene Ruhm mich nicht die Ehre Ihrer Bekanntſchaft hätten wünſchen laſſen; ſo würden dennoch die Verrichtungen, welche ich bey Ihnen habe, ein ungemeines Verlangen darnach in mir erwecken. Ich bin alſo erfreut, daß Sie mir zum Vorwand dienen, und mir Gelegenheit geben, einen Briefwechſel mit Ihnen zu errichten, und darinnen die Hochachtung zu bezeugen, die ich für recht-

ſchaffe-

Das I. Capitel,

ſchaffene Perſonen, und insbeſondere für die Ihrige hege. Solches aber wird ſich meines Erachtens beſſer mit der That, als mit Worten, an den Tag legen laſſen, deswegen mich bemühen werde, und indeſſen bitte, daß Sie von mir glauben, ich ſeye

Meines Hochzuehrenden Herrn

Carlsruhe, den 1. Febr.
1774.
dienſtwilliger
N. N.

Antwort.

Hochgeehrteſter Herr!

Sie ſind mir zuvor gekommen, und haben gethan, was ich zu thun Willens ware; denn Sie verlangen meine Freundſchaft, und ich hatte mir würklich vorgenommen, Sie um die Ihrige zu bitten. Mein Herr! ſeyen Sie verſichert, daß ich dasjenige, was Sie angefangen haben, mit gröſtem Vergnügen fortſetzen werde. Ich biete Ihnen deswegen von ganzem Herzen dar, was Ihnen angenehm ſeyn mag, und ſo nur im geringſten etwas bey mir ſeyn wird, womit ich Ihnen dienen, und meine Ergebenheit bezeugen kan, ſo will es Ihnen von Herzen gerne aufopfern, doch mit der Bedingung, daß eben nicht unſere gemeinſchaftliche Verrichtungen der Grund hierzu ſeyn mögen; denn Dero Verdienſte und die Liebe, welche ich zu Ihnen trage, ſollen allein unſere
gute

von Freundschaftsbriefen.

gute Freundschaft unterhalten. Ich gebe mir
also die Ehre, mich zu nennen

Meines Hochgeehrtesten Herrn

Cölln am Rhein, den 26. Febr.
1774.
                         ergebensten
                         N. N.

An ein junges Frauenzimmer, mit welcher man gerne bekannt wäre.

**Wohledle und Tugendbegabte,
insonders Hochgeehrte Jungfer N!**

Es hat meine Schwester schon geraume Zeit her die Ehre genossen, mit Denenselben in Bekanntschaft zu leben, und weißt selbige mir Dero werthe Person und gute Eigenschaften nicht genugsam anzupreisen, weswegen ich mir schon oft gewünschet, mit meiner Schwester hierinn ein gleiches Glück zu haben. Weilen es sich aber bisher nicht schicken wollte, und doch das Verlangen, Ihrer werthen Freundschaft mich theilhaftig zu machen, bey mir täglich immer grösser wird, so habe nicht mehr unterlassen können, Ihnen mein Anliegen zu entdecken, und mit diesen wenigen Zeilen anzufragen: ob und wann Sie es gütigst erlauben möchten, Denenselben meine gehorsamste Aufwartung zu machen, um mich selbst Dero Freundschaft und Gewogenheit bestens zu empfehlen. Ich bitte dißfalls meine Freyheit nicht übel

Das I. Capitel,

übel zu deuten, und versichert zu seyn, daß ich mit aller Ergebenheit und schuldigem Respect seye

Euer Wohledlen,

Meiner insonders Hochgeehrtesten
Jungfer N.

Canstadt, den 6. Merzen
1774.
aufrichtiger
N. N.

Antwort.

Hochgeehrter Herr!

Ich danke ganz gehorsamst vor die Ehre, welche Sie mir durch Dero gütige Zuschrift angethan. So angenehm es mir bishero gewesen ist, mit Dero Jungfer Schwester in Bekanntschaft zu stehen, eben so lieb und angenehm wird es mir seyn, wenn ich das Glück haben sollte, auch der Ihrigen zu geniessen. Nur bedaure ich, wenn Sie bey mir, wie wohl zu vermuthen ist, dasjenige nicht antreffen, was mir etwa die Höflichkeit Ihrer Jungfer Schwester unverdienter Weise mag zugeschrieben, und Ihnen angerühmet haben. Doch werden Sie zum wenigsten eine aufrichtige und dienstfertige Freundin an mir finden. Wollen Sie mir die Ehre geben, und mich selbsten besuchen, wird es mir jederzeit lieb seyn, und so ich sonsten im Stande bin, Denenselben etwas angenehmes zu erweisen, werde ich mir eine

Freu-

von Freundſchaftsbriefen.

Freude, davon machen, um eben dadurch zu zeigen, daß ich ſeye

Meines Hochgeehrten Herrn

Ludwigsburg, bey Stuttgart,
den 12. Merzen 1774.

dienſtwillige
N. N.

An einen, mit dem man erſt kurz bekannt worden.

Hochedler,

inſonders Hochgeehrteſter Herr!

Gleichwie ich nichts höhers ſchätze, als Dero werthe Perſon, und mir auch nichts angenehmers ſeyn mag, als die Bekanntſchaft, zu welcher ich ohnelängſt mit Ihnen gelanget; alſo laſſe ich mir auch nichts mehr angelegen ſeyn, als daß ich dieſelbe nach Möglichkeit zu erhalten ſuche. Ich nehme mir zu dieſem Ende die Freyheit, mit gegenwärtigem aufzuwarten, und mich zu erkundigen, wie Sie Sich befinden. Wenn Dieſelbe ſamt Dero ganzen Hauſe wohl auf ſeynd, ſoll es mich von Herzen freuen. Dermalen bin ich meines Orts geſund, und lebe der guten Hofnung, Sie bald bey mir zu ſehen. Ich empfehle mich zu Dero ferneren Liebe und Freundſchaft,

und

und beharre nebst meiner Empfehlung an die Frau Liebstin unausgesezt

  Euer Hochedel,
   Mein's Hochgeehrtesten Herrn

Adelberg, bey Schorndorff im Würtemb.
 den 3. Jul. 1774.   gehorsamster
            N. N.

     Antwort.
 Hochwerthgeschäzter Herr und Freund!

Vor das gute Angedenken bin ich Ihnen sehr verbunden, worinnen ich bey Ihnen stehe, und dessen mich Dero geneigte Zuschrift zur Genüge überzeuget. Besonders habe ich daraus mit vielem Vergnügen ersehen, daß Sie Sich bey guter Gesundheit und Wohlstand befinden, und wünsche, daß ich bey allen Gelegenheiten, etwas von Ihnen zu hören, solche vergnügte Nachrichten bekommen möge. In meinem Hause ist GOtt Lob! alles wohl auf, nur meine Frau wird zuweilen vom Zahnweh übel geplagt, daß sie des Nachts fast keine Ruhe hat. Wie bald ich etwa bey Ihnen werde zusprechen können, weiß ich noch nicht, weilen wurklich noch mit allzuvielen Geschäften überhäuft bin. Ich überlasse Sie indessen dem göttlichen Schutz, und verbleibe mit aller Aufrichtigkeit

  Meines Hochwerthgeschäzten Herrn und
    Freundes

Alpirspach, bey Sulz am Neccar im
 Würtemb. den 12. Jul. 1774.   ergebenster
             N. N.

von Freundschaftsbriefen.

Ein anderer gleichen Inhalts.

Hochzuehrender Herr!

Als ich vor etlichen Monaten in Straßburg war, hatte ich zwar die Ehre mit Denenselben bekannt zu werden, und viele Freundschaft von Ihnen zu geniessen, davor ich noch höchstens verbunden bleibe. Seit dieser Zeit aber, da ich mich hier befinde, habe ich nichts mehr von Ihnen in Erfahrung bringen können, wie Sie leben; Ich nehme dahero die Freyheit, durch diese wenige Zeilen mich Ihres Wohlstandes zu erkundigen; ist derselbe so beschaffen, wie ich von Herzen wünsche, so könnte er nicht besser seyn. Ich bin gesund und wohl auf, und erwarte nur bald gleiche gute Nachricht von Ihnen zu bekommen. Es verlanget mich sehr darnach, weil ich an Dero Wohlseyn stets Theil nehme, nicht weniger bin ich auch recht begierig, bald Gelegenheit zu bekommen, meine Erkenntlichkeit vor die bey Ihnen genossene Liebe und Freundschaft bezeugen zu können, und in der That an den Tag zu legen, daß ich Ihnen von Grund der Seelen zugethan seye, als

Meines Hochzuehrenden Herrn

Bellstein, im Würtemb. ohnweit Stuttgart,
den 8. May 1774.
         treuergebenster
         N. N.

Das I. Capitel,

Antwort.

Hochgeehrtester Herr!

Seit deme wir von einander entfernet waren, bin ich doch immer mit meinen Gedanken, ja mit meinem Herzen bey Ihnen gewesen, und hätte auch schon längst mich bemühet, Denenselben mit einem Schreiben aufzuwarten, wo ich nicht bishero durch nothwendige Geschäften davon wäre abgehalten worden. Jezo nun, da ich würcklich Willens war, die Feder anzusetzen, erhielte ich Dero werthen Brief, und sahe daraus zu meiner grösten Freude, daß Sich Dieselbe bey gutem Wohlseyn befinden. Sie sind mir also zuvor gekommen in dem, was ich zu thun Willens war, und freuet mich von Herzen, daß ich bey meinem hochgeehrtesten Herrn in so gutem Angedenken stehe. Ich kan Denenselben auch nichts anders melden, als daß ich mich, GOtt sey Dank, bey guter Gesundheit befinde, und mir nur wünsche, öfters näher bey Ihnen zu seyn. Ihre angebohrne Aufrichtigkeit lasset mich hoffen, es werde unsere Freundschaft auch entfernet nicht nur fortdauren, sondern immer vester werden, wobey ich meines Orts nichts werde mangeln lassen, was solche bestätigen kan. Ich empfehle mich also zu beharrlicher Gewogenheit, und bin

Meines Hochgeehrtesten Herrn

Straßburg, den 20. May 1774.

gehorsamster
N. N.

Ein

Ein anderer gleichen Innhalts.
Hochgeschäzter Freund!

Weil ich die Ehre gehabt habe, Dero Freundschaft schon mehrmahlen zu geniessen, so erfordert meine Schuldigkeit, durch diese Zeilen Sie zu versichern, daß ich annoch Dero erbenster Diener seye, zugleich aber auch mich Ihres angenehmen Wohlergehens zu erkundigen. Erhalte ich nun davon ehestens eine glückliche Zeitung, so wird es mir eine ungemeine Freude verursachen, indem Sie mich durch die mir erzeigte Ehre und Freundschaft dergestalt verbunden haben, daß meine Zufriedenheit allein auf der Ihrigen beruhet, und ich nur Gelegenheit wünsche, selbige durch meine Gegendienste einiger massen vergelten zu können. Was mich anbelangt, bin ich, GOtt sey lob! ganz wohl auf, glaube aber, daß ich noch weit zufriedener seyn würde, wenn mich nicht zuweilen Ihre Abwesenheit beunruhigte. Weil nun solche Unruhe meines Gemüths allein durch Dero gütige Zuschrift kan gelindert werden, so ersuche Sie darum höflichst, damit ich Ihrer Gewogenheit so wohl, als Sie der meinigen, versichert werde, der ich indessen die Ehre habe mich zu nennen

Meines hochgeschäzten Freundes

Bern, den 19. Febr.
1774.

ergebensten Freund und
Diener
N. N.

Das I. Capitel,

Antwort.

Allerwertester Freund!

Für das geneigte Bezeugen, welches Sie mir in Ihrem Brief zu erkennen gegeben, und das gute Angedenken, in welchem Sie bisher mich ihren Diener behalten, bin ich Ihnen sehr verpflichtet. Ich versichere Sie, mein werthester Freund! daß keine Zeit noch Entfernung meine Liebe, so ich zu Ihnen trage, verandern wird. Sie haben mich recht erfreuet mit der angenehmen Nachricht ihres guten Wohlstandes, und wäre zu wünschen, daß ich ein gleiches rühmen könnte. Allein ich kan nicht anders von mir melden, als daß ich schon bey fünf Wochen mit einem dreytägigen Fieber geplagt werde; doch deucht mich, es wolle würklich ein wenig besser werden. Ich hoffe nun zu GOtt das beste, empfehle mich ihrem Gebet, und beharre mit aller Hochachtung

   Meines allerwehrtesten Freundes

Schafhausen, den 30. Febr.
1774.   dienstwilliger
                                    N. N.

An ein Frauenzimmer, mit welcher man
sich bey einer Hochzeit lustig gemacht.

**Edle und Tugendbegabte,
   Insonders Hochgeehrte Jungfer!**

Es ist mir in langen Zeiten niemalen so wohl gegangen, und bin auch nicht bald so vergnügt

von Freundschaftsbriefen.

gnügt gewesen, als gestern bey der Hochzeit des Herrn N. da ich nemlich die Ehre hatte mit Denenselben bekannt zu werden, und Ihres angenehmen Umgangs zu geniessen. Gewißlich ich könnte mich keines Vergnügens rühmen, wenn ich nicht mit Ihnen die Zeit so angenehm und artig hätte zubringen können. Sie haben alles ermuntert, und die ganze Gesellschaft war Ihnen deßwegen verpflichtet, besonders aber ich, der ich vieles Vergnügen bey Ihnen genossen. Ich wolte dahero nicht nur allein zu Bezeugung meiner Dankbarkeit mit diesem Brief gehorsamst aufwarten, sondern mich zugleich auch bey Ihnen erkundigen, wie Sie heute Nacht geschlafen haben. Die ganze Nacht habe ich mit den süssesten Träumen hingebracht, und wann Sie es gütigst erlauben, will ich mir die Freyheit nehmen, mit nächstem einen Besuch bey Ihnen abzustatten, um solche vergnügende Träume mündlich zu erzehlen. Ich bin indessen mit aller Ergebenheit

Deroselben

Bottwar, in Würtemberg, ohnweit
Stutgard den 4. May 1774.

gehorsamster
N. N.

Antwort.

Hochgeehrter Herr!

Vor ihre geneigte Zuschrift, womit Sie mich beehret, danke ganz gehorsamst, wie nicht weniger vor alle Ehre und höfliche Aufwarwartung, welche ich vorgestern von Denenselben genossen habe. Wann Sie damals vergnügt gewesen sind, ist es mir lieb, doch kan mich nicht bereden lassen, daß meine Wenigkeit daran solle Ursacherin gewesen seyn. Ich habe nicht so wohl geruhet, wie Sie mir von Sich gerühmet haben, sondern die ganze Nacht ein Kopfweh verspühret, welches mich aber gegen Tag wieder verlassen hat. Solte ich ehestens die Ehre haben, Sie bey mir zu sehen, wird es mir sehr angenehm seyn. Ich will also Ihrer erwarten, und Sie indessen versichern, daß Sie mich jederzeit finden werden, als

Meines Hochgeehrten Herrn

Brackenheim, in Würtemberg,
den 5. May 1774.
ergebenste
N. N.

An eine Verwandtin.

Liebwertheste Jungfer Baas!

Die aufrichtigste Freundschaft und Sorgfalt, welche ich jederzeit vor Sie trage, treiben mich an, gegenwärtiges an Sie abzuschicken. Ich habe hier gehöret, als wären Sie unpäßlich worden; wenn dem so wäre, solte es mir von Herzen leyd seyn. Ich bitte also freundlich, Sie möchten von der Güte seyn, und mir von Dero Umständen baldige Nachricht ertheilen, auch zugleich anzeigen, wenn ich mit etwas dienen oder helfen kan. Indeß empfehle

von Freundschaftsbriefen.

empfehle ich Sie der göttlichen Gnade und beharre mit aller Aufrichtigkeit

Meiner liebwerthesten Jungfer Baas

Anspach, den 6. April
1774.

bereitwilliger
N. N.

Antwort.

Vielgeliebter Herr Vetter!

Sie verpflichten mich Ihnen sehr durch Ihre gütige Vorsorge, welche Sie vor mich tragen. Ich bin von Ihrer Liebe und Freundschaft allzuweit überzeugt, daß ich nicht anderst konnte, als mein Vertrauen zu Ihnen zu nehmen. Es ist wahr, ich bin etliche Tage darnieder gelegen, und habe eine Krankheit zu besorgen gehabt, der liebe GOtt hat es aber in Gnaden abgewandt, daß ich jetzo gar nichts widriges verspühre, als noch eine kleine Mattigkeit in den Gliedern, welche sich auch schon wieder legen wird. Mithin dörfen mein werthester Herr Vetter ausser Sorge seyn. Sollten es Ihnen Ihre Geschäfte zulassen, würde mir ein Vergnügen seyn, wenn Sie mir die Ehre Ihrer Gegenwart gönnen möchten. Ich bin wie jederzeit

Meines vielgeliebten Herrn Vetters

Altdorf bey Nürnberg,
den 10. April 1774.

ergebenste
N. N.

Das II. Capitel.

Von Glükwünschungsbriefen.

Kurzer Vorbericht.

§. 1.

Wenn man einen solchen Brief schreiben, und einem andern darinn Glück wünschen will, so muß man zuvor vernommen haben, daß seinem Freund ein Glück, ein Vortheil, oder sonst etwas angenehmes wiederfahren und zugefallen seye: es mag hernach ein Amt, Geld, Ehre, eine eheliche Verbindung, einen ehelichen Seegen, eine überstandene Kranckheit oder Gefahr, eine zurück gelegte Reise, einen Namens- oder Geburtstag, einen Wechsel des Jahrs oder andere dergleichen angenehme Fälle betreffen.

§. 2.

Hat sich nun ein solcher Fall ereignet, und man will einem andern dißfalls gratuliren, so muß man den Fall selbsten als die Gelegenheit seines Schreibens anführen. Man muß seine Freude bezeugen über das seinem Freund zugefallene Glück, und denselben des Glückes würdig schätzen, hernach ihme dazu alles Gute anwünschen, und endlich auch sich selbsten zu dessen Liebe und Freundschaft bestens empfehlen.

§. 3.

von Glückwünschungsbriefen.

§. 3.

Nimmt man sich aber vor, auf einen solchen Brief zu antworten, so muß man sich höflich bedanken vor den guten Wunsch, man muß auch wie er alles Gute dargegen anwünschen, und seine Gegenliebe versprechen.

Glükwünschungsbrief zum Neuen Jahr.

Hochgeehrtester Herr!

Bey gegenwärtig getroffenem Jahres-Wechsel sehe mich verbunden, so wohl vor die in vorigen Jahren genoße Gutthaten meinen gebührend-schuldigsten Dank abzustatten, und Ihnen dafür die reichlichste Vergeltung von GOtt anzuwünschen, als auch mich Ihrem ferneren Wohlwollen bestens zu empfehlen. Mein Unvermögen ersetze demnach der reiche Vater in dem Himmel, welcher Ihnen fernerhin beständige Gesundheit verleihen, und Sie noch viele Jahre in allem Wohlseyn erleben lassen wolle; Er segne Sie mit geistlichem und leiblichen Seegen zeitlich und ewig, damit auch ich ins künftige Dero Wohlthaten mich je mehr und mehr würdiger machen möge. Der ich bis an das Ende meines Lebens beharre

Meines Hochgeehrtesten Herrn

Ludwigsburg, den 1. Jan.
1774. gehorsamster Diener
N. N.

Das II. Capitel,

Ein anderer.

Werthgeschäzter Herr und Freund!

Da wir nun wieder ein altes Jahr durch GOttes Gnade zurück gelegt, und ein Neues angetretten haben; so reizet mich die bisher mit Ihnen gepflogne gute Freundschaft an, nicht eben aus boser Gewohnheit, sondern vielmehr aus treuem, redlichen Herzen, zu Bezeugung meiner Ergebenheit, Ihnen zu gratuliren, und zu solchem Jahres-Wechsel alles wahre Gute anzuwünschen. Der HErr lasse Sie also auch dieses, wie noch viele nachkommende Jahre seiner Gnade bestens empfohlen seyn. Er erhalte Sie nebst den Ihrigen bey beständiger Gesundheit und Wohlergehen; Er segne Ihr ganzes Haus, und verleihe Ihnen, was zu Seele und Leib ersprießlich seyn kan. Solte ich im Stande seyn, oder Gelegenheit bekommen, Ihnen dieses Jahr etwas gefälliges zu erweisen, so werde ich mir eine Freude davon machen; wie ich dann auch zu Ihnen das gute Vertrauen habe, Sie werden mir Ihre bishero zugewandte Freundschaft noch ferner schenken, und mich dadurch verbindlich machen, allstets zu beharren, als

Meines werthgeschäzten Freundes

Bayreuth, den 2. Jan.
1774.

ergebenster
N. N.

von Glükwünschungsbriefen. 25

Antwort.

Liebwerthester Herr und Freund!

Denenselben bin ich sehr verbunden vor Ihren an mich abgelassenen wohlgemeinten Neu-Jahrs-Wunsch. Ich kan denselben nicht anderst ansehen, als ein neues Zeichen Ihrer noch fortdaurenden Liebe und Freundschaft gegen mich, welche zu unterhalten ich bestens besorgt seyn werde. Alles Gute, so Sie mir angewünschet, wende auch der liebe GOtt Ihnen in reicher Maaße zu; Er segne all Ihr Vornehmen, und erhalte Sie noch lange Zeit bey guter Gesundheit, damit ich Ihre aufrichtige Freundschaft noch viele Jahr geniessen möge. Uebrigens werde ich nicht nur dieses Neue Jahr, sondern auch die ganze Zeit meines Lebens Ihnen mit aller ersinnlichen Liebe und Treue beständig zugethan verbleiben, und dadurch Sie versichern, daß ich unverändert seye

Meines Liebwerthesten Herrn u. Freundes

Nürtingen, ohnweit Stutgard,
den 10. Jan. 1774.

aufrichtiger Freund und Diener
N. N.

Ein anderer.

Innigst geliebte Eltern!

Der Antritt des neuen Jahres erinnert mich meiner kindlichen Pflicht und Schuldigkeit, gegenwärtiges an Sie abzuschicken. Es ist nunmehr wieder ein Jahr vorbey, worinnen ich Ihre Liebe und Treue in reichester

Maaß genossen habe, und verbleibe ich Ihnen deswegen lebenstag zu schuldigstem Dank verbunden. Der HErr verleihe Ihnen nun davor im neuen Jahr reichen Seegen. Er gebe Ihnen, was Sie vergnügt, und in all Ihren Verrichtungen höchst glücklich machen kan. Er erneure Ihre Kräften und Gesundheit, und erhalte Sie bey gutem Wohlseyn noch viele Jahre, zu meinem und des ganzen Hauses besonderem Trost. Ich bitte aber auch dabey, Sie wollen mich Ihrer ferneren elterlichen Treue bestens empfohlen seyn lassen, und von mir glauben, daß ich mich eifrigst befleissen werde, Ihnen meine kindliche Liebe und Gehorsam bey aller Gelegenheit zu zeigen; der ich beharre

Meiner innigst geliebten Eltern

Dornhan in Würtemberg,
den 3. Jan. 1774. gehorsamer Sohn
N. N.

Antwort.
Mein Sohn!

Ich und deine Mutter danken dir vor deinen wohl gemeinten Neuen Jahres-Wunsch von Herzen, welchen der grundgütige GOtt nach seiner Gnade erfüllen wolle; nicht weniger aber auch vor die neue Versicherung deines kindlichen Gehorsams und Treue, welches uns von Herzen wohlgefallen. Der Höchste sehe auch mit dir in diesem neu angegangenen, und
noch

von Glükwünschungsbriefen. 27

noch vielen nachfolgenden Jahren. Er, regiere dich durch seinen heiligen Geist, daß du stets in seiner Furcht wandelst. Er lasse Dich gesund und glücklich leben, und gebe dir alles, was deiner Seele und Leib heilsam und ersprießlich ist. Woferne du dich übrigens nach deiner Zusage ferner als ein rechtschaffener Sohn gegen uns aufführen wirst, so werden wir dir immerfort mit aller Liebe und Treue zugethan verbleiben, ich aber Lebenslang beharren

Dein

Gochsheim, in Würtemberg,
den 10. Jan. 1774.

getreuer Vater
N. N.

Ein anderer.

Geliebter Bruder!

Da mir an deinem Wohlergehen immer sehr vieles gelegen ist, und ich jederzeit grossen Antheil daran nehme; so kan ich bey dem erst getroffenen Jahreswechsel nicht unterlassen, Dir von Herzen alles Gute anzuwünschen, und den lieben GOtt demüthigst zu bitten, daß er dir das Neu angetrettene Jahr zu vielem Seegen anschreiben wolle. Er wende alles Unglück von dir ab, und schicke dir dagegen alle dasjenige Gute, das du nur selbsten wünschen magst, in reichester Maaße zu, damit lauter Glück und Heil bey Dir wohne. Uebrigens laße auch in Zukunft mich deiner brüderlichen Liebe und

und Treue beſtens empfohlen ſeyn, wie denn ich auch meines Orts nicht aufhören werde, zu beharren

Deine

Bamberg, den 2. Jan.
1774.
getreue Schweſter
N. N.

Antwort.
Geliebte Schweſter!

Ich kan deinen Neuen Jahreswunſch nicht anders als mit der gröſten Dankbarkeit annehmen, ſonderheitlich, weil ich überzeuget bin, daß er aus einem treuen Herzen hergefloſſen. Ich wünſche dir ebenfalls alles beſtändige Wohlergehen zum Neuen Jahre an. Der HErr mache es auch bey dir zu einem rechten Glück- und Seegens-Jahre, und erhalte dich jederzeit friſch und geſund, ja er erfülle dir darinnen all deines Herzens Wunſch. Kan ich zu deiner Wohlfahrt oder Zufriedenheit etwas beytragen, ſo gib mir nur Gelegenheit, um dir in der That zeigen zu können, daß du jederzeit an mir habeſt

Braunſchweig, den 14. Jan.
1774.
einen getreuen Bruder
N. N.

Ein anderer.
Hochgeehrte Frau Gevatterin!

Es iſt mir ſehr leyd, und bedaure von Herzen, daß Sie Sich ſo viele Unkoſten gemacht

von Glükwünschungsbriefen.

macht, und meinem Kinde zum Christtags-Geschenke so kostbare Sachen überschikt haben, welche ich nimmer zu ersetzen weiß. Ich wünsche von Herzen, daß der getroffene Jahreswechsel in allwege bey Ihnen möge zu vielem Seegen ausschlagen, und der HErr Ihnen darinnen anderwärts ersetze und vergelte, was Sie in dem alten Jahre mir und meinem Kinde Gutes erwiesen haben. Er schencke Ihnen beständige Gesundheit, und lasse Dero Wohlergehen nicht nur dieses, sondern noch viele nachkommende Jahre blühen und grünen. Beykommendes wenige bitte als ein kleines Merkmal meiner Erkentlichkeit anzunehmen, und mir auch in Zukunft Ihre Liebe und Gewogenheit zu schenken; ich werde keine Gelegenheit vorbey gehen lassen, mich derselben immer würdiger zu machen, und zu zeigen, daß ich mit aller Ergebenheit seye

Meiner hochgeehrten Frau Gevatterin

Bremen, den 2. Jan.
1774.

dienstwilliger
N. N.

Antwort.

Werthgeschäzter Herr Gevatter!

Ich danke Ihme zum allerhöchsten vor den guten Wunsch, wie nicht weniger vor das Uberschickte, womit Er ja wiederum zweyfach bezahlet, was ich meinem Tauf-Pathen

then zum Christtag geschicket habe. Wünsche anbey auch alles wahre Wohlergehen zu dem Neuen Jahre, das der liebe GOtt Ihme, Seiner Frau und Kindern aus Gnaden schenken wolle. Er verleyhe Euch Seegen, Friede und beständige Gesundheit, Er schenke Euch auch, was zu Seele und Leib nüzlich ist. Uebrigens seye mein Herr Gevatter versichert, daß ich Ihm mit aller Aufrichtigkeit und Liebe zugethan seye, und lebenslang beharren werde

Meines werthgeschäzten Herrn Gevatters

Cassel, den 10. Jan.
1774.

ergebenste
N. N.

Zu einem Geburtstag.

Allerwerthester Herr Schwager!

Da ich gestern unvermuthet, doch mit grösstem Vergnügen, in dem Calender ersehen, daß heute Sein Geburtstag ist, so habe ich mich vor verbunden erachtet, meinen schuldigsten Glükwunsch deßwegen bey Ihm abzulegen. Wünsche demnach von Grund der Seelen, daß sich dieser wertheste Tag noch vielmal bey Ihme einfinden, und Er solchen oft in guter Gesundheit und erwünschtem Wohlseyn begehen möge. Damit ich aber mein ergebenstes Gemuth auch in der That hiebey an den Tag lege, so überschicke Ihme nur etwas weniges in die Küche, mit der höflichen Bitte, Er wolle es auf Seinen

von Glükwünschungsbriefen. 31

ten Geburtstag verzehren, und damit vor
diesesmal vorlieb nehmen. Ich empfehle
mich übrigens zu beharrlicher Liebe und Freundschaft, und verbleibe mit aller Hochachtung unausgesetzt

Meines wertheſten Herrn Schwagers

Conſtanz am Bodenſee,
den 2. Jul. 1774.   aufrichtiger Freund
                                 N. N.

Antwort.

Werthgeſchäzter Herr Schwager!

Iſt es denn nicht genug, daß ich Ihm lang
ein groſſer Schuldner bin? Was denket
Er doch, daß Er mich Ihme täglich aufs
neue verbindlich machet, und mir ſolche Schulden auf den Hals ladet, welche ich nimmer zu
bezahlen vermag? Der heute mir zu meinem
Geburtstag überſchickte Kuchengruß vergröſſert
ſie würklich auf das neue. Ich ſage indeſſen höch-
ſtens Dank davor, wie auch vor Seinen guten
Wunſch, bis ich Gelegenheit bekomme in der
That ſelbſten meine Dankbarkeit zu bezeugen.
Jezo weiß ich nichts beſſers, als Ihn zu bitten,
daß Er mir bis auf den Abend die Ehre ſeines
Beſuchs gönnen, und das Ueberſchickte verzehren helfen möchte; mir würde wenigſtens kein
gröſſeres Vergnügen, als eben hiedurch, können gemacht werden. In welch guter Hofnung

nung zu diesem Glück zu gelangen, ich denn auch beharre

Meines werthesten Herrn Schwagers

Überlingen am Bodensee,
den 3. Junii 1774.   ergebenster
                                       N. N.

Zu einem Namenstag.
Hochgeehrter Herr!

Gleichwie ich alle Gelegenheit mit frölichem Gemüthe ergreiffe, Denenselben meine Dienstbeflissen- und Ergebenheit zu bezeugen; also habe ich bey Wiedererscheinung Ihres geliebten Namenstages solches auch nicht unterlassen, sondern durch einen treuen Wunsch meine Schuldigkeit abstatten wollen. GOtt, der alle unsere Tage gezehlet, wolle solcher frölicher Namenstäge bey Ihnen noch viele machen, und Sie bey langer Gesundheit erhalten, damit Sie solche Freude noch oft zu Ihrem Vergnügen erleben, ich aber noch lange die Ehre haben möge, Dero Gewogenheit und Freundschaft zu geniessen. In welcher guten Hofnung ich denn unausgesezt verbleiben werde

Meines Hochgeehrten Herrn

Dünckelsbül, den 8. Febr.
1774.   gehorsamer Diener
                                       N. N.

Ant-

Antwort.

Hochgeschäzter Herr und Freund!

Dieselbe haben mir die Ehre angethan, und mich an meinem Namenstage mit einem christlichen Wunsch erfreuet. Es ist mir sehr angenehm, und erwekt mir ein grosses Vergnügen, daß Sie so fleißig an mich gedenken, und mich auch zutheuerst in ihrem Calender nicht übersehen. Ich bleibe Ihnen deswegen höchstens verbunden. Bitte aber auch dabey, Sie möchten mir doch einmal Gelegenheit machen, um meine Erkenntlichkeit in dem Werke selbsten einiger massen an den Tag legen zu können. Ich wünsche indessen Denenselben ebenfalls ein vieljähriges und unverrüktes Wohlergehen, und versichere Sie, daß ich Taglebens beharren werde

Meines Hochgeschäzten Herrn und
Freundes

Erlangen, den 14. Febr.
1774.

ergebenster
N. N.

Ein anderer gleichen Innhalts.

Hochgeehrter Herr,
Liebwerthester Freund!

Die Freude, welche ich über Deroselben wieder glüklich erlebten Namenstäge empfinde, kan ich nicht genug mit Worten ausdruken.
Und

Das II. Capitel,

Und gleichwie ich meine Dienstfertigkeit und Ergebenheit zu bezeugen keine Gelegenheit vorbeygehen lasse; so kan ich auch hier nicht umhin, meinen schuldigsten Glükwunsch abzustatten, daß GOtt Sie solchen Ihren Namenstag noch viele Jahre gesund und frölich möchte begehen lassen, Ihme zum Preis, Ihnen aber zu eigenem und der Ihrigen sonderbarem Trost. Mit welchem treueifrigen Wunsch ich jetzo schliesse, und mich zu Dero beharrlichen Gewogenheit bestens empfehle, als

Meines Hochgeehrten Herrn und
Freundes

Bern, den 9. Febr.
1774.

gehorsamer Diener,
N. N.

Antwort.

Hochgeehrter Herr!

Die sonderbare Liebe und Neigung, welche Sie jederzeit gegen mich haben blicken lassen, und deren mich Ihr zu meinem Namenstag an mich abgelassenes wohlgemeintes Glükwünschungsschreiben aufs neue versichert, weiß ich nicht genug zu rühmen, noch meine schuldigste Danksagung dafür hinlänglich auszudrücken. Ich bleibe indessen so lange verbunden, bis ich Gelegenheit finde, meine Schuldigkeit in etwas ersetzen zu können. Der HErr erhalte Sie ebenfalls bey stetem Wohlergehen, und erfülle jederzeit Ihr christliches Verlangen, in dessen

Gnade

von Glükwünſchungsbriefen.

Gnade und Schuz Sie beſtens empfehlend, ich Lebenslang beharre

    Meines Hochgeehrten Herrn

Freyburg im Breißgau,
den 22. Febr. 1774.
                  dienſtwilliger
                                               N. N.

Zu getroffener Heyrath.

Edle und Tugendbegabte,
    inſonders Hochgeehrte Jungfer Braut!

Gleichwie ich niemalen von Denenſelben etwas Gutes vernehmen kan, ohne nicht innigſt dadurch gerühret zu werden, und groſſen Antheil daran zu nehmen; ſo kan ich um ſo weniger jezo meine Freude bergen, welche über Dero erſt kürzlich getroffenen ehelichen Verſpruch mit Herrn N. empfinde. Ich kan nicht anderſt glauben, als daß derſelbe recht wohl getroffen ſeye, denn die Tugenden und Eigenſchaften ihres Herrn Liebſten ſind mir gar wohl bekannt, und nicht genug zu rühmen. Sie haben Sich gewiſlich von Ihrem Wechſel viel Gutes zu verſprechen. Ich erfreue mich recht herzlich über ihre glükliche Verbindung, und wünſche von Grund der Seelen, daß Sie alle Glukſeligkeit dabey möchten zu genieſſen haben. Dem Herrn Liebſten bitte hiebey unbeſchwert meine Ergebenheit

heit zu bezeugen, und von mir zu glauben, daß ich unausgesezt beharren werde

Meiner Hochgeehrtesten Jungfer Braut

Giessen, den 3. Martii 1774.

aufrichtigster Freund und Diener, N. N.

Antwort.

Hochgeehrtester Herr!

Aus dessen an mich abgeschikten Brief habe ich Ihre gute Neigung und noch immer fortdaurende aufrichtige Freundschaft zur Genüge ersehen, und verbleibe Ihnen deßwegen, wie besonders auch vor Ihren höflichen Glükwunsch zu meiner Heyrath, gehorsamst verbunden. Ich und mein Schaz werden keine Gelegenheit vorbey gehen lassen, Denenselben unsere wahre Freundschaft zu bezeugen. Sollten wir die Ehre haben, Ihre angenehme Gegenwart bey unserer Hochzeit geniessen zu können, so würde es uns gewislich eine ungemein grosse Freude erwecken. Wenn unsere Trauung vor sich gehen wird, werden wir uns die Freyheit nehmen, Sie darum in einem besondern Einladungs-Schreiben höflichst zu ersuchen. Mein Liebster empfiehlet sich indessen mit mir zu steter Gewogenheit, und ich verbleibe mit aller Hochachtung

Meines Hochgeehrtesten Herrn

Gotha, den 20. Martii 1774.

dienstwillige N. N.

von Glükwünschungsbriefen.

Ein anderer.

**Vielgeliebte Schwester,
Wertheste Jungfer Braut!**

Wann Dich etwa durch gegenwärtige Zuschrift in Deinen vergnügten Gedancken stöhre, so bitte ich um Verzeihung. Die Nachricht von Deinem mit Herrn N. geschlossenen Liebesbündniß veranlasset mich hiezu, und meine Schuldigkeit erfordert es, Dir deßwegen auch meinen herzlichen Glükwunsch abzustatten. Ich wünsche also aus treuem Herzen, GOtt wolle die angefangene Vereinigung nicht nur durch baldige veste Vermählung gänzlich vollziehen, sondern Dir auch, samt Deinem lieben Schaz eben so viel Segen und Vergnügen darinnen zueignen, als Ihr Euch nur selbsten wünschen möget. Im übrigen bitte ich freundlichst, du möchtest mir die Liebe erweisen, und Deinem werthesten Herrn Liebsten als zuversichtlichen Freund und Gönner meine wenige Person zu beständiger Gewogenheit bestens empfehlen, die ich dafür beharren werde

Meiner werthesten Jungfer Braut
Hamburg, den 30. April
1774.
      ergebenste
      N. N.

Antwort.

Liebwertheste Jungfer Schwester!

Die getroffene Verlöbniß und nunmehr vorhanden seyende Veränderung meines Standes

des hat mir zwar schon verschiedene Glükwün-
schungsbriefe dißfalls in die Hände geliefert,
doch war mir darunter derjenige der angenehm-
ste, den ich neulich von dir erhalten. Er hat
mich in meinem Vergnügen keineswegs gestört,
sondern daßelbe vielmehr vergrössert, so, daß
ich also Ursache habe, mich deswegen höchstens
zu bedanken, wie auch vor den beygefügten christlichen Wunsch. Der liebe GOtt erfülle ihn;
und gebe, daß ich dir auch bald mit einem von
dergleichen Art aufwarten darf. Indessen wünsche Dir ebenfalls alles wahre Wohl, und versichere Dich, daß auch mein Liebster sowohl, als
ich, Dir alle schuldige Liebe und Freundschaft
erweisen werde; Womit ich denn verbleibe

Meiner werthesten Jungfer Schwester

Heidelberg, den 20. May
1773.
aufrichtige Freundin
N. N.

Ein anderer.

Hochwerther Freund!

Die angenehme Nachricht von dessen glüklich
getroffener Verbindung mit der Jungfer
N. habe mit höchstem Vergnügen aus seinem an
mich abgelassenen gütigen Schreiben ersehen;
kan dahero nicht unterlassen, sowol meiner
Schuldigkeit, als der zu ihm tragenden Liebe
nach, meinen herzlichen Wunsch beyzutragen.
Hat der Höchste zu seiner klugen Wahl ein völ-
liges

von Glükwünschungsbriefen.

llges Gedeyen verliehen, so wolle er auch in der künftigen Ehe seinen Segen über Euch beyde in reichester Maas ausgiessen, und Euch nach seiner Gnade schenken, was Ihr selbsten nur verlangen möget, und was Euch recht glüklich machen kan. Im übrigen will ich mich seiner ferneren guten Freundschaft getrösten, auch die freundliche Einladung zu Dessen Hochzeit nicht ausschlagen, sondern mich unfehlbar dabey einfinden, um zu zeigen, daß ich mit aller Aufrichtigkeit seye

Meines Hochwerthen Freundes

Hannover, den 5. April
1774.

ergebenster
N. N.

Ein anderer.

Wohledler,
 insonders Hochgeehrter Herr Bräutigam!

Niemals habe ich mit mehrerem Vergnügen die Feder ergriffen, als jezo, da ich wegen Ihres getroffenen Liebesbündnisses mit der verwittibten Frau N. versichert worden bin. So viel ich sehen kan, sind Sie in Ihrer Wahl recht glüklich gewesen, massen Dieselbe mit ungemein velen beträchtlichen Vortheilen verbunden ist. Ich erfreue mich billig von Herzen darüber, und wünsche nur, daß Sie der liebe GOtt solch Vergnügen viele Jahre in Fried und Ruhe geniessen lassen, und Ihnen samt Dero nertzen

Frau

Das II. Capitel.

Frau Braut zu Ihrer künftigen Ehe und all Ihrem Unternehmen Glük und Segen verleyhen wolle. Ich empfehle mich anbey zu beharrlicher Gewogenheit, und bitte Dero Frau Braut meine Ergebenheit zu bezeugen, und zu glauben, daß ich unausgesezt seye

Euer Wohledeln,

Meines Hochgeehrten Herrn Bräutigams

Villingen, an dem Schwartzwald,
den 7. Febr. 1774.

treuergebenster
N. N.

Antwort.

Hochzuehrender Herr!

Der von Denenselben wegen meines Eheverlöbnisses mir zugeschikte Glükwünschungsbrief verbindet mich gegenwärtiges an Sie abgehen zu lassen, und mich vor Dero gütiges Angedenken gehorsamst zu bedanken. Der HErr bestätige Ihre wohlgemeinte Wünsche, und gönne mir das Vergnügen, daß ich auch Dero werthes Haus in beständigem Wohlseyn sehen, und ebenfalls Gelegenheit finden möge, Ihnen öfters zu verschiedenen Fällen Glük zu wünschen. Ich bin indessen zu allen gefälligen Diensten bereit, und werde keine Gelegenheit versaumen, Denenselben meine Ergebenheit e-

derzeit

— von Glükwünschungsbriefen.

derzeit zu bezeugen, der ich nebst herzlicher Begrüssung von meiner Braut allstets beharre

Meines Hochzuehrenden Herrn

Leipzig, den 2. Martii
1774.
      gehorsamster
       N. N.

Zu einem Kindersegen.

Hochgeehrter Herr Vetter!

Da der liebe GOtt in Gnaden an Sie gedacht, und Sie durch glükliche Entbindung Ihrer Frau Liebstin mit einem jungen Söhnlein erfreuet hat; so nehme ich, als ein treuer Freund von Ihnen, an solcher Freude billig auch Antheil, und wünsche von Herzen, daß der liebe GOtt diesen jungen Erben in seiner Gnade erhalten und segnen wolle, damit er wachse und zunehme an Alter, Weißheit und Gnade bey GOtt und den Menschen, und dereinsten seinen lieben Eltern vielen Trost und Freude erwecken möge. Dero Frau Liebstin ersetze der HErr ihre hiedurch abgegangene Kräften vielfältig, und erhalte Sie in beständigem Wohlseyn, damit Ihr werthes Haus durch Sie noch weiter möge gesegnet und vermehret werden. Uebrigens empfehle mich zu fernerer Liebe und Freundschaft, und verharre

Meines Hochgeehrten Herrn Vetters

Lindau an dem Bodensee,
den 6. April. 1774.
      treuergebenster
       N. N.

Das II. Capitel,

Ein anderer.

Werthgeschäzter Freund!

Ich habe die erfreuliche Nachricht erhalten, daß die Frau Liebstin mit einem jungen Sohn glüklich entbunden worden. Gleichwie ich nun zum voraus mir einbilde, wie hoch Sie hiedurch seyen erfreuet worden, so kan ich auch nicht unterlassen, meine Freude hierüber zu bezeugen, welche solche Nachricht bey mir erwecket hat. Der Allerhöchste erhalte das liebe Kind mit seinen Eltern gesund. Er stärke die Kindbetterin, und verleyhe seine Gnade, daß Sie ihren Sohn zur Ehre GOttes, zum Dienst des Nächsten, und zu ihrer selbst eigenen Freude erziehen können. Bekomme ich weitere Nachricht von dem Wohlstand Ihres Hauses, so werde ich jederzeit daran Theil nehmen, als einer, welcher Lebenslang beharren wird.

Meines werthgeschäzten Freundes

Lübeck, den 2. Jan. 1774.   aufrichtiger N. N.

Antwort.

Liebwerthester Freund!

So sehr ich durch den mir von GOtt gnädigst beschehrten Ehesegen erfreuet worden, eben so sehr erfreute mich auch Dero dißfalls an mich abgelassene geneigte Zuschrift und herzlicher Wunsch. Ich erkenne daraus Ihre noch immer
fort=

von Glückwünschungsschreiben.

fortdaurende aufrichtige Freundschaft, und verbleibe deswegen höchstens verbunden. Von meinem Hause kan ich Ihnen keine andere als diese Nachricht ertheilen, daß sich nemlich GOtt Lob! alles darinnen wohl befindet. Der HErr erhalte nun auch Sie mit Dero werthen Angehörigen in beharrlichem Wohlseyn, damit ich Ihre Liebe und Freundschaft noch viele Jahre genießen möge. Übrigens verbleibe ich unverändert

Meines liebwerthesten Freundes

Marburg, in Hessen,   ergebenster
den 9. Febr. 1774.   N. N.

Noch einer gleichen Innhalts.

Geliebter Bruder!

Daß dein Haus wiederum, vermittelst glüklicher Entbindung deiner Frau, mit einem jungen Töchterlein vermehret worden, war mir sehr erfreulich zu vernehmen. Der liebe GOtt, welcher dir diesen theuren Ehesegen bescheret, erhalte ihn auch in seiner Gnade. Er lasse dieses Liebe Kind in seiner Forcht aufwachsen, daß du mit der Zeit viele Ehre und Freude an ihme erleben mögest. Er nehme auch die übrige Jugend in seine gnädige Vorsorge, und lasse dein ganzes Haus seines Segens voll werden. Meine Frau schicket hiebey deiner Kindbetterin nur

etwas

etwas weniges in die Küchen, und bittet damit vorlieb zu nehmen. Der HErr erfülle indessen nur meinen redlichen Wunsch, bis ich weiter Gelegenheit habe, dir in der That zu zeigen, daß ich seye

Dein

Lüneburg in dem Chur-Fürstenthum   getreuer Bruder
Hannov. den 29. Jan. 1774.   N. N.

Antwort.

Innigst geliebter Bruder!

Vor deinen herzlichen Wunsch, mit welchem du mich wegen meines mir von GOtt bescherten Kindes erfreuen wollen, sage ich dir schuldigen Dank. Der Herr lasse ihn in die Erfüllung gehen, und mache mir das Vergnügen, dir auch bald einen dieser Gattung zuschicken zu können. Meine Frau stimmt mit mir ein, und läßt ebenmäßig durch mich, wegen des von deiner Liebstin an uns überschikten, ihre schuldige Dankbarkeit bezeugen, und erwartet nur eine Gelegenheit, solches in etwas erwiedern zu können. Uebrigens wünsche dir und deinem ganzen Hause alles beständige Wohlergehen, und versichere dich, daß ich stets verbleibe

Maynz, ohnweit Frankfurt am Mayn,
    den 12. Febr. 1773.   dein getreuer Bruder
                                            N. N.

Zu erhaltener Bedienſtung.

Wohlehrwürdiger, Hochgelehrter, Hochgeehrteſter Herr Vetter!

Daß Euer Wohlehrwürden zur Pfarrey N. würklich ſeyen angenommen und beſtätiget worden, habe mit gröſtem Vergnügen vernommen, und kan jetzo nicht umhin, Ihnen durch gegenwärtiges meine Freude zu bezeugen, welche ich über dero nach Würden erhaltene Beförderung empfinde. Die Gütigkeit meines Hochwertheſten Herrn Vetters und Pfarrers, welche Sie jederzeit unverdienter Weiſe gegen mich haben blicken laſſen, verbindet mich allerwegen hiezu, und meine Schuldigkeit erfordert es, Ihnen deswegen auch meinen gebührenden Wunſch abzuſtatten. Dahero wünſche dann, der allmächtige GOtt wolle Dieſelbe bey ſteter Geſundheit und Kräften erhalten, und Dero Lehren und Predigen bey einer ſo anſehnlichen Gemeinde viele Frucht und Segen bringen laſſen, damit Sie ein ſo ſchweres Amt wohl verrichten, und viele Seelen zum Himmel führen mögen. Indeſſen empfehle mich zu fernerer Gunſt und Liebe, und beharre mit aller Hochachtung

    Euer Wohlehrwürden,
       Meines Hochgeehrteſten Herrn Vetters

München, in Bayern,
den 8. April 1774.
                    gehorſamer Diener
                           N. N.

Das II. Capitul.

Antwort.

Hochwerthester Herr Vetter!

Da ich von Denenselben schon lange keinen Brief erhalten, jetzo aber bey meiner erlangten Beförderung unverhoft mit einem angenehmen Glukwunsch von Ihnen beehret werde; so erwekt es mir desto mehr Freude und Vergnügen, und gibt mir die Versicherung, daß ich bey Ihnen noch in gutem Angedenken stehe. Ich sage Denenselben herzlichen Dank für den christlichen Wunsch; der Höchste wolle selbigen erfüllen, und mir in meinem so wichtigen Amt kräftiglich beystehen; Ihnen aber auch zugleich alles wahre Gluk und Heil zu Seele und Leib schenken. Ich erbiete mich übrigens zu allen gefälligen Diensten und fortdaurender Freundschaft; gleichwie ich nun diese Ihrer Seits gewis verhoffe, als beharre ich unter schönster Empfehlung unverändert

Meines Hochwerthesten Herrn Vetters

Passau, zwischen Regenspurg und Wien.
den 29. April 1774.   schuldigster Diener
                               N. N.

Ein anderer.

**Hochedler, Hochachtbarer,
Hochgeehrtester Herr!**

Die angenehme Zeitung, welche ich erst kürzlich erhalten, daß Euer Hochedel von Deroselben gnädigen Herrschaft vor vielen andern

von Glükwünſchungsbriefen.

Competenten zu der anſehnlichen Amtmannsſtelle zu N. ſeyen ernennet und befördert worden, veranlaſſet mich zu gegenwärtigem Schreiben, und gibt mir die erwünſchte Gelegenheit an die Hand, Denenſelben meine Ergebenheit aufs neue zu bezeugen. Gleichwie ich nun von Euer Hochedel verſichert bin, daß hier das Loos nach Ihren Verdienſten gefallen ſey; ſo kan ich auch Dieſelbe hinwiederum von mir verſichern, daß ich ſehr groſſen Antheil daran nehme, und daß es mir eine beſondere Freude erwecke, wenn ich etwas angenehmes von Ihnen erfahre. Ich wünſche alſo zu der erhaltenen Stelle allen göttlichen Segen. Der HErr unterſtütze Sie darinnen mit Gnade, Kraft und beſtändiger Geſundheit, und erfreue Sie und die Hochwertheſte Angehörige mit einem beſtändigen Wohlergehen. Ich aber empfehle mich zu fernerer hohen Gewogenheit, als

 Euer Hochedel,
  Meines Hochgeehrteſten Herrn

Nördlingen, ohnweit Nürnberg,
 den 16. Jan. 1774. gehorſamer Diener
           N. N.

Antwort.

Hochgeehrteſter Herr!

Daß Dieſelbe an meinem Glück und Wohlfahrt Antheil nehmen, verpflichtet mich allermaſſen; denn es iſt ein Kennzeichen ihrer Freund-

Das II. Capitel;

Freundschaft, welche Sie jederzeit, sonderlich bey allen Gelegenheiten, die mir angenehm sind, zu erkennen geben. Es ist mir leyd, daß ich Ihnen noch niemals einige Dienste geleistet habe, die solches verdienen. Doch bekomme ich villeicht in Zukunft Gelegenheit, da ich alsdenn in der That zeigen werde, wie ich seye

Meines Hochgeehrtesten Herrn

Nennkirch bey Schauffhausen,
den 6. Februarii 1774.   dienstwilliger
            N. N.

An eine Wittwe, deren Sohn ins Closter aufgenommen worden.

Hochwertheste Frau Gevatterin!

Gleichwie ich mich jederzeit herzlich erfreue, wenn ich etwas angenehmes von Ihnen erfahre; so ware es mir auch ein besonderes Vergnügen, aus Ihrem lezteren Schreiben zu ersehen, daß Dero jüngster Herr Sohn nunmehro ins Closter gekommen, und also schon einiger massen versorget seye. Ich gratulire Ihnen dißfalls von Herzen, und wünsche, daß der liebe GOtt diesen jungen und wohlgearteten Menschen in dem Fortgang seiner Studien dergestalt segnen wolle, damit er Ihnen mit der Zeit zu einem kräftigen Trost und Stütze Ihres Alters dienen

dienen möge. In welch guter Hofnung ich denn
auch unausgesezt beharre

Meiner Hochwertheſten Frau Gevatterin

Rothenburg am Neccar,   aufrichtiger Freund
den 20. Martii 1774.   N. N.

An eine Gefreundin, welche eine Cammer-Jungfer worden.

Liebwertheſte Jungfer Baas!

Ihre leztere Zuſchrift, womit Sie mich beehret, hat mich ſehr erfreuet, beſonders da ich daraus erſehen, daß Sie ſo wohl verſorget, und von der gnädigen Frau von ... zu einer Cammer-Jungfer gegen ein gutes Salarium angenommen worden ſeyen. Sie haben eine ſehr gnädige Herrſchaft bekommen, und ich gebe mir dahero auch die Ehre, Ihnen deßwegen zu gratuliren. Der liebe GOtt erhalte Sie nur bey ſteter Geſundheit, und verleyhe, daß Sie mit Dero gnädigen Herrſchaft immer mögen in gutem Vernehmen ſtehen. Bin ich im Stande Ihnen etwas Gefälliges zu erweiſen, ſo ſoll mir jede Gelegenheit angenehm ſeyn. Indeſſen empfehle Sie der weiteren gnädigen Vorſorge GOttes, und verbleibe mit aller Aufrichtigkeit

Meiner liebwertheſten Jungfer Baas

Regenspurg, den 8. Jan.   dienſtwillige
1774.   N. N.

Das II. Capitel,
An einen Lieutenant von bürgerlichem Stand.

Hochedelgebohrner Herr Lieutenant,
  Hochgeschäzter Freund!

Ob ich gleich sonst ein wenig nachläßig im Schreiben bin, so kan ich es doch jetzo nicht seyn, noch die Freude verschweigen, welche ich über die Nachricht empfunden, daß Euer Hochedelgebohrn die ansehnliche Stelle eines Lieutenants erlanget haben. Ich gratulire demnach hiezu aus ergebenstem Herzen, und wünsche, daß ich bald das Vergnügen haben möge, Sie in einer noch höhern Stuffe zu sehen. Ihre Tapferkeit und Verdienste lassen mich solches allerdings hoffen, als welche nichts anders als immer mehreres Glück nach sich ziehen können. Im übrigen empfehle mich ferner in Deroselben hohe Gewogenheit, und verbleibe mit aller Hochachtung

  Euer Hochedelgebohrn,
   meines Hochgeschäzten Freundes

Prag, den 20. April   gehorsamster
  1774.   N. N.

Antwort.

Hochedler,
  Hochzuehrender Herr!

Die gütige Zuschrift, welche von Euer Hochedel aus Gelegenheit meiner erhaltenen Lieutenants-Stelle bekommen, habe mit vielem Vergnügen gelesen; um so viel mehr, weil mir selbige
                                                von

von der Beständigkeit Ihres Wohlwollens neue Proben vor Augen leget. Ich bin Ihnen deswegen so wohl vor Ihr gütiges Angedenken, als auch den wohlgemeinten Wunsch höchstens verbunden. Wünsche hinwiederum Denenselben alles beständige Wohlergehen, und versichere Sie, daß ich meines Theils niemalen ermanglen werde, in der That zu erweisen, daß ich mit aller Ergebenheit seye

Euer Hochedel,
Meines Hochzuehrenden Herrn

Wetzlar, den 16. May   ergebenster
1774.   N. N.

An einen Bruder, der einen Schuldienst auf dem Land erhalten.

Geliebter Bruder!

Dein an mich abgelassener lezterer Brief berichtete mich, daß du den einträglichen Schuldienst zu N. samt der dazu gehörigen Meßnerey vor andern gluklich erhalten habest. Ich kan dir also meine Freude hierüber nicht unbezeugt lassen. GOtt gebe dir zu deinem hinlänglichen Stuk Brod nur beständige Gesundheit und ein gnädiges Gedeyhen; darneben versorge er dich auch bald mit einer getreuen Gehülfin in deinem Hause. Kan ich dir in etwas an die Hand gehen, oder einen gefälligen Dienst erweisen, so werde es nicht unterlassen, sondern dir vielmehr in der That zeigen, daß ich unverändert seye.

Deine
Zurzach, bey Schaffhausen,   getreue Schwester
den 2. Febr. 1774.   N. N.

Das II. Capitel,

Zu gesegneter Ernde.

Mein Sohn!

Es hat dich, laut deines Schreibens, der liebe GOtt gleich bey dem Anfang deines Hausens mit einer reichen und vollkommen guten Ernde schon so väterlich angesehen und gesegnet. Ich erfreue mich darüber von Herzen. GOtt lasse dich samt den Deinigen diesen reichen Seegen im Frieden und guter Gesundheit geniessen. Nimm und verwalte ihn als ein Pfand der göttlichen Güte und Vorsorge, und vergiß ja nicht, den HErrn deinen GOtt dafür zu loben und zu preisen, daß Er so wohl an dir thut. Wenn es meine Umstände zulassen, will ich euch dieses Spatjahr auch selbst noch besuchen und sehen, wie ihr lebet. Indessen grüsse mir deine Frau, und seye versichert, daß ich lebenslang beharren werde

Deine

Wien, den 12. Aug.
1774.

getreue Mutter
N. N.

Zu glüklicher Reise.

Hochgeehrtester Herr!

Da es nunmehro an deme ist, daß Dieselbe Ihre vorgenommene Reise nach fremden Landen antretten wollen, so kann ich nicht unterlassen, Ihnen dißfalls noch zuvor meinen herzlichen Wunsch abzustatten, und meine Ergebenheit zu bezeugen. Ich ersuche also die göttliche Güte, daß Dieselbe meinen Hochgeehrtesten Herrn und Freund auf ei-

ner

von Glükwünschungsbriefen. 53

ner so wichtigen Reise allenthalben begleiten, gesund erhalten, für allem Unglück bewahren, und endlich auch wiederum glücklich zurück bringen wolle. Was aber meine Person hiebey anbetrift, so bitte ich nur freundlich, Dieselben wollen solche indessen Ihrem gütigen Angedenken bestens empfohlen seyn lassen, und Sich doch auch desjenigen zuweilen erinnern, der Ihnen alles wahre Wohlergehen anwünschet, und lebenslang beharret, als

Meines Hochgeehrtesten Herrn

Linz in Oesterrich, den 4. Apr.   ergebenster
1774.   N. N.

Antwort.

Hochgeehrter Herr!

Für den wohlgemeinten Wunsch zu meiner vorhabenden Reise, und die mir bey dieser Gelegenheit bezeugte Güte, sage ich Ihnen verbundenen Dank. Ich wünsche Ihnen ebenfalls alles beständige Wohlergehen, und wen ich Ihnen auf meiner Reise etwas angenehmes zu erweisen im Stande bin, so werde mir eine Freude davon machen, und wünsche nur Gelegenheit zu haben, Ihnen meine Aufrichtigkeit bezeugen zu können. Behalten Sie mich indessen in Ihrem geneigten Wohlwollen, gleichwie ich Sie niemal aus dem Gedächtniß lassen werde, zu beweisen, daß ich seye

Meines Hochgeehrten Herrn

Nürnberg, den 5. May   aufrichtiger Freund
1774.   N. N.

Das II. Capitel.
Ein anderer.

Geliebter Vetter!

Nach deinem lezteren an mich abgelassenen Brief haft du deine Lehrjahre zurück gelegt, und wilt nunmehro auch in der Fremde ein mehreres zu lernen suchen. Du thuft wohl daran, dann die Fremde zieht erft rechtschaffene Leute. Ich wünsche dir also auch zu deinem Vorhaben viel Glück und Seegen. GOtt erhalte dich gesund, und seye dein Geleitsmann auf allen deinen Wegen, und bringe dich mit der Zeit wieder glücklich zurück. Meine Frau überschickt dir hieben etwas weniges auf deine Reise. Kan ich dir sonsten noch mit etwas dienen, so melde mirs ohne Scheu. Schreibe mir aber auch aus der Fremde, wie es dir gehe. Indeß befehle ich dich GOtt und seiner gnädigen Führung, und verbleibe lebenslang

Dein

Zweybrücken, den 4. Jun.   getreuer Vetter
1774,   N. N.

Antwort.

Allerwerthester Herr Vetter!

Ich danke Denenselben, wie nicht weniger auch der lieben Frau Baase zum allerhöchsten, theils vor das überschikte zu meiner Reise, theils aber auch vor Ihren herzlichen Glück- und Segens-Wunsch. Wünsche Ihnen dabey ein gleiches an, und daß Sie der liebe GOtt gesund und im See-

gen

von Glükwünschungsbriefen.

ſey erhalten, auch Ihnen alle mir bisher erwieſene Wohlthaten reichlich vergelten wolle. Morgen werde ich meine Reiſe unter GOttes Beyſtande antreten. Ich werde niemal unterlaſſen, ſo ich Gelegenheit habe, Ihnen zu ſchreiben, wo ich ſeye, und wie es mir gehe, weil ich weiß, daß Sie an meiner Wohlfart groſſen Antheil nehmen. Ich empfehle mich nochmal in Ihr Gebet und werthes Angedenken, verbleibe anbey unausgeſezt

Meines allerwertheſten Herrn Vetters

Worms, am Rhein, den 12. Jun.
1774.

treugehorſamſter
N. N.

An einen, der glüklich von der Reiſe gekommen.

Hochedler,
        inſonders hochzuehrender Herr!

So empfindlich es mir fiele, ſchon über vier Jahre von Denenſelben nichts mehr zu erfahren, ſo erfreulich ware mir die Nachricht von Tero glücklichen Ankunft aus Holland, beſonders da ich dabey vernommen, daß es Ihnen bisher wohl, ja recht nach Wunſch, gegangen ſeye. Gott der HErr laſſe nun Denenſelben in ihrer Heimat das weitere Glük zufallen, und ſetze ihre Wohlfahrt auf einen immer feſteren Grund, damit ihre Verdienſte nach Würden belohnet werden

Das II. Capitel,

den. Ich zweifle hieran keineswegs, und beharre in solcher Hofnung lebenslang

Euer Hochedel,
    Meines Hochzuehrenden Herrn

Weissenfels, den 4. April
    1774.
                                    gehorsamster
                                        N. N.

Antwort.

Hochedler,
    Hochgeehrtester Herr und Freund!

Das gute Angedenken, worinnen ich noch bey Denenselben stehe, wie auch der wohlgemeinte Wunsch, den Sie mir wegen meiner zurück gelegten Reise ertheilen, verbindet mich zu höchstem Dank. Ich habe in allwege die Güte GOttes zu preisen, welche bisher so treulich ob mir gewaltet hat, daß ich von meiner Reise nichts widriges, sondern alles Gute sagen kan. Mein weiteres Glük will ich ebenfalls der gnädigen Vorsehung GOttes überlassen, in welche dann auch Euer Hochedel samt Dero ganzem Haus bestens empfehlend, mit aller Hochachtung verbleibe

Euer Hochedel,
    Meines Hochgeehrtesten Herrn

Naumburg in Sachsen,
    den 10 April 1774.
                                    gehorsmer
                                        N. N.

von Glükwünschungsbriefen.

An einen Bruder, der glücklich aus der Fremde gekommen.

Lieber Bruder!

Ich ware von Herzen erfreuet, da ich so wohl aus des Vatters, als aus deinem eigenem Briefe ersehen, daß du, nach überstandener siebenjähriger Wanderschaft, wieder gesund und glücklich nach Haus gekommen seyest, und auch da alles wohl angetroffen habest. Du hast mir bisher viele Sorgen gemacht, da ich so lange nichts mehr von dir erfahren; nun aber danke ich GOtt, der dich so glücklich wieder nach Haus gebracht hat. Der Vater hat mir geschrieben, du habest nicht nur ein schön neues Kleid, sondern auch noch ein Stück Geld mitgebracht und erspahret. Ich schliesse also daraus, du müssest dich wohl gehalten, und gute Haushaltung geführet haben. Mein Mann, der dich herzlich grüssen läßt, hat sich auch ungemein hierüber erfreuet. Wir wünschen dir nur ferner Glück und Seegen zu all deinem Vorhaben, besonders daß dir nun der liebe GOtt bald möge eine gute Heyrath beschehren. Können wir dir in etwas dienen, oder kanst du auf einige Tage zu uns kommen, so wird es uns von Herzen lieb seyn. Dem Vater kan ich dißmal nicht antworten; grusse ihn unsertwegen, und glaube von mir, daß ich noch unverändert seye

Deine

Ravensburg, den 6. Jun. 1774.

getreu: Schwester
N. N.

Das II. Capitel

Wegen überstandener harter Krankheit.

Geliebte Schwester!

Ich kan dir nicht beschreiben, wie mir zu Muthe gewesen, da ich von einer Zeit zur andern wegen deiner immer nur die betrübteste Nachrichten erhielte, daß du so gefährlich, ja recht tödtlich krank darnieder liegest. Mein halbes Leben war gleichsam auch schon dahin, weil ich hören mußte, daß das Deine in der grösten Gefahr stünde. Und was mich am meisten betrübte, war das, daß ich mich ausser Stand sahe, dir zu rathen oder zu helfen. Ich konnte weiter nichts thun, als dich in mein tägliches Gebet einschliessen. GOtt Lob! aber, daß solches nicht ohne Frucht gewesen, da ich erfahre, wie es sich mit dir von Tag zu Tag bessere. Ich freue mich hierüber von Herzen, und wünsche, daß der liebe GOtt dir deine vorige Kräften wieder schenken, und deine völlige Gesundheit herstellen wolle. Ich hoffe, der HErr werde meinen Wunsch erfüllen, wie er mein Gebet erhöret hat. In welcher Zuversicht ich denn auch verbleibe

Deine

Biberach in Schwaben,
den 8. Sept. 1774.

getreue Schwester
N. N.

Antwort.

Liebe Schwester!

Ich danke dir von Herzen für deine freundliche Zuschrift und christlichen Wunsch, welchen du

von Glückwünschungsbriefen.

dir wegen meiner gefährlichen Krankheit mir ertheilet hast. GOtt hat recht Wunder an mir gethan, und mich aus der augenscheinlichen Gefahr des Todes heraus gerissen, so daß ich nicht weiß, wie ich ihm solche Gnade genug verdanken soll. Ich spüre nun von meiner Krankheit weiter nichts, als den Abgang meiner Kräften, welcher auch verursachet, daß ich diesen Brief schnell abbrechen muß. Der HErr erhalte dich und dein Haus gesund, und bewahre euch vor solchen betrübten Zufällen. Uebrigens, so lang ich noch lebe, werde ich nicht aufhören zu seyn

Deine

Kaufbeuren in Schwaben,
den 30. Sept. 1774.

getreue Schwester
N. N.

Ein anderer.

Hochedler,
Hochzuehrender Herr!

Ihre Unpäßlichkeit hat mein Gemüth ganz niedergeschlagen; da ich aber Dero Schreiben erhielte, welches mich Ihrer wieder erlangten Gesundheit versicherte, so brachte dieses mein Herz in völlige Ruhe. Gratulire demnach hiezu von Grund meines Herzens, und bitte GOtt, daß Er Ihre wertheste Person in beständigem Wohlergehen ferner zu meinem Vergnügen erhalten wolle; welches ich von Herzen wünsche, um Ihren geliebtesten Umgang noch viele Jahre geniessen

nieſſen zu können. Der ich mich taglebens nennen werde

   Euer Hochedeln
Zittau, den 12. Jan.
1774.   treu=ergebenſten Diener
            N. N.

Noch ein anderer.

Wohledler,

  Hochgeehrteſter Herr Poſt=Secretaire!

Da ich von Euer Wohledel mit lezterer gütigen Zuſchrift bin benachrichtiget worden, daß es ſich mit Dero wertheſten Frau Liebſtin von Tag zu Tag beſſere, und das langwürige Fieber Dieſelbe endlich völlig verlaſſen habe; ſo gratulire ich Ihnen dißfalls von ganzem Herzen, und wünſche, daß Sie Ihnen in der vorigen Geſundheit bald wieder völlig möchte hergeſtellet werden. Der liebe GOtt erhalte aber auch Sie in ſteter Geſundheit, und verleyhe Ihnen alles wahre Wohlergehen. Anbey überſchicke der Frau Liebſtin beykommendes Elixir, welches ein Meiſter von allen Fiebern iſt, und Sie von Grund aus wegnimmt. Ich habe erſt vorgeſtern von einem guten Freund vier ſolcher Gläslein bekommen. Man nimmt alle Morgen davon dreyßig Tropfen in Wein ein. Wenn Sie es gebrauchen mag, wird es gewiß

gewiß gute Dienſte thun. Im übrigen beha‍re ich jederzeit

  Euer Wohledeln,
   Meines Hochgeehrteſten Herrn
    Poſt-*Secretarii.*

Lahr im Breißgau, den 15. May   ergebenſter
   1774.   N. N.

Wegen eines gewonnenen Proceſſes.

Hochwertheſter Herr Schwager!

Nun bin ich einmal zufrieden, da ich von meinem Hochwertheſten Herrn Schwager einen Brief erhalten, der mich verſichert, daß Ihr geführter Proceß mit Herrn N. ein Ende genommen habe, und zu Ihrem Beſten ausgefallen ſeye. Ich gratulire Ihnen deswegen von Herzen, daß Sie endlich aus dieſer höchſt verdrüßlichen Sache hinaus gekommen ſind. In Zukunft aber wolte Ihnen nicht rathen, ſich mehr in ſolche Weitläuftigkeiten einzulaſſen, weil man auch ſo gar den Gewinn dabey oft theuer genug bezahlen muß. Ich hoffe zwar auch nicht, daß Ihnen mehr dergleichen Zufälle begegnen werden, ſondern wünſche vielmehr beſtändige Ruhe und Frieden, und beharre nebſt herzlicher Begrüſſung von meiner Frau mit aller Ergebenheit

Meines Hochwertheſten Herrn Schwagers

Lörrach bey Baſel,   aufrichtiger Freund und Diener
 den 4. Jun. 1774.   N. N.

Das 2. Exempel, vom Glücke, ꝛc.
Wegen eines erhaltenen guten Looses aus der Lotterie.

Hochgeehrtester Herr und Freund!

Was einem gehört, muß einem auch werden. Dieses Sprichwort gehet jetzo auch bey Ihnen einiger maſſen in die Erfüllung. Ihr tugendhaftes Gemüth ware ſchon längſt eines beſonderen Glückes würdig, und das mußte Ihnen auch zu Theil werden, und zwar, wie ich aus Ihrem letzteren Brief erſehen, durch ein glükliches Loos, welches Sie in einer Lotterie erhalten, und das Ihnen nach Ihrem eigenen Geſtändnis tauſend Rthlr. zubringt. Ich bezeuge alſo hierüber meine Freude, und wünſche Denenſelben von Herzen, daß Sie die gewonnene tauſend Rthlr. nicht nur möchten in guter Geſundheit genieſſen und benutzen, ſondern dadurch immer reicher und geſegneter werden, weilen Sie das Geld doch am beſten zu verwalten wiſſen. Ich bleibe übrigens über Ihr erhaltenes Glück ſo vergnügt, als wenn es mir ſelbſten zugefallen wäre, getröſte mich dabey Ihrer immerwährenden aufrichtigen Freundſchaft, und bin mit aller Ergebenheit

Meines Hochgeehrteſten Herrn und Freundes

Nürnberg, den 15. Jenner 1774.

gehorſamſter Diener
N. N.

Das

von Einladungsbriefen.

Das III. Capitel.
Von
Einladungsbriefen.
Kurzer Vorbericht.

§. 1.

Die Einladungsbriefe gehören auch zum Wohlstand. Sie sind leicht, und haben vielerley Fälle zum Gegenstand. Die vornehmste sind Hochzeiten, Kindtaufen, Leichenbegängnisse, Gästereyen, Besuche, Reisen, Spaziergänge und andere Gelegenheiten, dazu man Gönner, Freunde und Bekannte einladet. Gegenwärtige bittet man mündlich: Abwesende aber schriftlich; und das heißt man Einladungsbriefe.

§. 2.

Wenn man nun einen solchen Brief an einen andern schreiben will, so hat man vornemlich zu merken: daß man die Gelegenheit melde und anzeige, an welcher der andere Theil nehmen, und welcher Er beywohnen solle; hernach daß man seine Bitte und Einladung selbst höflich vortrage, und endlich den Beschluß mit einem Versprechen oder Ehrenwort mache.

§. 3.

Auf einen solchen Brief muß nothwendig eine Antwort folgen. Entweder muß man die
Sache

Sache zu = oder absagen. Sagt mans zu, so muß man das Ansuchen wiederholen, davor höflich danken, und zu erscheinen versprechen. Sagt man es aber ab, so muß man auch die Ursache hinzu setzen, warum es geschehen, damit man dem andern Theil keine Gelegenheit zu ungleichen Gedanken gebe.

Einladungsbrief zu einer Hochzeit.

Wohledler, Großachtbarer,
Insonders Hochgeehrtester Herr!

Nachdeme es nunmehro durch weise Fügung GOttes geschehen, daß ich mich mit der Jungfer N. in ein christliches Eheverlöbnis eingelassen habe, und entschlossen bin, solche Verlobung heute über acht Tage durch priesterliche Einsegnung bestätigen zu lassen; Anbey aber auch gerne meine beste Freunde an solch meinem Ehrentage zu meinem Vergnügen bey mir sehen möchte; So nehme die Freyheit, Euer Wohledel auch gehorsam einzuladen, und ergebenst zu bitten, Dieselbe möchten mir auf gedachten meinen Hochzeittag als den 12ten dieses auch die Ehre ihrer Gegenwart gönnen, und meine Freude vergrössern helffen. Ich versichere, daß Sie mehr gute Freunde antreffen werden, und mache mir gewisse Hoffnung, Dieselbe bey uns zu sehen. Die mir und meiner Braut hiedurch erweisende grosse Ehre und Gewogenheit werde mit schuldigster Dankbarkeit erkennen, und mich befleissen, bey jeder
Gele-

Gelegenheit wieder nach Vermögen darauf zu dienen. Womit ich denn auch nebst schönster Empfehlung von meiner Braut mit aller Hochachtung verbleibe

Euer Wohledel,
Meines Hochgeehrtesten Herrn

Reuttlingen bey Tübingen,
den 5. Jun. 1774.

gehorsamer Diener
N. N.

Antwort.

Wohledler,
insonders Hochgeehrter Herr
Bräutigam!

Die geehrteste Zuschrift von Euer Wohledel habe mit vielem Vergnügen durchlesen, und daraus ersehen, daß Sie Sich in den Ehestand zu begeben nicht nur gesonnen seyen, sondern auch zugleich mir die Ehre anthun, und mich zu dero Hochzeit gütigst einladen wollen. Gleichwie ich mir nun eine Freude davon mache, Ihnen bey jeder Gelegenheit meine Dienstgeflissenheit zu bezeugen, so werde ich auch diese keineswegs versäumen. Ich werde mir die Ehre geben, Ihrer Hochzeit beyzuwohnen. Zu diesem Ende will ich auch meinen schuldigen Glükwunsch so lange aufschieben, bis ich das Vergnügen haben werde, ihn mündlich abzustatten. Indessen bitte, mich unbeschwert bey Dero geliebtesten Jungfer Braut zu empfehlen, und

und zu glauben, daß ich mit aller Ergebenheit seye

Euer Wohledel,
meines Hochgeehrtesten Herrn
Braütigams

Tübingen, den 7. Jun.
1774.

gehorsamer
N. N.

Ein anderer.

Hochedelgebohrn und Hochgeachter,
Hochzuehrender Herr Cammer-Rath!

Die hohe Gewogenheit, welche ich von Euer Hochedelgebohrn zu allen Zeiten genossen habe, und davor ich Lebenslang verbunden bleibe, veranlasset mich, daß ich mir die Freyheit nehme, gegenwärtige Zeilen an Dieselbe abzuschicken. Euer Hochedelgebohrn wissen bereits schon, daß ich mich mit der verwittibten Frau N. einer gebohrnen N. in ein eheliches Verlöbnis eingelassen habe. Dieses nun gedenke ich bis künftigen Dienstag, geliebt es GOtt! durch priesterliche Copulation zu vollziehen. Ich ersuche hiemit Euer Hochedelgebohrn ganz ergebenst, so wohl mir als meiner Braut auf gedacht unsern Hochzeittag die Ehre Ihrer werthesten Gegenwart zu vergönnen. Und wenn mir gleich Dero wichtige Geschäften wenig Trost übrig lassen, dieses Glück zu erhalten; so werden Sie mir doch verzeyhen, daß ich Ihnen mein schuldiges Verlangen darnach gehorsamst dar-

darlege, so wohl mich als meine Braut in Dero beständiges Wohlwollen empfehle, und mit aller Hochachtung beharre

 Euer Hochedelgebohrn,
  Meines Hochzuehrenden Herrn
   Cammer-Raths

Knittlingen, in Würtemberg,   gehorsamster
 den 9. May. 1774.   N. N.

Abschlägige Antwort.

Wohledler,
insonders Hochgeehrter Herr Bräutigam!

Dieselben haben mir die Ehre angethan, und mich zu ihrer Hochzeit höflichst eingeladen; bin Ihnen auch deswegen sehr verbunden. Ich wünsche Ihnen viel Glück dazu, und bezeuge auch mit Wahrheits Grund, daß es mir ein rechtes Vergnügen gewesen wäre, derselben beyzuwohnen, wenn ich nicht durch meine viele Geschäften, die Ihnen selbst wohl bewußt und nicht aufzuschieben sind, daran verhindert würde. Deswegen wünsche nochmal allen göttlichen Seegen zu Ihrem Vorhaben, und verbleibe nebst gehorsamer Empfehlung an Ihre Frau Braut unverändert

 Euer Wohledel,
  Meines Hochgeehrten Herrn Bräutigams

Stutgardt, den 14. May   ergebenster
 1774.   N. N.

Das III. Capitel,

Ein anderer.

Hochgeehrtester Herr Vetter!

Es ist meinem Hochgeehrtesten Herrn Vetter schon bestens bewußt, wie daß ich mich mit Dero werthesten Jungfer Baase ehelich versprochen, und dadurch die Ehre bekommen habe, in Ihre hochwerthe Freundschaft einzutretten. Da wir nun entschlossen, bis auf den sechszehenden dieses Monats unsere Hochzeit zu vollziehen; so nehmen wir uns die Freyheit, Dieselbe zu ersuchen, daß Sie nebst hochgeehrtester Frau Liebstin derselben beyzuwohnen uns die Ehre geben. Wir wollen uns befleissen, Dieselbe nach Vermögen zu bewirthen, und keine Gelegenheit vorbey gehen lassen, auf solche uns erzeigende Liebe und Freundschaft hinwiederum schuldigster massen zu dienen. Womit ich denn in Erwartung einer geneigten Antwort nebst gehorsamer Empfehlung von meiner Braut beharre

Meines Hochgeehrtesten Herrn Vetters

Dornstetten in Würteinberg,
den 1. April 1774.

gehorsamster
N. N.

Antwort.

Allerwerthester Herr Vetter!

Ich danke zum höchsten vor Ihre höfliche Einladung zu Deroselben Hochzeit. Bedaure aber sehr, daß ich meines Orts dabey nicht zusprechen kan, wie ich es von Herzen gerne hatte thun

thun mögen. Ein mich erst vor etlichen Tagen
überfallenes Fieber erlaubet mir solches nicht.
Jedoch soll es nicht gar leer abgehen. Meine
Frau wird ihre schuldige Aufwartung dabey machen, und auch in meinem Namen den Glükwunsch abstatten. Geben Sie mir sonsten Gelegenheit, Ihnen etwas angenehmes zu erweisen, so werde ich jederzeit zeigen, daß ich Ihnen
mit aller Aufrichtigkeit zugethan seye. Schließlich bitte der werthesten Jungfer Braut meinen
herzlichen Gruß zu vermelden, und von mir zu
glauben, daß ich seye

Meines allerwerthesten Herrn Vetters

Ebingen, den 15. April   aufrichtiger Freund
1774.   und Diener
    N. N.

Ein anderer.

Wertheste Jungfer Baas!

Da nunmehro, geliebt es GOtt! meine Hochzeit biß künftigen Dienstag solle vollzogen
werden, so nehme mir die Freyheit, meine wertheste Jungfer Baas dazu auch schuldigst einzuladen. Sie werden mir verhoffentlich die Liebe
erzeigen, und durch Ihre werthe Gegenwart unsere Freude vermehren helfen. Villeicht geschiehet es bald, daß ich auch die Ehre geniessen
kan, Ihnen zur Hochzeit zu gehen. Es mag nun
bey solcher oder einer andern Gelegenheit geschehen, so werde die mir erweisende Freundschaft

herzlich gerne zu erwiedern suchen. Meine Jungfer Braut läßt sich Denenselben gehorsamst empfehlen, und ich habe die Ehre zu seyn

Meiner wertheſten Jungfer Baas

Neuſtadt am Kocher, ober an der
groſſen Linde, den 3. Jun. 1774.   ergebenſter
N. N.

Antwort.

Hochgeehrteſter Herr Vetter!

Sie haben mich zu Ihrer Hochzeit eingeladen, davor ſage ich ſchuldigen Dank. Ich
werde, ſo ich lebe und geſund bin, ohnfehlbar
dabey erſcheinen, und mich daran luſtig machen. Wenn ich auch gleich im Sinn gehabt
hätte, Ihnen Ihre Bitte abzuſchlagen, ſo hätte ichs ja nicht thun können, nur deswegen, weilen Sie Sich ſo höflich erbieten, dereinſten auch
zu der meinigen zu kommen. Ich glaube zwar
wohl, Sie werden ſicher genug davor ſeyn, und
ſo bald keine Gefahr haben; doch wolte gerne,
ich könnte Ihnen den Poſſen thun, und Sie
bald bey Ihrem Worte nehmen, da ich gewiß
weiß, daß Sie wünſchen würden, Sie wären
mit ihrem Spöttlen zu Hauſe geblieben. Meinen ſchuldigen Glück- und Seegenswunſch werde Ihnen mündlich abſtatten, die ich indeſſen
meinen Herrn Bräutigam ſamt Dero Jungfer
Braut

von Einladungsbriefen.

Braut der gnädigen Führung GOttes empfehlend, schuldigst beharre

Meines Hochgeehrtesten Herrn Vetters

Kirchheim an der Teck,
den 12. Jun. 1774.

ergebenster
N. N.

Ein anderer.

Ehrsamer und bescheidener,
vielgeliebter Junger Geselle!

Nachdeme ich mich durch göttliche Vorsehung mit des ehrsamen und bescheidenen Meisters N. Burgers und Schusters allhier ehlichen Tochter in ein Eheverlöbnis eingelassen, und nun meine Hochzeit zu vollziehen gedenke; so wünschte ich auch meine beste Freunde dabey zu sehen, und mich mit ihnen lustig zu machen. Da ich nun Dich jederzeit als einen meiner aufrichtigsten Freunde befunden habe; so ist es meine Schuldigkeit, Dich dazu einzuladen. Ich bitte dich also freundlich, Du wollest mir die Liebe erweisen, und meiner Hochzeit auch beywohnen. Sie wird bis künftigen Dienstag angestellt, und die Zusammenkunft, wie auch die Mahlzeit, in dem Wirthshaus zum güldenen Löwen geschehen. An guter Gesellschaft wird es Dir nicht fehlen, mit welchen ein ehrlicher junger Gesell sich lustig machen kan. So wird uns auch der Wirth um eine billige Zeche wohl tractiren. Ich erwarte dich also, und verbleibe
nebst

72 **Das III. Capitel,**

nebst Vermeldung eines herzlichen Grusses von meiner Braut

Dein

Tübingen, den 3. May
1774.
aufrichtiger
N. N.

Antwort.
Vielgeehrter Bräutigam!

Es hat mich von Herzen erfreuet, daß Du auch meiner gedenken, und mich zu deiner Hochzeit hast einladen wollen. Ich erkenne es als ein Zeichen deiner noch fürdaurenden Freundschaft, und bin Dir sehr davor verpflichtet. Wenn es mir anderst möglich ist, und mich mein Meister vieler Geschäften halber hinweg läßt, so werde ich diese angenehme Gelegenheit nicht versäumen, sondern mich ohne Zweifel einfinden. Ich wünsche Dir übrigens zu all deinem Vorhaben viel Glück und Seegen. Grüsse mir deine liebe Braut. Ich verbleibe indes

Meines vielgeehrten Bräutigams

Jesingen bey Tübingen,
den 5. May 1774.
dienstwilliger
N. N.

Ein anderer.

Ehren- und Tugendgezierte,
  insonders vielgeliebte Jungfer N!

Ich habe nicht unterlassen wollen, Sie freundlichst zu ersuchen, Sie möchte mir bis künftigen

von Einladungsbriefen.

tigen Dienstag die Ehre geben, und meiner Hochzeit mit beywohnen. Sie wird in meinem eigenen Hause gehalten, weil da die beste Gelegenheit dazu vorhanden ist. Es werden sich wackere junge Leute dabey einfinden, die Ihr die Zeit verkürzen werden. Wir wollen uns auch befleissen, unsere Gäste nach Möglichkeit zu bewirthen. Ich zweifle an Ihrer Gegenwart um so weniger, als ich weiß, daß Sie eine gar gute Freundin von meiner Braut ist, von welcher Ihr auch hieben einen freundlichen Gruß zu vermelden habe. Womit ich denn auch beharre

Meiner vielgeehrten Jungfer N.

Pfullingen, den 3. May ergebenster
    1774. N. N.

Abschlägige Antwort.
Vielgeehrter Herr Bräutigam!

Ich bedanke mich höchstens vor die gütige Einladung zu Seiner Hochzeit, und wünsche Demselben allen göttlichen Seegen dazu. Ich würde auch meiner Schuldigkeit nach ohne allen Zweifel mich dabey einfinden, wenn nicht meine Frau Baase so gefährlich krank wäre, von welcher ich nirgend hin kan, weil Sie alle Stund meiner Pflag und Wartung vonnöthen hat. Mein werther Herr Bräutigam wird mir also nicht übel nehmen, wenn ich nicht komme; weilen es nicht an meinem guten Willen, sondern nur am Vermögen fehlet. Der werthen Jungfer Braut bitte meine Ergebenheit

heit zu bezeugen, und übrigens von mir zu glauben, daß ich sonst bey jeder Gelegenheit mich beweisen werde, als

Meines geehrten Herrn Bräutigams

Urach in Wärtemberg,   aufrichtige Freundin
den 4. May 1774.   N. N.

Zur Kindtäuf oder Gevatterschaft.

Hochwürdig,
  Hochachtbar und Hochgelehrter
    Hochzuehrender Herr Doctor!

Es hat mich der grundgütige GOtt permittelst glücklicher Entbindung meiner geliebten Frau mit einem gesunden und wohlgestalteten Söhnlein erfreuet, welches heute Nachmittag um drey Uhr das Licht dieser Welt zum erstenmale erblickte, und bis Morgen Mittag um eilf Uhr dem Allerhöchsten in seinem Hause vorgetragen, und mit der heiligen Taufe begnadiget werden wird. Da nun sowohl diesem lieben Kind, als auch uns, seinen Eltern, die gröste Wohlthat und Gewogenheit wiederfahren würde, wann Euer Hochwürden das heilige Werk der Gevatterschaft hochgeneigt übernehmen wolten; so ergehet hiemit an Dieselbe meine schuldigste Einladung und gehorsamstes Ersuchen, solche hohe Gunst und Liebe uns zu erweisen. Sie werden uns Lebenslang dafür zu allem Gehorsam und schuldigsten Diensten verbinden. Meine genommene Freyheit bitte mir
gütigst

gütigst zu verzeihen, der ich unter gehorsamster
Empfehlung übrigens mit aller Hochachtung beharre

 Euer Hochwürden,
  meines Hochzuehrenden Herrn Doctors

Tübingen, den 21. April
   1774.   gehorsamster Diener
           N. N.

Ein anderer.

Wohledler und Wohlweiser,
 Hochgeehrtester Herr Burgermeister
  und Gevatter!

Euer Wohledel mein Hochgeschäzter Herr
 Gevatter haben mir Dero Gunst und
Liebe schon vielfältig zu erkennen gegeben, besonders bey meinem ersten Kind, welches Sie
aus der Taufe gehoben. Da nun meine Hausfrau mir heute früh das zweyte Töchterlein glüklich zur Welt gebohren hat, so nehme mir die Freyheit, Dieselbe hiemit gehorsam zu ersuchen,
Sie möchten auch diesem Kinde gleiche Liebe erweisen, und bey dessen vorzunehmender heilli-
gen Taufe die Gevatterschaft gütigst übernehmen. Die christliche Handlung wird morgen
um zehen Uhr vorgenommen, und dem Kind der
Name Christina Margaretha beygelegt werden.
Die mir auch hierinn erzeigende grosse Gewogenheit und Freundschaft werde nicht nur
              mit

76 Das III. Capitel,

mit allem Dank erkennen, sondern mich auch bey allen Gelegenheiten befleissen, Denenselben hinwiederum darauf zu dienen. Womit ich denn auch Lebenslang beharre

Euer Wohledel,
Meines Hochgeehrtesten Herrn Gevatters

Metzingen unter Urach,
den 9. April 1774.   treuergebenster
              N. N.

Antwort.

Vielgeehrter Herr Gevatter!

Ich erfreue mich von Herzen, daß Seine geliebte Hausfrau durch GOttes Gnade ihrer Leibesbürde wiederum glücklich entbunden, und dessen Haus mit einem neuen Erben vermehret worden. Sage aber auch zugleich schuldigen Dank, daß er mich dessen berichten, und mich zu seinem Gevatter wieder hat erwählen wollen. GOtt erhalte Ihme das liebe Kind, und lasse es in seiner Gnade wachsen und zunehmen; Seiner Frau aber verleyhe er von Tag zu Tag neue Kräften, und spare sie dem Lieben Kinde gesund, und lasse Euch beederseits viel Freude an Demselben erleben. Was mich anbetrift, so will ich mich nicht nur zu rechter Zeit einfinden, und das heilige Werk verrichten, sondern auch in Zukunft bedacht seyn, meine Schuldigkeit in Acht zu nehmen,

von Einladungsbriefen. 77

men. Indeſſen empfehle Euch alle dem göttlichen Schuz, und verbleibe

Meines vielgeehrten Herrn Gevatters

Arach, den 9. April   aufrichtiger Freund
  1774.   N. N.

Ein anderer.

**Wohledle und Tugendbegabte,
Hochgeſchäzte Frau Baas!**

Denenſelben vermelde ich ſchuldigſter maſſen, daß mich der liebe GOtt heute Nacht vermittelſt glücklicher Entbindung meiner Frau mit einem lieben Töchterlein geſegnet habe. Weilen wir nun bey Zeiten das Kind zur heiligen Taufe befördern wollen, waren wir ſogleich auf chriſtliche Taufzeugen bedacht, und haben unter andern die Hochwertheſte Frau Baas zu einer Gevatterin erwählet. Ich bitte dahero mir meine Freyheit nicht übel zu nehmen. Die Frau Söhnerin hat indeſſen wegen Ihrer zu weiten Entfernung heute um eilf Uhr dieſes heilige Werk in Ihrem Namen verrichtet. Ich empfehle alſo das liebe Kind Ihrem Gebet und chriſtlicher Liebe, und werde in Zukunft mich bemühen, bey allen Gelegenheiten zu zeigen, daß ich dankbar ſeye, und mit aller Ergebenheit beharre, als

Meiner Hochgeſchäzten Frau Gevatterin

Lauffen am Neccar,   gehorſamer
  den 29. Jun. 1774.   N. N.

Ant=

Antwort.

Hochgeehrter Herr Gevatter!

Ich danke demselben höflich vor den ertheilten Bericht von der glücklichen Entbindung der Frau Liebstin, ingleichen vor die Ehre, daß Sie mich zu Ihrer Gevatterin erwählet, und ein so gutes Zutrauen zu mir bezeuget haben. Ich gratulire von Herzen zu der gesegneten Niederkunft, und wünsche, daß GOtt die Frau Wöchnerin samt dem lieben Kinde stärken und gesund erhalten wolle. Uebrigens versichere ich den Herrn Gevatter samt der Frau Liebstin, daß ich meine Schuldigkeit nächstens beobachten werde. Das Kind werde ich ansehen, als wenn es mein eigen wäre. Ich wünsche mir also nun von Ihrem werthesten Hause erfreuliche Nachrichten von dessen gesegnetem Zustande zu erhalten, und Gelegenheit zu bekommen, an den Tag zu legen, daß ich allstets seye

Meines Hochgeehrten Herrn Gevatters

Lemberg, den 25. Jun.
1774.

aufrichtige Freundin
N. N.

Ein anderer.

Hochedler,
Hochgeehrtester Herr!

Euer Hochedeln wollte hiemit gehorsam zu wissen thun, daß heute früh meine Liebstin mit einem jungen Söhnlein glücklich entbun-
ben

von Einladungsbriefen.

den worden. Da nun meine Pflicht erfordert, dieses Kind der christlichen Kirche vor allen Dingen vortragen zu lassen, damit es von den Erbsünden gereiniget, und durch die heilige Taufe wiedergebohren werde; so nehme mir die Freyheit, Dieselbe hiemit gehorsam zu ersuchen, einen Taufzeugen dabey abzugeben, und die Stelle eines Gevattern zu vertretten. Diese christliche Handlung wird bis um eilf Uhr Vormittags vorgenommen werden. Sie belieben sich also auf solche Zeit in der Kirche einzufinden. Die Freundschaft, womit Sie mich seit vielen Jahren beehret, versichert mich, daß Sie die Gefälligkeit mir und diesem armen Kinde nicht abschlagen werden, welches mich denn auch verpflichten soll, mit aller Erkänntlichkeit zu beharren

 Euer Hochedel,
  meines Hochgeehrten Herrn

Basel, den 18. April   gehorsamer Diener
  1774.   N. N.

Ein anderer.
Hochedle und Tugendbegabte,
 Hochgeschätzte Frau Pfarrerin!

Gestern erschiene der frohe Tag, da gegen Abend meine Frau durch GOttes Gnade glücklich entbunden, und wir Eltern mit einem wohlgestalteten Töchterlein erfreuet worden. Es ist dahero unsere Schuldigkeit, dieses in Sünden empfangene und gebohrne Kind durch

das

das Bad der heiligen Taufe in den Gnadenbund GOttes einverleiben zu laſſen, welches denn heute, geliebt es GOtt, in unſerer Stadt-Kirche geſchehen ſolle. Allein zu dieſer heiligen Handlung werden auch gewiſe Mittelsperſonen nothwendig erfordert; zu welcher groſſen Dienſt-gefälligkeit wir nun unſer Vertrauen zu hochgeſchäzter Frau Pfarrerin nehmen, und Sie gehorſamſt erſuchen, die Liebe vor uns zu haben, und das Kind bis Mittag um eilf Uhr aus der Taufe zu heben. Wir werden ſolche Gewogenheit mit allem Dank erkennen, und ich werde niemals ermangeln, zu ſeyn

Meiner hochgeſchäzten Frau Gevatterin

Bahlingen, den 9. Jun. 1774. gehorſamſter N. N.

Ein anderer.

Innigſt geliebter Herr Schwäher!

Da ich geſtern Abends durch glükliche Niederkunft meiner Frau höchſt erfreuet worden, und dadurch der liebe GOtt Jhnen einen Enkel, mir aber ein liebes Söhnlein beſcheret hat; ſo berichte Sie deſſen ſogleich, und lade ſowohl meinen wertheſten Herrn Schwäher als auch die geliebte Frau Schwieger zu der Gevatterſchaft ein, mit freundlicher Bitte, dem lieben Kind und ſeinen Eltern ſolche Liebe und Freundſchaft zu erweiſen, und dieſes heilige Werk zu übernehmen. Es wird daſſelbe bis Nachmittag um drey Uhr vor-

vorgenommen werden, und das Kind soll den Namen Johann Friderich bekommen. Ich bitte meine genommene Freyheit nicht übel zu deuten. Meines Orts werde die mir hiedurch erweisende Liebe Lebenslang dankbarlich erkennen, und mich dafür zu allen Gegendiensten verbunden halten; womit ich denn nebst herzlicher Begrüssung an die Frau Schwieger verbleibe

Meines geliebten Herrn Schwähers

Güglingen, in Würtemberg,
den 17. May 1774.   treugehorsamer Sohn
N. N.

Ein anderer.

Ehrsamer und bescheidener,
vielgeliebter Junger Geselle!

Die gute Freundschaft, welche von Kindheit an bis auf diese Stunde zwischen uns obgewaltet, beweget mich, gegenwärtiges Ihm zu eröfnen. Es ist nemlich meine Frau heute früh um vier Uhr gluklich entbunden worden, und hat unter GOttes Beystande ihren ersten Sohn zur Welt gebracht. Da nun dieses liebe Kind heute Nachmittag um drey Uhr getauft werden solle, und ich Denselben, samt der Jungfer N. zu Taufzeugen erwählet habe, so bitte Denselben, mir und dem Kinde solche christliche Liebe zu erweisen, und auf bemeldte Zeit dieses heilige Werk zu verrichten. Es solle ihme der Name Johann Jacob gegeben werden. Es ist sowohl das Kind als seine

seine Mutter gesund und wohl auf. GOtt erhalte beyde. Indessen bitte meine Freyheit ab, und bleibe zu steter Liebe und schuldigsten Diensten verbunden

Meines geliebten Jungen Gesellen

Altenstalg, den 18. May
1774.
dienstwilliger
N. N.

Ein anderer.

Ehren- und Tugendbegabte, werthgeschäzte Jungfer N.!

Das gute Zutrauen, welches insbesondere meine Frau jederzeit zu Ihro hatte, machte, daß Ihr die Gevatterschaft schon lang zugedacht wurde, und Ihr dißfalls schon mehrmal gethanes Zusagen verursachet jezo auch, Sie bey Ihrem Wort zu nehmen, da meine Frau heute Nacht mit einem gesunden Töchterlein glüklich niederkommen. Da es nun bis Mittag um eilf Uhr getauft werden solle, so ersuche Sie nochmalen bey dieser heiligen Handlung die Stelle der Gevatterin zu vertretten. Das Kind solle den Namen Anna Dorothea bekommen, und meines Bruders Sohn wird die Ehre haben, es mit Ihro aus der Taufe zu heben. Ich zweifle also nicht, Sie werde Sich zu rechter Zeit in der Kirche einfinden, und Sich übrigens das liebe Kind bestens empfohlen

seyn

von Einladungsbriefen.

seyn lassen. Der ich unter Anerbietung aller gefälligen Gegendienste schuldigst beharre

Meiner werthgeschäzten Jungfer N.

Rosenfeld, den 1. April
1774.
dienstwilliger
N. N.

Zu einer Leichenbegängnis.

Hochedelgebohrner, Hochgelehrter, Hochzuehrender Herr Professor!

Der erhaltene Befehl von meinem Herrn Pfarrer veranlasset mich, Euer Hochedelgebohrn gegenwärtiges zu übersenden, und Ihnen zu berichten, daß es dem lieben GOtt gefallen habe, gestern Abend die Frau Pfarrerin nach einem vierwöchigen Krankenlager durch einen seeligen Tod zu sich zu nehmen, und aus dieser Zeitlichkeit in die selige Ewigkeit zu versetzen. Euer Hochedelgebohrn werden also zu Deroselben Leichenbegängnis samt der Hochwerthesten Frau Liebstin gehorsamst eingeladen, und freundlichst gebeten, Sie möchten doch Ihre Liebe und Freundschaft, welche Sie jederzeit zu dem werthen Pfarrhause getragen haben, auch in diesem Falle gütigst beweisen, und die seelig Verstorbene bis Morgen zu Grabe begleiten helfen. Es wird meinem höchstbetrübten Herrn Pfarrer zu besonderem Trost gereichen, und Sie werden ihne dadurch höchst verbindlich machen. GOtt wolle Dero Hochwerthes Haus lange Zeit vor solchen

F 2 be-

betrübten Zufällen in Gnaden bewahren. Unter Bezeugung meines gehorsamsten Respects verbleibe

Euer Hochedelgebohrn,
  Meines Hochzuehrenden Herrn
    Professors

Entringen bey Tübingen,
  den 3. May 1774.   gehorsamster Diener
                                  N. Vicarius allda.

Ein anderer.

Hochgeehrtester Herr Vetter!

Nun hat der liebe GOtt meine geliebte Schwester in den betrübten Wittwenstand gesezt, und meinen nunmehr seligen Herrn Schwager nach einer ausgestandenen harten Krankheit aus dieser Zeitlichkeit in die Ewigkeit gefordert. Weil ich nun weiß, daß mein Hochwertthester Herr Vetter immer sehr viel auf ihn gehalten, und ihne auch zweymal in seiner Krankheit besucht haben; so zweifle ich nicht daran, Sie werden ihme auch noch die lezte Ehre anthun, und ihn bis Morgen zu seiner Ruhestätte begleiten helfen. Es wird uns allen, besonders meiner so tiefgebeugten Schwester, zu vielem Trost gereichen, und so wir Ihnen in andern, GOtt gebe aber frölichern Gelegenheiten, dienen können, wollen wir es nicht unterlassen. Schlüßlich wünsche ich

von Einladungsbriefen. 85

ich Ihnen beständige Gesundheit, und verbleibe in Erwartung Ihrer Gegenwart

Meines Hochgeehrtesten Herrn Vetters

Marpach am Neccar,
den 30. Merz 1774.   treuergebenster
                                              N. N.

Ein anderer.

Lieber Bruder!

Mit diesen wenigen Zeilen berichte ich dich, daß meine geliebte Hausfrau gestern Abend unvermuthet von einem Schlag- und Steckfluß getroffen worden, und in vier Stunden gesund und todt gewesen seye. Du kanst dir leicht einbilden, wie mir zu Muth ist, vor Bestürzung kan ich dir nicht weiter schreiben; sondern bitte dich nur hoch, du möchtest dich ungesäumt auf den Weg machen, und auf beykommendem Pferd hieher reuten, mir die Leiche helfen anstellen, und meine Frau zu Grabe begleiten. Deine mir hierinn erzeigende brüderliche Liebe werde mit allein Dank erkennen, und bey andern Gelegenheiten zeigen, daß ich seye

                    Dein
Closter Maulbronn, in Würtemb.
    den 30. May 1774.   getreuer Bruder
                                           N. N.

Zu einem Besuch.

Hochzuehrender Herr!

Es haben mir verschiedene gute Freunde versprochen, auf den Sonntag mich heimzusuchen.

F 3   Da

Da ich nun die Ehre habe, Dieselbe auch unter
meine beste Freunde zu zählen, so möchte ich nicht
weniger mit Ihrer werthen Gegenwart dabey
beehret werden. Ich ersuche Sie also gehorsamst,
auf gedachten Sonntag auch bey mir einzuspre-
chen. Sie werden mir damit einen ange ieh-
men Dienst erweisen, ja der ganzen Gesellschaft,
welche Sie hoch schätzet, ein Vergnügen machen. Unter Erwartung Dero Ankunft mit Verlangen habe indessen die Ehre mit ergebenster
Begrüssung von den Meinigen zu seyn

Meines Hochzuehrenden Herrn

Böblingen, den 2. Jun.
1774.   ergebenster Diener
                               N. N.

Antwort.

Hochzuehrender Herr und Freund!

Sie haben mir die Ehre angethan, auch mich
nebst andern guten Freunden auf künftigen
Sonntag zu Sich einzuladen, wofur ich Ihnen
höchstens verbunden bin. Wenn es GOtt und
die Gesundheit erlauben, so werde ich gewislich
meine schuldige Aufwartung machen; zumalen da
mir nichts lieber ist, als wenn ich Gelegenheit habe,
mich mit guten Freunden zu besprechen, und mich
an Ihrem Wohlseyn zu ergözen. Solche Freyheit werde ich um so unerschrockener nehmen, da
ich mir schmeichle, baldest solche Ehre auch von
                                       Ihnen

von Einladungsbriefen. 87

Ihnen wiederum zu genießen. Indessen leben Sie wohl, und verbleiben Sie gewogen

Meines Hochzuehrenden Herrn und Freundes

Sindelfingen, den 3. Jun.
1774.   aufrichtigem Diener

Ein anderer.

Allerwerthester Herr Schwager!

Die viele Gefälligkeiten, welche Sie mir von Zeit zu Zeit erwiesen, verbinden mich zu unzertrennlicher Gegenliebe. Ich bin deswegen mit allem Fleiß darauf bedacht, wie ich dieselbe gegen Sie an den Tag legen möchte, und halte nun dafür, es werde solches nicht füglicher geschehen können, als wenn wir ehestens einander selber sprechen. Gönnen Sie mir daher das Vergnügen, Sie auf etliche Tage bey mir zu sehen, so lang es Ihre Geschäften leiden mögen. Wollen Sie mir solche Ehre anthun, so wird es mir sehr lieb seyn, und ich werde Gelegenheit suchen, wiederum anderwärts zu dienen. Ich hoffe um so mehr, werthesten Herrn Schwager bey mir zu sehen, als Sie bey uns bis künftigen Dienstag eine Execution mit ansehen können, denn es wird ein Kerl des Strassen-Raubs und Mords halber geköpft, und auf das Rad geflochten werden. So es Ihnen also gefällig, erwarte ich Dieselbe bis Montag

F 4   bey

bey mir. Indessen verbleibe unter herzlicher Begrüssung an die Ihrige

Meines allerwerthesten Herrn Schwagers

Heilbronn am Neccar,
den 8. May 1774.   treuergebenster Diener
N. N.

Antwort.
Vielgeehrter Herr Schwager!

Vor Ihre gütige Einladung danke verbundenst. Ich werde mir, so GOtt Leben und Gesundheit verleihet, dieselbe zu Nuz machen, und mich bey Ihnen einfinden, nicht eben sowohl die gemeldte Execution mit anzusehen, sondern vielmehr Ihre Liebe und Freundschaft in einem angenehmen und nahen Umgang zu geniessen. Uebrigens gedenke ich auch weiter keine Ungelegenheit bey Ihnen zu verursachen, oder Ihnen viele Unkosten zu machen, sondern bitte mir nur Hausmanns-Kost aus, denn ein Freund nimmt mit dem andern so vorlieb, wie ers findet. Leben Sie wohl, und glauben Sie, daß ich lebenslang beharren werde

Meines vielgeehrten Herrn Schwagers

Eßlingen, den 11. May   aufrichtiger Freund
1774.   N. N.

Zu einem Gastmahl.
Werthester Herr Bruder!

Ich habe schon lange gewünscht, Dir eine Ehre anzuthun, und mich dazu höchst verbun=

von Einladungsbriefen.

bunden erachtet, weil ich schon so manche unverdienter Weise bey dir genossen. Nun glaube ich, daß es sich schicken wird. Bis künftigen Sonntag, als auf meinen Geburtstag, werden verschiedene gute Freunde auf ein Mittagessen zu mir kommen. Ich ersuche also den Herrn Bruder, Du möchtest mir bey dieser Gelegenheit Deine Gegenwart auch vergönnen, und mit einem geringen Mittagmahl vorlieb nehmen. Deine Gegenwart wird so wohl mir als der ganzen Gesellschaft angenehm seyn. Und Dir selbst wird es eine Freude erwecken, da Du diejenige Person, mit welcher Du schon längst gern bekannt worden wärest, bey mir antreffen wirst. Ich erwarte also Deine Ankunft, und beharre

Meines werthesten Herrn Bruders

Ludwigsburg, den 16. April 1774.   aufrichtiger
N. N.

Antwort.

Geliebter Herr Bruder!

Es würde mir sehr leyd seyn, wenn ich durch eine dringende Hindernis abgehalten werden sollte, auf Deine gütige Einladung bey Dir zu erscheinen, und Deinen, GOtt gebe, gesegneten Geburtstag mit andern guten Freunden vergnügt zu begehen. Ja es würde mich höchst verdrüssen, wenn ich diejenige Gelegenheit versäumen müßte, bey der ich eine Person antreffen kan, die ich längst gern gesprochen hätte. Ich werde also unfehlbar aufwarten; nicht aber als

ein

ein Gast, der sich auf eine kostbare Mahlzeit, sondern vielmehr auf ein gutes Gespräch freuet. Indessen empfehle mich Deinem ganzen Hause, und bin mit aufrichtigem Herzen

Meines geliebten Herrn Bruders

Kornwestheim bey Ludwigsburg,
den 17. April 1774.
      ergebenster
      N. N.

Zu einem Kirchweyhfest.

Hochgeehrter Herr und Freund!

Bis künftigen Sonntag begehen wir wiederum unser Kirchweyhfest. Da ich nun schon viele Ehre bey Ihnen genossen, und unterdessen noch keine Gelegenheit gehabt habe, Ihnen dagegen nur die geringste anzuthun, so lade ich Sie hiemit bis Sonntag freundlichst zu mir ein, und ersuche Sie, Sie möchten mir auf etliche Tage die Ehre geben, und die Kirchweyh bey mir begehen helfen. Sie dörfen Sich zwar hier auf dem Dorf zu keiner kostbaren Aufwartung versehen, doch will ich es so gut machen, als ich im Stande bin, und hoffe von Ihnen, Sie werden schon mit mir vorlieb nehmen. Ich will Sie auf den Samstag mit meinem Pferd abholen lassen. Wenn die Frau Liebstin ihrer Geschäften halber auch abkommen kan, so wird es mir eine doppelte Ehre seyn. Ich hoffe Sie also

von Einladungsbriefen.

so bald bey mir zu sehen, und beharre indeß unter schönster Begrüssung von meiner Frau

Meines Hochgeehrten Herrn und
Freundes

Renningen bey Leonberg,　　　gehorsamer Diener
den 7. May. 1774.　　　　　　　　N. N.

Antwort.

Wertheſter Herr und Freund!

Es ist Derselbe so gut gewesen, und hat mich zu sich auf die Kirchweyh eingeladen, ich bin Ihme deswegen sehr verbunden. Ich will kommen, und seine Kuchen versuchen. Wegen des Pferds will ich nicht beschwerlich seyn, noch viel weniger etliche Tage mich bey Ihme aufhalten, dann dadurch würde ich Seine Höflichkeit mißbrauchen. Meine Frau kan nicht mitkommen, denn sie ist unpäßlich. Und wenn auch ich zu kommen verspreche, so bitte mir gleich vorher aus, Sich meinetwegen keine besondere Mühe oder Unkosten zu machen. Indessen bitte meine Freyheit ab, und versichere, daß ich nebst herzlicher Begrüssung von meiner Frau unverändert seyn werde

Meines wertheſten Herrn und Freundes

Leonberg, den 8. May　　　　　　ergebenſter
1774.　　　　　　　　　　　　　　　N. N.

In eine Vacanz.

Wohlehrwürdiger, Wohlgelehrter,
Hochgeehrteſter Herr Magiſter!

Es rücket nunmehro die Zeit Ihrer Vacanz heran. Wenn nun mein Hochgeehrteſter
Herr

Das III. Capitel,

Herr Magister anderst mit uns vorlieb nehmen mögen, so lade ich Sie höflichst zu uns ein, und ersuche Sie gehorsamst, Sie möchten uns doch die Ehre geben, und Ihre Vacanz bey uns aushalten. Ich kan Sie freylich keiner kostbaren Aufwartung versichern, doch wollen wir Sie nach unserem Vermögen bewirthen. Sie haben mir schon so viele Gefälligkeiten erwiesen, daher möchte ich auch einmahl Gelegenheit finden, Ihnen meine Erkenntlichkeit einiger massen zu bezeugen. Ich will nun die Grösse Ihrer Liebe und Freundschaft daraus abnehmen und ersehen, wenn Sie mich mit Ihrer werthen Ankunft erfreuen werden. Indessen bin ich in Erwartung Deroselben unter ergebenster Begrüssung von den Meinigen mit aller Hochachtung

Euer Wohlehrwürden,
 meines Hochgeehrtesten Herrn Magisters

Backnang, den 21. Martii   aufrichtiger Diener
 1774.   N. N.

Antwort.

Wohledler,
 insonders Hochgeehrter Herr!

Daß Euer Wohledel so gütig gewesen, und mich in Ihrem lezteren Schreiben zu Ihnen in die Vacanz eingeladen, erkenne ich mit vielem Dank. Ich habe fast nicht das Herz, daß ich es ihnen zusage, noch so lange beschwerlich seyn solle. Damit ich mir aber Ihre gütige

von Einladungsbriefen.

ge Einladung in etwas zu Nuz mache, und auch selbst wiederum sehe, wie Sie leben, so will ich, wenn ich von meinem Bruder komme, bey Ihnen einkehren, und mich ein paar Tage bey Ihnen aufhalten; doch mit der Bedingung, daß Sie mich nicht für fremd oder einen Gast halten, sondern mir nur Hausmanns-Kost zukommen lassen, dann ein Freund nimmt mit dem andern gerne so vorlieb, wie ers findet. Es soll mich übrigens von Herzen freuen, wenn ich Sie allerseits wohl und gesund antreffe, in welcher Hofnung ich auch unter schönster Empfehlung beharre

Euer Wohledeln,
    Meines Hochgeehrten Herrn

Tübingen im Closter,   ergebenster Diener
  den 25. Mart. 1774.   N. N.

Zu einer Reise.

Edler und Kunsterfahrner,
    Hochgeehrter Herr!

Dieselbe haben schon mehrmalen ein Verlangen bezeuget, eine kleine Reise ins Land hinunter zu thun, und einige gute Freunde zu besuchen. Da ich nun verschiedener Verrichtungen halber jezo hinunter muß, so habe mir vorgenommen, bis künftigen Dienstag mich auf den Weg zu machen. Wenn Sie nun noch so, wie vor, gesonnen sind, so wird es mich freuen, wenn Sie mir die Ehre geben und Gesellschaft leisten wollen. Ich habe ein eigen Gefährt, mit welchem

chem Sie wohl und mit geringen Unkösten hinunter kommen können. Villeicht ist es einzurichten, daß wir auch wieder miteinander heraufreisen, und durch ein freundschaftliches Gespräch uns den Weg verkürzen können, dem es ist doch immer lustiger mit einem guten Freunde, als alleine zu reisen. Ich bitte mir also Ihre Gesinnung bald zu eröfnen, damit ich mich darnach zu richten weiß. Anbey verbleibe mit aller Aufrichtigkeit

Meines Hochgeehrten Herrn

Tuttlingen, den 14. Febr. 1774.   ergebenster N. N.

Antwort.

Wohledler,
Hochgeehrtester Herr!

Dieselbe haben mir eine rechte grosse Gefälligkeit erwiesen, da Sie mich von Ihrer vorhabenden Reise nicht nur gütigst berichtet, sondern auch höflichst darzu eingeladen haben. Ich bin Ihnen dißfalls zu vielem Dank verbunden. Die Gelegenheit ist mir sehr anständig, und ich werde mir solche mit Ihrer gütigsten Erlaubnis zu Nuz machen, und meine Sachen so bestellen und einrichten, daß ich auf den Montag bey Ihnen bin. Wegen des Gefährts und aller Unkösten will ich mich schon mit Ihnen vergleichen, und so ich übrigens Gelegenheit finden werde, Ihnen etwas gefälliges zu erzeigen, so

werde

werde jederzeit in schuldigster Bereitschaft stehen, und damit zeigen, daß ich von Herzen seye

  Euer Wohledel,
   meines Hochgeehrtesten Herrn

Rothweil, den 15. Febr.   gehorsamster Diener
 1774.   N. N.

In einen Herbst.
Hochwertheste Frau Baas!

Ich habe Ihnen in lezterem Brief geschrieben, daß wir dieses Jahr einen so reichen und gesegneten Herbst zu hoffen haben. Da nun diejenige Zeit heran rücket, daß man nächstens lesen wird, so lade Sie hiemit nebst der werthesten Jungfer Tochter auch freundlichst in unsern Herbst ein. Ich kan zwar den Tag noch nicht melden, wenn die Weinlese ihren Anfang nehmen wird. Wenn Sie aber zu uns kommen wollen, so wäre mir lieb, wenn Sie Sich gleich dazu entschliessen würden. Wollen Sie ein Fäßlein mitbringen, so will ich es Ihnen herzlich gerne füllen, und mit nach Hause geben, dann der Wein wird dieses Jahr bey uns nicht so rar seyn, als die Fässer. Ich werde wenigstens sechs Tage zu lesen haben, und Sie können sich den ganzen Herbst über bey uns aufhalten. Ich erwarte also in wenigen Tagen Ihre Ankunft, und bin nebst herzlicher Begrüssung von meiner Frau

  Meiner Hochwertesten Frau Baas

Stetten im Ramsthal,   aufrichtiger Freund
 den 28. Sept. 1774.   N. N.

Antwort.

Liebwerthester Herr Vetter!

Die freundliche Einladung Deroselben in ihren gesegneten Herbst kan ich nicht anderst, als mit dankbarem Gemuthe annehmen. Ich werde mich mit meiner Tochter in Zeiten bey Ihnen einfinden, und Ihnen Ihren schönen Seegen helfen einsammlen und nach Hause thun. Sonderheitlich freuet sich, meine Tochter ungemein darauf, als welche gar gerne mit solchen Geschäften umgehet. Ihre Liebe und Freundschaft, welche Sie jederzeit vor uns tragen, weiß ich nicht anders als durch getreue Dienste zu vergelten, welche ich auch in allen Fällen anerbiete. Uebrigens wünsche, daß der liebe GOtt meinen werthesten Herrn Vetter und Frau Baas samt den lieben Kindern diesen reichen Seegen im Frieden und guter Gesundheit geniessen lassen wolle. Ich beharre indessen mit aller Ergebenheit und schönster Empfehlung an die Frau Liebstin

Meines liebwerthesten Herrn Vetters

Calw, den 5. Oct.
1774.

treugehorsamste
N. N.

Das IV. Capitel.
Von
Condolenz- und Trostbriefen.
Kurzer Vorbericht.

§. 1.

Diese Art von Briefen erfordert auch der Wohlstand. Sie sind zimlich schwer, und haben lauter traurige und betrübte Fälle zum Grund, nemlich schmerzliche Krankheiten, Todesfälle, oder sonsten ein Unglück und etwas widriges, welches einem Freunde oder Bekannten begegnet ist, und daran man grossen Antheil nimmt.

§. 2.

Wenn man nun an einen andern einen Condolenz- oder Trostbrief schreiben will, so muß man zuvor von ihm selbst oder von andern erfahren haben, daß demselben etwas widriges oder ein betrübter Zufall begegnet seye. Der Haupt-Innhalt eines solchen Briefs ist dieser: daß man sein Beyleid darüber bezeuge, daß man ihn dißfalls tröste, ihme etwas Gutes dagegen wünsche, und sich zu getreuen Diensten empfehle. Das alles aber muß ganz kurz gefaßt werden, weil betrübte Leute nicht viel lesen mögen.

§. 3.

Insonderheit hat man folgendes dabey wohl zu bemerken: Ob nemlich der andere

G Theil,

Das IV. Capitel,

Theil, dem man condoliren, oder den man trösten will, über den begegneten Zufall traurig seye, und ihn als etwas betrübtes ansehe oder nicht. Ist es nicht, so bleibt man mit einem solchen Brief lieber zu Haus: Denn wenn ich einem z. E. über dem Absterben seiner Frau, worüber er sich mehr freuet als betrübet, weil er von einem bösen Weib erlöset worden, condoliren, oder ihm vielen Trost, gleich einem Höchstbetrübten, zusprechen wollte, so würde er ohnfehlbar meiner lachen.

§. 4.

So muß man auch überlegen: ob man derjenige seye, der einen andern trösten kan oder darf. Villeicht hat er mehrere Einsicht, und weiß sich besser aufzurichten, als es ein anderer thun kan; daher muß man auch hier behutsam gehen, und schikt sich nicht wohl vor geringe Leute, wenn sie vornehmere, besonders Geistliche und Gelehrte, mit ihren einfältigen Trostgründen aufrichten wollen. Unter seines gleichen geht es am besten an, da kan der Innhalt so eingerichtet werden, wie §. 2. gewiesen worden.

§. 5.

Wer aber auf einen solchen Brief antworten will, muß vor das bezeugte Beyleid und den gegebenen Trost höflich danken, von seinem Leyd und Schmerzen melden, wie etwa auch von dem erhaltenen Trost, ob er ihn in etwas aufgerichtet habe, und endlich dem an-

andern Theil alles gute von Herzen anwünschen; wie aus folgenden Mustern zu ersehen.

Condolenz- oder Trostbrief über den Tod ihres Vaters.

Liebwertheste Jungfer Baas!

Mit gröster Betrübnis vernahme ich aus Dero an mich ergangenen Trauerbrief den schmerzlichen Verlust, welchen Sie durch den unverhoften Todesfall Dero Herrn Vaters erlitten haben. Ich habe es demnach für meine Schuldigkeit gehalten, gegenwärtiges an Sie zu schreiben, um Sie des grossen Antheils, welchen ich an Dero Betrübnis nehme, zu versichern. Ich glaube wohl, daß Ihr Schmerz hierüber groß seye; allein wenn ich bedenke, daß wir alle hier keine bleibende Stätte haben, und daß des Höchsten Wille immer gut seye, so soll Ihnen dieses zum Trost dienen; wie ich dann nicht zweifle, Sie werden Sich dem Willen GOttes in christlicher Gelassenheit unterwerfen, und Ihre Traurigkeit mäßigen. Wann Sie dieses thun, so können Sie Sich versichert halten, der liebe GOtt werde sich an Ihnen als ein getreuer Vater beweisen, Sie versorgen, und nicht verlassen. Ich empfehle Sie also der göttlichen Vorsorge, und bin mit aufrichtigem Herzen

Meiner liebwerthesten Jungfer Baas

Schafhausen, den 30. Febr. 1774.

dienstwilliger
N. N.

Das IV. Capitel,

Ueber den Tod seines Sohns.

Hochedler,

Hochzuehrender Herr Vetter!

Ich habe sowohl aus meines hochzuehrenden Herrn Vetters lezteren gütigen Zuschrift als auch von andern erfahren, daß Ihnen der liebe GOtt Ihren jüngsten Sohn durch einen unvermutheten und allzufrühen Todesfall zu Ihrem grösten Leyde hinweg genommen habe. Ich muß es Ihnen zwar zu gut halten, wenn Sie hierüber die bitterste Thränen vergiessen, weil Sie einen getreuen und Hofnungs-vollen Sohn verlohren, der Ihnen villeicht bald hätte viele Freude und Wonne erwecken mögen, der von jedermann, besonders aber auch von mir, schmerzlich bedauret wird. Jedoch bey allen dem bitte ich Sie, in Ihren Thränen Maase zu halten, denn die Uebermaas gefället GOtt nicht. Dieses Schiksaal kommt ja doch allein von GOtt her; Sie wissen aber selbsten wohl, was dieser thut, ist wohl gethan. Ueberlassen Sie Sich also seiner uns zwar unbegreiflichen, doch jederzeit weisen und gnädigen Führung, denn ein allzuheftiges Grämen, und zu lang anhaltendes Klagen und Weinen ist wider GOtt und seine heilige Ordnung. Darum opfern Sie nur diesen Ihren Verlust dem HErrn gelassen auf, so erlangen Sie dadurch das Mittel, denselben auch gedultig zu ertragen. Der HErr wird es es Ihnen anderwärts ersetzen. Ich wünsche es von Herzen, und weise Sie zur christlichen Gelassenheit, überlasse Sie dem göttlichen Trost, und wünsche Ihnen und Ihrem ganzen Hause in Zukunft alles wahre Wohlergehen, als

 Euer Hochedel,

  Meines Hochzuehrenden Herrn
   Vetters

Blaubeuren bey Ulm,   aufrichtiger Freund
den 3. Martii 1774.   N. N.

Antwort.

Wohledler,

 Hochzuehrender Herr Vetter!

In meinem tieffen Schmerzen, den ich über den unverhofften Tod meines Sohns empfinden mußte, ist mir nichts angenehmer gewesen, als derjenige Brief, welchen ich von meinem Hochzuehrenden Herrn Vetter gestern erhalten habe, weilen er mein niedergeschlagenes Gemüth in vielem aufgerichtet und beruhiget hat. Ich danke Ihnen davor zum allerhöchsten, und will auch Ihrem getreuen Rath folgen, und mit der gnädigen Führung GOttes zufriden seyn. GOtt bewahre Sie im übrigen vor solchen betrübten Zufällen in Gnaden. Ich aber werde Ihnen unter

Das IV. Capitel,

Bezeugung meines gehorsamsten Respects beständig zugethan seye, als

Euer Wohledel,
  Meines Hochzuehrenden Herrn
   Vetters

Ulm, den 5. Martii   ergebenster
1774.   N. N.

Ueber den Tod seiner Mutter.

Hochgeschätzter Freund!

Ich beklage Sie zwar, daß Sie durch den Tod Ihrer Frau Mutter so tief sind gebeuget worden, und Sie schreyen und klagen auch. Allein was hilft unser Klagen? Wer will der Führung GOttes widerstehen? Wer will etwas darwider einwenden, wenn GOtt das wieder zu sich nimmt, das er uns nur geliehen hat, und das doch sein ist; Müssen wir doch alle sterben, und der Anfang unsers Lebens ist schon der erste Schritt zum Grabe. Ist doch die Frau Mutter ewig glückseelig; und hat auch in der Welt ein schönes Alter erreicht, und lange Zeit das Vergnügen gehabt, die Ihrigen versorgt zu sehen. Darum rathe ich Ihnen, Sie möchten Sich jetzo selbst aufzurichten trachten, und Ihren Thränen ein Ziel setzen, denn dieselbe sind zwar unschuldig und gerecht, doch wenn sie gar zu lang anhalten, sind sie es nicht mehr, sondern mißfallen GOtt. Ich hoffe also, Sie werden Sich fassen und glauben, daß GOtt diesen Ver=

Verlust anderwärts ersetzen könne. Womit ich denn unter Anwünschung alles wahren Wohlergehens beharre

Meines Hochgeschätzten Freundes

Winnenden bey Stuttgardt, den 22. April 1774.

bereitwilliger
N. N.

Antwort.

Hochwerther Freund!

Ich kan nicht bergen, daß ich mich über den Tod meiner Mutter fast über die Maaße gekränkt habe, so daß auch kein Zuspruch vermögend war mich zu beruhigen, da ich am besten weiß, was ich an derselben verlohren. Doch hat meines hochwerthen Freundes kräftiges Trostschreiben bey mir mächtig eingedrungen, und mich um ein gutes aufgerichtet. Es hat bey mir dasjenige gewurkt, was noch kein anderer Brief, den ich von dieser Art erhalten, bey mir hat ausrichten können. Ich bin Ihnen deswegen Lebenslang verbunden. Wünsche Ihnen und den werthen Angehörigen ein langes Wohlergehen, und empfehle mich zu fernerer Liebe und Freundschaft, unter getreuer Versicherung, daß ich niemalen aufhören werde, zu seyn

Meines Hochwerthen Freundes

Weinsperg bey Heilbronn, den 24. April 1774.

aufrichtiger Freund
N. N.

Das IV. Capitel,

Ueber den Tod seiner Frau.

Lieber Bruder!

Du hast mich in keine geringe Bestürzung und Betrübnis gesezt durch deinen Trauerbrief, welchen ich gestern erhalten, worinnen du mir den allzufrühen Hingang deiner nunmehr seligen Frau Liebstin gemeldet. Ich beklage Sie von Herzen, und kan von dir nichts anders, als eben dieses vermuthen. Dein Brief bezeuget mir überflüssig, wie tief du gebeuget seyest, und wie nahe dir dieser Fall zu Herzen gehe, der dir dein halbes Herze entrissen hat. Allein wir müssen uns doch als Christen trösten, wir müssen zeigen, daß wir besser seyen, als die Heyden, die keine Hofnung haben. Wir müssen bedencken, was GOtt thue, seye wohl gethan. Ohne Zweifel meint es auch der HErr in diesem Stük gut mit dir. Villeicht will er nur dadurch dein Herz desto mehr zum Himmel senken, an den Ort nemlich, wo bereits dein Allerliebstes dir voran gegangen ist. Sie ist glükseeig, und wer weiß es? villeicht kommen wir auch bald zu Ihr. Wenigstens ligt uns ob, daß wir uns täglich dazu anschicken. Wir wollen uns also die gnädige Führungen GOttes gefallen lassen, und uns denselben gedultig unterwerfen. Verzage also nicht ob deinem Verlust, sondern begnüge dich indessen mit dem jungen Ebenbilde, welches die Seelige dir hinterlassen hat, und dir in Zukunft viel Vergnügen machen kan. GOtt gebe dir und

deinem

von Condolenz-oder Trostbriefen.

deinem lieben Kinde anderwärtige Freude und Gesundheit; mich aber halte stets vor

Deinen

Neuffen, in Würtemberg,
den 2. Januarii 1774.   getreuen Bruder
                                          N. N.

Antwort.

Lieber Bruder!

Ich erkenne es mit allem Dank, daß du mir nicht nur dein christliches Beyleyd in meinem Verlust hast bezeugen, sondern auch mir in meinem Schmerzen mit einem kräftigen Trost zu Hülf kommen wollen. Die tieffe Wunde, welche mir geschlagen worden, wolte sich freylich anfangs nicht lindern lassen, doch jetzo, besonders auf deinen Brief, weiß ich mich GOtt lob! wiederum ein wenig zu fassen. O wie gar nichts ist doch aller Menschen Leben! wir sollten ja wohl immer nur das Zukünftige vor Augen haben; gewiß dieser Fall reizet mich recht dazu an, und erkenne ich erst, daß denen, die GOtt lieben, alle Dinge zum besten dienen müssen. Mein liebes Kind ist noch mein vornehmster Trost, den ich in der Welt habe. GOtt erhalte es nach seinem gnädigen Willen gesund, und verleyhe auch dir, was dein zeitliches und ewiges Wohl befördern kan. Uebrigens verbleibe ich dir mit aller Treue und Liebe zugethan, als

Dein

Pforzheim, den 8. Januarii
1774.
       getreuer Bruder
       N. N.

Ueber den Tod seines Bruders.

Hochgeehrter Herr!

Die Nachricht wegen des frühzeitigen Todes Dero Herrn Bruders ist mir sehr empfindlich gewesen. Ich weiß, daß Ihr Herz hiedurch tief verwundet worden ist, da Sie denjenigen verlohren, den Sie über alles liebten. Ich hoffe aber von Ihnen, Sie werden Sich in dieses zwar traurige doch göttliche Schiksal zu schicken wissen, deswegen gedenke ich auch nicht, Sie weiters zu trösten, weil ich doch zu schwach dazu bin; sondern überlasse Sie nur dem göttlichen Trost, und wünsche, daß sich derselbe bey Ihnen kräftiglich erweisen möge. Uebrigens erhalte der liebe GOtt nur Sie samt den lieben Angehörigen gesund und in gutem Wohlstand. Ich aber beharre, nebst schönster Empfehlung, Lebenslang

Meines Hochgeehrten Herrn

Eßlingen, den 8. Martii
1774.
       aufrichtige Freundin
       N. N.

von Condolenz oder Trostbriefen.

Antwort.

Edle und Tugendbegabte,
  Vielgeehrte Frau N!

Denenselben bin ich zu aller Dankbarkeit verbunden, daß Sie mich in meiner Trauer mit einem gütigen Condolenz-Schreiben haben beehren wollen. Ich muß freylich des Allerhöchsten Willen erwegen, und mich demselben in christlicher Gedult ergeben; dann ich sehe doch, daß es nun leider nicht zu ändern, und mein sonst herzlich geliebter Bruder ewig wohl versorget ist. Ich bitte deßwegen den Allerhöchsten, er wolle mich durch seine göttliche Kraft in meiner Traurigkeit stärken, absonderlich aber auch Sie und die liebe Ihrige vor solchen betrübten Zufällen lange Zeit gnädiglich bewahren. Unter der guten Hofnung, auch Ihrer ferneren aufrichtigen Freundschaft zu geniessen, verbleibe

Meiner Hochgeehrten Frau N.

Göppingen, den 21. Martii
1774.

aufrichtiger Freund
N. N.

Ueber den Tod ihres Mannes.

Hochedle und Tugendbegabte,
  Hochgeschäzte Frau N!

Der Verlust, welchen Sie durch den schmerzlichen Tod Ihres getreuen Ehegatten erlitten haben, gehet mir so nahe zu Herzen, daß ich

ich mir auch die Ehre gebe, gegenwärtiges an Sie zu schreiben, nicht eben deßwegen, daß ich den Lauf ihrer Thränen, welche gerecht und billich sind, gänzlich stillen wolte: nein, sondern Sie nur bitten, daß Sie ihren allzugrossen Schmerzen mäßigen und bedenken möchten, daß es dem lieben GOtt so gefallen habe. Der HErr verwundet, aber er heilet auch; er schlaget, aber er verbindet auch. Sie wissen, daß wir alle sterben müssen, daß GOtt aber auch allen Verlust durch seinen Seegen tausendfach ersetzen könne. Und das ist es, was er selber verspricht in seinem heiligen Wort, daß er der Wittwen Berather und Versorger, und der Waysen Vater seyn wolle. Ja, das ist es auch, was ich Ihnen schließlich anwünsche, und womit ich nebst schönster Empfehlung von meiner Frau beharre

Meiner Hochgeschäzten Frau N.

Canstadt, den 4. Febr. 1774.

ergebenster
N. N.

Antwort.

Wohledler,
Hochgeehrter Herr und Freund!

Wiewohlen ich freylich nicht bergen kan, daß mich durch den Tod meines nunmehr seeligen Mannes ein solcher Schmerz überfallen habe, der mein Gemüthe äusserst betrübet und darnieder schlägt; so habe doch durch Dero an mich abgelassenes

von Condolenz-oder Trostbriefen.

lassenes werthes Condolenz-Schreiben eine ziemliche Erleichterung bekommen, weilen mich nicht allein Ihr herzliches Beyleid sondern auch der gegebene Trost um vieles beruhiget hat. Ich will mich also dem lieben GOtt zuversichtlich überlassen, weil mir doch dieser am besten helfen kan. Ihnen bleibe ich anbey zu aller Dankbarkeit verbunden, und wünsche, daß der HErr Sie vor solchen betrübten Fällen in Gnaden bewahren, und Ihnen alles selbst beliebte und beständige Wohlergehen schenken wolle. Schließlich empfehle mich in Ihre gütige Vorsorge und geneigtes Wohlwollen, und bin unter herzlicher Begrüssung an die Frau Liebstin

Euer Wohledel,
    Meines Hochgeehrten Herrn und
        Freundes

Ludwigsburg, den 6. Febr.   verbundenste
    1774.   N. N.

Ueber den Tod ihres Kindes.

Geliebte Schwester!

Ich habe die traurige Nachricht erhalten, daß dein einig liebes Töchterlein an den Blattern gestorben seye. Es ist mir leid vor das gute Kind, und wenn es mein eigen gewesen wäre, könnte es mir nicht näher zu Herzen gehen. Ich kan mir also wohl vorstellen, es müsse dir, als einer zärtlichen Mutter, noch weit empfindlicher fallen, ein Kind zu verlieren, welches des ganzen Hauses
                                      Freude

Freude und Wonne, und besonders der Eheluſt und Hofnung ware. Doch was können wir thun; Wir müſſen uns die gnädige Führung des Allerhöchſten gefallen laſſen. Kinder ſind auch eine Gabe von ihm, was er aber gegeben hat, kan er auch wieder mit Recht nehmen, wenn es ihm gefällt, und niemand kan ihm das Seinige abſprechen. O darum tröſte dich, daß du gewiß weißt, das liebe Kind, damit er dir nur eine Weile die Freude gelaſſen, ſeye nicht verlohren, ſondern wieder bey ſeinem himmliſchen Vater, zu dem wir alle zu kommen trachten. Wirſt du nun dem lieben GOtt in deinem Creuze mit chriſtlicher Gelaſſenheit begegnen, und alle ſeine heilige Wege in Demuth verehren, ſo wird er dich anderwärtig erfreuen, und dieſen Verluſt wiederum erſetzen. Ich wünſche, daß es der liebe GOtt bald thun wolle, und verbleibe unter ſchönſter Begrüſſung an deinen lieben Mann

Deine

Bretten, den 25. Januarii 1774.

getreue Schweſter
N. N.

Antwort.

Liebe Schweſter!

Mein groſſer und überhäufter Schmerz wegen dem Tod meines einzig lieben Kindes iſt mir durch deine tröſtliche Zuſchrift um vieles gelindert worden, zumalen, da du nebſt deinem herzlichen Mitleiden, ſo du darinnen bezeuget, mich auch kräftig getröſtet und einiger maſſen wieder aufgericht haſt. Ich

danke

von Condolenz- oder Trostbriefen.

danke dir also höchstens davor, und wünsche, daß dich der liebe GOtt samt den Deinigen in unverrüktem Wohl bis in späte Jahre erhalten, und niemals mit dergleichen oder andern Trauerfällen betrüben wolle. Uebrigens empfehle mich zu fernerer Liebe, und versichere dich hinwiederum, daß ich nicht aufhören werde, zu seyn

Deine

Neccars Ulm bey Heilbronn,
den 30. Januarii 1774.

getreue Schwester
N. N.

Wegen zurück gegangener Beförderung.

Hochedler Herr Candidat,
Hochzuehrender Herr Vetter!

Obwohl ich hochzuehrendem Herrn Vetter weit lieber zu dem verlangten Dienst gratuliren möchte, so muß doch bey verkehrten Sachen mein schuldigstes Mitleiden bezeugen, weilen ich vernommen, daß Sie diesesmal nicht zu ihrem Zweck und zu der gehoften Beförderung haben kommen können. Es betrübet mich, und muß auch Sie betrüben, daß Ihnen ein anderer, nicht seiner Gelehrsamkeit, sondern seines Gelds wegen, seye vorgezogen worden. Allein, es ist der Welt-Lauf so; was wollen wir uns viel darum kränken; wenn die Zeit kommt, muß sich doch alles schicken, denn es geschiehet nichts von ungefehr, GOtt hat seine

Zeit

Zeit und Stunden, darinnen er hilft. Er weiß es am besten zu wenden. Er hat villeicht etwas besseres vor Sie aufgehoben. Mein hochwerther Herr Vetter lassen Sich eine solche Kleinigkeit nicht zu sehr verdrießen, sondern glauben, daß Ihr Glück in einem weit höhern Grad erscheinen könne. Ich wünsche nur bald Gelegenheit zu haben, mich deßwegen zu erfreuen, oder im Stande zu seyn, etwas dazu beyzutragen, so werde mich jederzeit erweisen, als

Euer Hochedel,
    Meines Hochzuehrenden Herrn Vetters

Bruchsal, den 2. Jan.   ergebenster Diener
    1774.   N. N.

Antwort.

Hochedler,
    Hochgeehrter Herr Vetter!

Es ist freylich wahr, daß die mir begegnete Fatalität wegen meines Gesuchs mir empfindlich gefallen, und verschiedene Umstände, die Ihnen bekannt sind, haben mir erst wehe gethan, und mein Gemüthe darnieder geschlagen. Dero abgelassenes gütiges Schreiben aber hat mich wieder völlig ermuntert. Meines Hochgeehrten Herrn Vetters noch immer fürdaurende Gewogenheit habe ich überflüßig daraus ersehen, und danke deßwegen auch auf das verbindlichste, mit der Versicherung, daß ich mich ihres Briefs stets erinnern, und der weisen Füh-
                                       rung

rung GOttes gänzlich übergeben wolle. Anbey bitte mir Dero Gewogenheit ferner aus, ich werde es jederzeit mit dankbarem Gemüthe erkennen, und lebenslang mit aller Hochachtung beharren

Euer Hochedel',
Meines Hochgeehrten Herrn Vetters

Schorndorf, den 17. Januarii 1774.   gehorsamster N. N.

Wegen zugestoßener Krankheit.

Mein Sohn!

Gleichwie mich nichts mehr erfreuet, als wenn ich erfahre, daß alles in deinem Hause wohl auf seye, so bekümmert es mich jetzo desto heftiger, da ich von dir vernehmen muß, daß deine Frau samt einem Kinde so gefährlich krank seye. Allein weil dieses Hauskreuz dir von der Hand des HErrn aufgeleget worden, so ist nichts bessers, als daß man hierinn zu GOtt seine Zuflucht nehme, und diesen demüthigst um die gnädige Abwendung desselben anrufe, da er uns zwar eine Last auflegt, wir aber auch an ihm einen GOtt haben, der da hilft, und einen HErrn HErrn, der vom Tode erretten kan. Ich versichere dich, wer zu GOtt ein solch Vertrauen hat, und seinem heiligen Willen sich in Gedult ergiebt, wird in seiner Hoffnung nicht zu Schanden werden; und geht es auch gleich nicht, wie wir wünschen, so geht es doch

doch gut, dann sein Wille ist der beste. Diesem gnädigen Willen GOttes empfehle ich dich und dein ganzes Haus, besonders aber deine kranke Frau und Kind. GOtt schenke ihnen tägliche Besserung, und eine baldige Wiedergenesung, dir aber in deiner Anfechtung den kräftigen Trost seines guten Geistes. Womit ich denn auch unter Erwartung einer baldig-erfreulichen Nachricht beharre

Dein

Freudenstadt, den 15. März 1774. getreuer Vater N. N.

Ein anderer gleichen Innhalts.

Hochwertheste Frau Gevatterin!

Daß der Herr Liebste mit einer schweren Krankheit schnell überfallen worden, habe zu meiner gröſten Beſtürzung erfahren, und bezeuge hierdurch mein herzliches Mitleiden. Und da ich in dieſem betrübten Zufall wegen der allzuweiten Entfernung weder der Hochwertheſten Frau Gevatterin noch dem Herrn Liebſten an die Hand gehen, oder etwas helfen kan; ſo wünſche Ihnen nur chriſtliche Gedult, und überlaſſe Sie in meinem Gebet der göttlichen Hülfe; dieſe iſt die beſte, dieſe kan alles ändern, und mit dieſer allein tröſte ich Sie. Ich werde auch der-

von Condolenz- oder Trostbriefen.

derselben mit Verlangen entgegen sehen, und in
Erwartung einer bessern Nachricht verbleiben

Meiner Hochwerthesten Frau Gevatterin

Rotenburg an der Tauber,
den 2. April 1774.
                              treuergebenster
                                N. N.

Noch ein anderer.

Mein lieber Sohn!

Ich bin sehr bekümmert über die unverhoffte traurige Nachricht, daß du auf deiner Reise krank worden seyest, und zu Basel auf deiner Herberge krank liegest. Ach! GOtt stehe mir und dir bey, er wende doch alle Gefahr in Gnaden ab, und erfreue dich bald mit seiner gnädigen Hülfe. Die begehrte 4. Ducaten überschicke dir hiebey, gebrauche sie zu deiner Pfleg und Wartung, und laß dir an dienlichen Arzneyen nichts abgehen. Wenn du aber mehr Geld solltest nöthig haben, so will ich mein mögliches thun, und dir aushelfen. Ich kan vor Bestürzung nicht weiter schreiben; empfehle dich dahero dem lieben GOtt, und bleibe unter steter Anrufung um seine gnädige Hülfe

                      Deine

Rothweil, den 13. May
      1774.
                                getreue Mutter
                                N. N.

Das IV. Capitel,

Wegen einem Pferdsturz und Beinbruch.

Werthgeschätzter Freund!

So sehr ich mich erfreue, etwas Gutes von Ihnen zu vernehmen, so sehr bin ich erschrocken über die betrübte Nachricht, daß Sie mit einem Pferd gestürzet seyen, und dabey das Unglück gehabt haben, einen Fuß abzubrechen. Den grossen Schmerzen, den Sie erdulten müssen, empfinde ich gewißlich auch einigermassen, wo nicht an meinem Leibe, doch zum wenigsten an meinem Gemüthe; denn es ist richtig, wenn ein Freund leidet, so leiden die andern auch mit. Die genaue Verbindung ihrer Gemüther ist Schuld daran. Ich bezeuge daher als ein Freund nicht nur allein mein inniges Mitleiden, sondern wünsche Ihnen auch die besten Aerzte, und GOttes gnädigen Beystand zu Ihrer baldigen Cur. GOTT verleyhe Ihnen Geduld, und lasse diesen Unglücksfall keinen Nachtheil bringen. Uebrigens beharre mit aller Aufrichtigkeit

Meines werthgeschäzten Freundes

Bischweiler im Elsaß,   ergebenster
den 8. März 1774.   N. N.

Antwort.

Werthester Freund!

Ihre gütige Zuschrift, womit Sie mich beehret, und welche ich gestern erhalten habe, gibt mir

von Condolenz- oder Trostbriefen. 117

mir eine neue Versicherung von Ihrer aufrichtigen Liebe und Freundschaft, weilen Sie mir bezeugen, daß Sie an meinem gehabten Unglück und Schmerzen grossen Antheil nehmen, und meine baldeste Wiederherstellung von Herzen wünschen. Ich habe freylich grosse Schmerzen erlitten, und leide noch, und muß mich um so mehr in mein Kreuz schicken lernen, als ich mir solches meist durch unvorsichtiges Reuten zugezogen habe. Villeicht wäre es weit übeler abgeloffen, wenn mich nicht der liebe GOtt noch vätterlich erhalten hätte. Ich habe also bey meinem Unglück die Güte GOttes zu preisen, welche ein grösseres abgewendet hat. Mein Fuß ist GOtt Lob! wieder glücklich eingerichtet, und habe gute Hoffnung, es werde sich alles nach und nach geben. GOtt bewahre Sie vor allem Unfall, und erhalte Sie bey stetem Wohlseyn. Ich aber beharre unter schönster Empfehlung

Meines wertheften Freundes

Bußweiler im Elsaß,   aufrichtiger
den 17. März 1774.   N. N.

Wegen grossem Wetterschaden.

Lieber Bruder

Du haft mir aus inniger Wehmuth geschrieben, wie daß dir ein hartes mit grossen Schlossen ausgebrochenes Hochgewitter deinen meisten Feldsegen hinweggenommen und verderbet habe. Ich be-

bedaure es von Herzen, daß dich diß Unglück auch betroffen hat. Dem Seufzen und Klagen kan ich dir nicht gar verargen. Allein thue nur der Sache nicht zu viel, sondern sey mit GOtt zufrieden. Auch dieser Zufall kommt vom HErrn, der will uns damit erinnern, daß wir mit unseren Herzen mehr dem Geber als der Gabe anhangen sollen, der zeigt uns, daß er Macht habe, das Seine wieder zu nehmen, wenn er will. Du kanst also auch in diesem Fall nichts bessers thun, als wenn du dich in Demuth und stiller Gelassenheit an den HErrn hältest, der kan dich wieder anderwärtig segnen. Und das ist es auch, was ich dir wünsche, und womit ich beharre

Dein

Aachen unter Cölln am Rhein,
den 30. März 1774.   getreuer Bruder
N. N.

Wegen nächtlichem Einbruch und Plündern.

Vielgeehrter Herr Schultheiß!

Daß demselben vor wenigen Tagen des Nachts von einigen Erzbösewichten in seinem Hause eingebrochen, und verschiedenes von seinen besten Mobilien entwendet und geraubet worden, ist eine Sache, worüber ich ein christliches Mitleiden bezeuge, und die ich sehr bedaure. Es ist ein Unglück, das Er sich aber weiter nicht tief zu Herzen ziehen muß. Es ist endlich nur was zeitliches, und der Schade hätte noch grösser seyn können, wenn nicht der HErr dabey gewacht und solches gehindert hätte. Villeicht kommen die Thäter noch an Tag, und kan der Herr Schultheiß etwa noch einiges des Geraubten wieder bekommen. Wenn es aber auch nicht ist, so kan es Ihme der liebe GOtt durch seinen väterlichen Segen sonsten ersetzen. Dieses wünsche ich Ihm von Herzen, als

Meines vielgeehrten Herrn Schultheissen

Oehringen, den 6. März   aufrichtiger Freund
    1774.   N. N.

Wegen erlittenem Feuerschaden.

Liebwerthester Freund!

Da ich die betrübte Nachricht erhielte, daß ein bey der Nacht in ihrer Nachbarschaft ausgegangenes heftiges Feuer auch ihre Behausung ergriffen, und mit den meisten Mobilien in die Asche gelegt habe, wurde ich in die gröste Bestürzung versetzet; ich sehe auch, wie Sie uber den erlittenen grossen Verlust in zerstreut- und trostlosem Gemüthe einhergehen. Ja, mich schmerzt es selbsten so empfindlich, als wenn ihr Schaden der meinige wäre. Allein, hat ein frommer und sehr geplagter Hiob, bey Verlust all des Seinigen, dennoch ausgerufen: Der HErr hat es gegeben, der HErr hat es genommen, der Name des HErrn

HErrn sey gelobet; so werden Sie auch, als ein frommer Christ, Ihren Willen dem Willen GOttes unterwerfen, und bedenken, daß wir über alle zeitliche Güter nur als Haushalter gesetzt sind, und daß alle irdische Güter nichts weiter, als eine Hand voll Staub und Asche, uud daß derjenige GOtt, der Ihnen anjetzo ein hartes erzeiget, schon Mittel genug wisse, zu rechter Zeit alles wieder reichlichst zu ersetzen. Im übrigen bitte mit beykommendem geringen Beytrag gütig vorlieb zu nehmen, und dabey von mir zu glauben, daß ich Ihnen allstets zugethan seye, als

Meines liebwerthesten Freundes

Neustadt zur grossen Linde,   treuergebenster
den 20. Febr. 1774.   N. N.

Ein anderer gleichen Innhalts.

Hochgeehrte Frau Baas!

Das Unglück, wegen Ihres jüngsthin abgebrannten Hauses, hat mich mit eben so vielem Mitleiden, als Sie mit Angst und Schrecken erfüllet. Dahero habe ich solches nicht nur allein durch diese Zeilen an den Tag legen, sondern auch der Frau Baas indessen meine geringe Wohnung zu Ihrem Aufenthalt antragen wollen, bis Ihnen der liebe GOtt wieder zu einer eigenen verhilft. Er verleyhe Ihnen übrigens eine christliche Gedult in dem höchstbetrübten Zufall, und ersetze

von Condolenz- oder Trostbriefen.

etze Ihren Verlust mit ungemeinem Segen. Kan ich sonsten auch mit meinem wenigen Vermögen der Frau Baas zu Hülf kommen, so bitte meiner nicht zu schonen, denn ich werde nach all meinem Vermögen Sie in Ihrem Leid zu beruhigen suchen, um dadurch zu zeigen, daß ich in der That und Wahrheit seye

Meiner Hochgeehrten Frau Baas

Bublingen, den 18. April
1774.

dienstwilliger
N. N.

Antwort.

Hochzuehrender Herr Vetter!

Nichts hat mich in meinem schweren Unglück mehr getröstet, als Ihre gütige Zuschrift, welche mir Dero ungeheuchelte Freundschaft in allem klar unter Augen stellet. Ich bin Ihnen deßwegen zu gröstem Dank verbunden, wie nicht weniger für Ihr bezeugtes herzliches Mitleiden und freundschaftliches Anerbieten. In meiner Zerstreuung weiß ich mich noch nicht zu fassen, und kan auch noch nicht überlegen, was ich thun, oder wie ich meine Sachen angreifen soll; will aber mit nächstem ein mehreres schreiben. GOtt bewahre Sie und die werthe Ihrige in stetem Wohlergehen. Uebrigens empfehle ich mich zu fernerer

fernerer Gewogenheit, und beharre mit aller Hochachtung

Meines Hochzuehrenden Herrn Vetters

Frankfurt am Mayn,   gehorsame Dienerin
den 25. April 1774.   N. N.

Wegen fehlgeschlagener Heyrath.

Hochgeschätzter Freund!

Wenn ich es nicht erfahren, und aus Ihrem eigenen Brief vernommen hätte, daß Sich Dieselbe wegen fehlgeschlagener Heyrath so sehr bekümmerten, so hätte ich gewiß kein Mitleiden mit Ihnen. Ihr niedergeschlagenes Gemüth macht es allein, daß ich ein Mitleiden mit Ihnen haben muß. Denn wenn ich bekennen sollte, mein Freund habe gerechte Ursachen sich zu betrüben, so würde ich die Wahrheit spahren. Ist denn die Jungfer N. allein von so vortrefflichen Eigenschaften, daß Sie sonst keine lieben können? gibt es nicht noch viele ihres gleichen? oder haben Sie so sehr auf den Reichthum gesehen, und gemeinet, Sie können Ihr Glück dadurch bevestigen? Ich versichere Sie, daß der Jungfer N. ihr Vatter zwar viel auf dem Papier und in Worten, aber wenig baares Geld in der That seinen Schwiegersöhnen mitgebe. Zudeme gibt es noch viel reichere Parthien, welche Ihnen nicht entgegen seyn werden. Bekümmern Sie sich aber nur deswegen, daß Sie meynen, es seye Ihnen durch das abgeschlagene Jawort ein Schimpf wiederfahren,

von Condolenz- oder Trostbriefen.

fahren, so bedenken Sie, daß es oft den vornehmsten Personen also zu gehen pflege, die deswegen Ihr Ansehen dennoch ungekrankt behalten. Lassen Sie also in Betracht dessen allen Verdruß fahren, weil er unnöthig ist, und machen Sie Sich ehestens an ein anders schönes und anmuthiges Kind; ich glaube, Sie werden Ihr Glück und Vergnügen weit besser, als durch jenes finden, und hoffe, Ihnen diß, alls bald gratuiren zu dörfen. In dessen Erwartung ich beharre

Meines Hochgeschäzten Freundes

Dillingen, den 10. März
1774.

ergebenster Diener
N. N.

Wegen mancherley Hauskreuz.

Liebe Schwester!

Es geht mir sehr zu Herzen, daß ich von einer Zeit zur andern immer nur von dir vernehmen muß, wie dich ein Hauskreuz über das andere überfalle, und dir die bitterste Thränen auspresse; bald klagest du über Mangel; bald über Verfolgung und Unterdruckung; bald über angethanes Unrecht; bald über schwere Krankheiten; bald sonsten über ein Unglück. Es ist wahr, du bist zum Kreuz gebohren, und ich kan deine Thränen nicht mißbilligen, ja wenn ich wußte, daß dir damit geholfen wäre, wollte ich aus herzlichem Mitleiden selber mit dir weinen. Allein so ist dein Verlangen und meine
Schul-

Schuldigkeit, dich zu trösten und deine Thränen zu stillen. Du weißt ja, daß du noch mehr deines gleichen hast, und GOtt die Welt vielen zu einem rechten Jammer = und Thränenthal mache, damit sie ein desto grösseres Verlangen zu seinem himmlischen Freudensaal bekommen. Das Leiden dieser Zeit ist kurz, und schaffet bey denen Frommen eine ewige und über alle Maas wichtige Herrlichkeit; wir müssen durch Kreuz und Trübsal in das Reich GOttes eingehen; GOtt aber ist getreu: er legt uns zwar eine Last auf, aber er hilft Sie auch tragen. O darum erwage dis alles recht, und kränke dich nicht so sehr, sey mit deinem GOtt zufrieden, er wird dich nicht versuchen über dein Vermögen, und endlich auch dein Ach und Weh in Freude verkehren, denn denen, die GOtt lieben, müssen alle Dinge zum besten dienen. Bin ich übrigens im Stande, dir mit meinem wenigen Vermögen zu helfen, und dir deine Last zu erleichtern, so gib mir zu verstehen, wie es geschehen könne, ich werde dir zeigen, daß ich seye

Dein

Lindau, den 30. April
1774.

getreuer Bruder
N. N.

Wegen grosser Armuth.

Geliebte Freunde!

Durch Euer beständiges Seufzen und Klagen über Eure Armuth machet Ihr mir viele

Un

Unruhe in meinem Herzen. Ich wollte gern, daß ich im Stande wäre, Euch zu helfen. Ich trage ein herzliches Mitleiden mit Euch, und ob ich fast in gleicher Noth bin, und selbst Trost nöthig hätte, muß ich doch Euch noch damit zu Hülfe eilen. Meiner Einsicht nach behält Armuth auch an Euch sein Wortrecht, und macht Euch arm an Muth, betrübt und traurig. Ist es aber auch der Werth, daß man sich um zeitliche Güter so sehr bekümmere? Wisset, es kommt alles von GOTT, Glück und Unglück, Armuth und Reichthum. Wollet Ihr denn mit GOtt zürnen, daß er Euch nicht reich gemacht hat? Wollet Ihr Euch zu todt kränken um eine Hand voll Erde? O wäret Ihr so bekümmert um das einig Nothwendige, so würde Euch das andere auch zufallen nach Eurer Nothdurft! GOtt sorget ja doch für die Arme am meisten. Er höret Ihr Schreyen, und hilft Ihnen. Haltet Euch also nur im Glauben und Gebet, in Demuth und Zufriedenheit an den HErrn, so besitzet Ihr schon den grösten Schatz, bey dem Ihr Leben und volle Genüge findet. Nicht der ist reich, der eben viel Geld und Gut hat, sondern der ist reich, der sich begnügen lässet, und mit deme zufrieden ist, was ihm der liebe GOtt gibt. Deßwegen sagt der Apostel: Es ist ein grosser Gewinn, oder ein grosser Reichthum, wer gottselig ist, und lässet ihm genügen, denn wir haben nichts in die Welt gebracht, darum offenbar ist, wir werden auch nichts hinaus bringen. Das sind meistens meine Gedancken, womit ich mich in

meiner

meiner Armuth aufrichte. Ich suche Euch auch damit zu befriedigen, und wünsche, daß Euch GOtt selbst diese und noch viele andere Gründe des Trostes in Euer Herz legen und Euch beruhigen wolle. Uebrigens verbleibe ich

Euer

Bregenz am Bodensee,
den 24. März 1774.

getreuer Freund
N. N.

Das V. Capitel.
Von
Nachrichten.
Kurzer Vorbericht.

§. 1.

Es gibt verschiedene Fälle und Gelegenheiten, davon man einem andern theils wegen des Wohlstandes, theils wegen der Nothwendigkeit, Nachricht geben kan oder muß, und gibt es sowohl frölische, als auch betrübte und vermischte Fälle, wie aus nachfolgenden Exempeln und Briefen wird zu ersehen seyn.

§. 2.

Das vornehmste, das man bey einem solchen Brief zu merken hat, ist dieses: daß man die Sache,

Sache, welche man dem andern zu wissen thun will, kurz und deutlich vortrage, und auch zugleich die Ursach melde, warum man solches thue. Man kan auch bey Gelegenheit seine Gedanken und Einfälle hierüber entdecken, oder, nach Beschaffenheit der Umstände, des andern Rath und Beystand erbitten.

§. 3.

In der Antwort auf solche Briefe danket man vor die gegebene Nachricht. Man eröffnet seine Gedanken darüber. Man verspricht Rath oder Beystand. Ist es eine fröliche Nachricht gewesen, wünscht man Glück; bey einer traurigen aber bezeugt man sein Mitleiden: daher können sie meistens bey denen Glückwünschungs-Condolenz- und Danksagungsbriefen nachgeschlagen werden. Doch sollen auch hier einige vorkommen.

Nachricht von vorhabender Heyrath.

Wohledler,
    Hochgeehrter Herr und Freund!

Da ich gegenwärtig eine Sache vorhabe, die mich sehr wichtig dunkt; so nehme mir die Freyheit, selbige Euer Wohledel in gegenwärtigen Zeilen zu eröffnen, und Dero Gutachten darüber zu vernehmen. Ich bin gesonnen mich mit der Jungfer N. in ein eheliches Verlöbniß einzulassen. Diese Person und Ihre Eigenschaften sind Ihnen besser bekannt, als mir.

Man

Man rühmt mir alles Gute von Ihr an, und ich solle mit Derselben auch 1800 Thaler Heyrathgut bekommen. Die Vorschläge sind gut, und gefallen mir wohl. Doch weilen Sie mehrere Kundschaft von bemeldter Person haben, und eine solche Veränderung Ueberlegens braucht; so möchte auch noch zuvor Dero Gedanken und Meynung hierinnen erfahren. Ich ersuche also meinen Freund und Gönner um Deroselben gütigen Rath in dieser wichtigen Sache, auf welchen ich es noch werde ausgesetzt seyn lassen. Wie ich mich nun hierinnen Ihrer Aufrichtigkeit und Freundschaft getröste, so werde ich auch nicht aufhören, mit aller Erkänntlichkeit und Ergebenheit zu verbleiben

Euer Wohledel,
   Meines Hochgeehrten Herrn und
      Freundes

Cleve am Rhein, den 3. März
     1774.
                     gehorsamer Diener
                             N. N.

Antwort.

Hochgeehrter Herr!

Ich bin Ihnen sehr verbunden vor das gute Zutrauen, welches Sie zu mir haben, davon mich die mir gegebene Nachricht von Ihrer vorzunehmenden Verlöbniß mit der Jungfer N. auf das neue sattsam überzeuget. Gleichwie ich nun ihre Wohlfahrt von Herzen wünsche

sche, und gern befördere; also kan ich Ihnen in diesem Ihrem Vorhaben im geringsten nichts einwenden, oder hinderlich seyn, weilen ich versichert bin, daß ich Ihnen keine tauglichere Person aussuchen könnte, als bemeldte Jungfer N. Sie ist von treflichen Eigenschaften und schönen Mitteln. Ich werde mich freuen, wenn ich den gewünschten Ausgang ihres Vorhabens bald erfahre. Gewis, es wird Sie nicht gereuen. Ich würde widrigen Falls auch nicht dazu rathen. GOtt gebe nun Gluk dazu, und befördere Ihre Wohlfahrt in allen Dingen! Unter welch herzlichem Wunsch und Bezeugung unaufhörlicher Freundschaft ich denn auch beharre

Meines Hochgeehrten Herrn

Coblenz am Rhein, den 8. Martii, 1774. ergebenster N. N.

Ein anderer.

Liebe Eltern!

Ich solle den Meister N. Bürger und Schneider allhier heyrathen. Nun erfordert es meine kindliche Pflicht, Euch hievon zu benachrichtigen, und Euer Gutachten und Willen darüber zu vernehmen. Der Mann gefällt mir in allen Stücken nicht übel. Er hat auch ein eigen Haus und Güter, und nur ein einiges Kind. Er ist ein guter Arbeiter, und seine Kundschaft ist groß. Ueberleget also die Sache, und rathet mir zu meinem Besten, was ich thun soll. Ich habe den Ausschlag auf Euer Gutachten ausgesezt. Ich weiß, daß Ihr in solchen Dingen mehrere Einsichten habt, als ich, ich stelle also dem lieben GOtt und Euch die ganze Sache anheim. Bitte mir anbey bald wieder zu schreiben, und Eure Gedanken zu eröfnen; Womit ich indessen beharre

Meiner lieben Eltern

Beßigheim, den 20. April
1774.

gehorsame Tochter,
N. N.

Antwort.

Liebe Tochter!

Du hast uns von einer vorhabenden Heyrath geschrieben. Ich und deine Mutter möchten dich zwar herzlich gerne versorget wissen; weilen wir aber von dem Meister N. wohl wissen, daß er zwar kein unfeiner Mann von Person seye, und sein Handwerk wohl verstehe, auch Arbeit genug, Haus und Güter habe, dabey aber kein guter Haushälter und bis über die Ohren mit Schulden behaftet seye; so können wir dir keines weges hiezu rathen, noch viel weniger darein willigen. Gedulde dich also lieber, bis etwas bessers kommt. Wir wollen getreulich vor dich sorgen, und dir nirgend an deinem Glück hinderlich seyn. Erkundige dich nur selbst genauer nach des Meisters N. seinen Umständen, so wirst du es erfahren, und alle Lust wird dir von selbsten vergehen.

Glaube

Glaube also, daß ich es recht gut mit dir meyne, und unverändert seye

Dein

Bietigheim, den 25. April 1774.   getreuer Vater N. N.

Von getroffener Heyrath.

Liebwertheste Frau Baas!

Da ich von Denenselben wohl weiß, und sattsam überzeuget bin, daß Sie an meinem Wohlergehen grossen Antheil nehmen; so kan ich auch nicht unterlassen, Denenselben schuldigst zu vermelden, daß ich mich durch göttliche Führung ganz unvermuthet mit der Jungfer N. Herrn N. Burgers und Adlerwirths zu N. jüngsten Tochter vor einigen Tagen ehelich versprochen habe. Sie werden Sich über meinen schnellen Entschluß sehr verwundern. Wir sind recht unverhoft und wunderbar zusammen gekommen, so, daß die göttliche Führung hierinnen hervor leuchtet. Ich verspreche mir deswegen auch alles Gute, und wünsche zugleich der Frau Baas und denen lieben Angehörigen alles wahre Wohlergehen, und empfehle mich und meine Braut zu beständiger Liebe und Freundschaft, und verbleibe mit aller Aufrichtigkeit

Meiner liebwerthesten Frau Baas

Waldenbuch, zwischen Stuttgardt und Tübingen, den 2. Martii 1774.   treugehorsamster N. N.

Das V. Capitel,
Ein anderer.

Hochwohl Ehrwürdig, Hochgelehrter Hochzuehrender Herr Vetter!

Euer Hochwohlehrwürden muß ich schuldigster massen berichten, wie es die weise und wunderbare Schickung GOttes ohnversehens gefüget habe, daß ich mich mit der Frau Schwester ältester Jungfer Tochter ehelich versprochen. Ich habe hiedurch nicht nur allein das Glük erhalten, eine liebenswürdige Braut zu bekommen, sondern auch in ihre hochwerthe Freundschaft einzutreten. Gleichwie ich nun zu Euer Hochwohl Ehrwürden das gute Zutrauen habe, diese getroffene Verbindung werde Ihnen nicht entgegen seyn; also verhoffe ich auch das Glük Ihrer hochwerthen Freundschaft in Zukunft zu geniessen. Ich werde mich best=möglichst befleissen, Derselben immer würdiger zu werden, und durch getreue Dienste meine Ergebenheit zu bezeugen. Wann unsere Hochzeit werde vollzogen werden, kan ich noch nicht berichten, will aber zu seiner Zeit die schuldigste Nachricht davon ertheilen. Indessen empfehle mich und meine liebe Braut zu beständigem Wohlwollen, und gebe mir die Ehre, zu seyn

Euer Hochwohl Ehrwürden,
Meines Hochzuehrenden Herrn Vetters

Aschaffenburg am Mayn,
den 20. Mart. 1774.

gehorsamer Diener
N. N.

Ein anderer.

Lieber Bruder!

Ich habe eine wichtige Sache vorgenommen, wozu mir die göttliche Vorsehung und das gütige Glük Anlaß gegeben hat, und davon ich dich sogleich schuldigst berichten muß. Vorgestern geschahe es, daß ich mich mit Einwilligung meiner lieben Eltern mit der verwittibten N. Burgerin und Bekin allhier in ein christliches Eheverbündnis eingelassen. Sie ist noch jung, hat kein Kind, und ein schönes Vermögen, so daß ich glaube, ich seye wohl versorgt, und du werdest, wenn du Sie anderst kennest, gewiß meinen Entschluß nicht mißbilligen. Unsere Hochzeit wollen wir, geliebt es GOtt! gleich von künftigem Dienstag über drey Wochen vollziehen. Du wirst also auch höflich dazu eingeladen. Meine Braut lässet dich freundlich grüssen, und empfiehlet sich deiner Liebe und Freundschaft. Von ihrer Person und Eigenschaften will ich dir weiter nichts anrühmen, es möchte dir sonsten verdächtig vorkommen, sondern bey mir heißt es jetzt nur: Komm und sihe es. Uebrigens weiß ich dir nichts sonderlich neues zu melden, sondern versichere dich schließlich, daß ich lebenslang verbleiben werde

Dein

Appenzell, in der Schweiz,   getreuer Bruder
den 4. März 1774.   N. N.

Das V. Capitel,
Von glüklicher Entbindung seiner Frau.

Werthgeschäzter Freund!

Nun ist einmal den 6ten dieses Monaths der frohe Tag erschienen, an welchem der liebe GOtt meine Frau ihrer Leibesbürde glüklich entlediget, und uns ein junges Söhnlein geschenket hat. Sie können von selbsten erachten, wie hoch ich dadurch seye erfreuet worden. Ich kan dahero meine Freude auch Ihnen nicht unbezeugt lassen, sondern muß Ihnen sogleich davon Nachricht geben, um so mehr, als ich von Ihnen weiß, daß Sie grossen Antheil daran nehmen werden. Es kan auch bey aufrichtigen Freunden nicht anders seyn; wenn sich der eine freuet, so freuet sich der andere zugleich, weil ihre Gemüther auf das genaueste mit einander verbunden sind. Ich glaube also, ich werde Ihnen mit dieser Nachricht nicht beschwerlich fallen; zu welcher ich auch noch dieses hinzu setzen muß, daß sich sowohl meine Kindbetterin als das liebe Kind in erwünschtem Wohlseyn befinden. Der HErr erhalte sie darinnen in allen Gnaden, und schencke auch meinem werthesten Freunde, was Ihne vergnügen kan. Der Frau Liebstin bitte unbeschwert meinen herzlichen Gruß zu vermelden, und übrigens von mir versichert zu seyn, daß ich seye

Meines werthgeschäzten Freundes

Kempten, in Schwaben, den 10. April 1774.

ergebenster
N. N.

Ein

Ein anderer.

Hochgeehrte Frau Baas!

Vorgestern ist meine Frau glüklich niedergekommen, und hat mich der liebe GOtt vermittelst ihrer Entbindung mit einem wohlgestalteten Töchterlein erfreuet, und, was noch das vornehmste dabey ist, so ist alles ganz wohl auf. Ich weiß, daß Sie grossen Antheil an meiner Freude nehmen. Deswegen habe ich mir auch die Freyheit genommen, Sie sogleich davon zu berichten. GOtt gebe nun! daß die hochwertheste Frau Baas bald glüklich nachfolgen, und ich in kurzem eine eben so vergnügte Nachricht von Ihnen bekommen möge. Ich wünsche es wenigstens von Herzen, und sehe solcher frölichen Post täglich mit Verlangen entgegen. Sie wird mich eben sowohl erfreuen, als diejenige, welche ich Ihnen in diesen wenigen Zeilen ertheilen kan. Uebrigens bitte ich dem Herrn Liebsten meinen Empfehl zu vermelden, und versichert zu seyn, daß ich Lebenslang beharren werde

Meiner Hochgeehrten Frau Baas

Weylerstadt, ohnweit Stutgardt, den 8. Febr. 1774.

aufrichtiger Freund
N. N.

Das V. Capitel,

Von bevorstehender Confirmation seines Catechumeni.

Wohlehrwürdiger, Hochgelehrter, Hochgeehrter Herr Tauf-Path!

Nunmehro habe ich es durch GOttes Gnade so weit gebracht, daß ich bis künftigen Sonntag Quasimodogeniti unter GOttes Beystand mein Christliches Glaubensbekänntnis vor GOtt und seiner Gemeinde in der Kirche öffentlich ablegen, und von selbsten bestättigen werde, was Euer Wohlehrwürden bey meiner heiligen Taufe in meinem Namen gelobet haben. Ich wolte also meinem hochzuehrenden Herrn Pathen hievon schuldigste Nachricht geben, und Demselben nicht nur für alle mir von meiner Geburt an bis auf diese Stunde erwiesene Liebe und Wohlthaten den höchsten Dank abstatten; sondern auch Dieselbe aufs neue bitten, Sie mochten mich auf solchen Tag Ihrem eifrigen Gebet bestens empfohlen seyn lassen, und den Höchsten über mir demüthigst anruffen, daß er mich bey dieser wichtigen Handlung mit seiner Gnade kräftigst unterstützen wolle. Anbey aber empfehle mich zu Deroselben weiterer gütigen Vorsorge, vermelde von meinen lieben Eltern einen gehorsamen Empfehl, und beharre mit aller Erkenntlichkeit und schuldigen Gehorsam

Euer Wohlehrwürden,
Meines Hochzuehrenden Herrn Pathens

Öpplingen, den 2. April 1774.

treugehorsamster
N. N.

Ant-

Antwort an seine Eltern.

Hochgeehrtester Herr Gevatter!

Aus dem von meinem lieben Tauffpathen an mich abgelassenen Brief habe zu meinem grösten Vergnügen ersehen, daß er werde confirmirt werden. Ich gratulire disfalls sowol dem Herrn Gevatter und der Frau Liebstin, als auch Ihrem jungen Sohne und mir selbsten, daß wir diese Freude an ihme erleben. GOtt gebe meinem lieben Tauffpathen hiezu Gnade und Seegen, und lasse diese wichtige Handlung nicht nur allein jetzo glüklich ablauffen, sondern erhalte ihn auch in solcher theuren Taufgnade, und vermehre in ihme die Gabe des werthen heiligen Geistes zu Starkung seines Glaubens, zu Krafft in der Gottseligkeit, und zur seligen Hoffnung des ewigen Lebens. Anbey versichere, daß ich auch noch in Zukunft vor ihne sorgen werde, wie vor mein eigen Kind. Zum Angedenken seiner Einsegnung überschike ihm nur etwas weniges, das ihme der Herr Gevatter in seinen Spährhafen legen wolle. Bin ich sonsten im Stande, Ihnen oder den Ihrigen etwas angenehmes zu erweisen, so werde ich mir jederzeit eine Freude davon machen. Der liebe GOtt erhalte Sie übrigens allesamt in erwünschtem Wohlstand. Womit ich denn auch unablässig beharre

Meines Hochgeehrtesten Herrn Gevatters

Ebingen in Würtemberg,
den 5. April 1774.

ergebenster Diener
N. N.

Das V. Capitel.
Ein anderer.

Innigst geliebte Frau Tauffpathin!

Ich habe Dieselbe hiemit gehorsamst berichten wollen, daß ich auf den ersten Sonntag nach Ostern in hiesiger Kirche eingesegnet, und unter GOttes Beystande mein Christliches Glaubensbekänntnis selbsten öffentlich ablegen, und mit eigenem Munde bekräftigen werde, was Sie bey meiner heiligen Taufe in meinem Namen versprochen hat. Da ich nun dieses vor GOttes Angesicht zu thun gesonnen; so bitte Dieselbe, Sie möchten mich auch in Ihr Gebet einschliessen, und mir des Höchsten Gnade hiezu erbitten helffen. Ich danke vor alle mir bisher erwiesene Liebe und Treue, und ersuche Dieselbe, mit der bisher mir erwiesenen Gewogenheit noch ferner fortzufahren. Ich werde solches nicht nur allein mit dankbarem Gemüthe erkennen, sondern auch nach gemeldtem herzlichem Gruß von meiner Mutter, lebenslang dafür verbleiben

Meiner innigstgeliebten Frau Tauffpathin
Herrenberg, in Würtemberg,
den 4. Apr. 1774.   ganz gehorsamer
N. N.

Antwort an seine Mutter.

Vielgeliebte Frau Gevatterin!

Ich erfreue mich von Herzen über den von meinem Tauffpathen, wegen seiner bevorstehenden

den Confirmation, erhaltenen Brief, und gratulire
sowohl der Frau Gevatterin als dem lieben Kinde,
daß Sie es mit demselben nunmehro so weit gebracht haben, und wünsche allen göttlichen Segen
zu dessen Vorhaben.   Der liebe GOtt wolle das
angefangene gute Werk in ihm fortsetzen und vol-
lenden, und Ihn in seiner Gnade erhalten.   Anbey versichere, daß ich nach all meinem Vermögen mich ferner in allen Stüken meines lieben Pathen getreulich annehmen werde, und überschicke
ihm nur ein kleines Angedenken auf seine Confirmation, mit Bitte, damit vorlieb zu nehmen. Ich
werde auch seiner in meinem Gebet nicht vergessen,
sondern ihn der Gnade GOttes bestens empfehlen.
Uebrigens wünsche der Frau Gevatterin beständige Wohlfahrt, und beharre

Deroselben

Böblingen, den 6. April
1774.

aufrichtige Freundin,
N. N.

Von einer zugestossenen Krankheit.

Hochedler,
   Insonders Hochgeehrter Herr!

Obwohlen ich Denenselben von Hertzensgrund
   nichts anders, als lauter angenehme und erfreuliche Nachrichten geben möchte, so muß ich doch
diesesmal das Gegentheil thun, und Ihnen zu wissen machen, daß Ihr geliebter Sohn, welchen Sie
bey mir in der Lehre haben, an einem hizigen Fieber

der schon vier Tage darnieder liege. Ich trage zwar alle Sorgfalt vor Ihne, und habe gleich anfangs den Medicum zu Rath gezogen, der ihm auch die dienlichste Arzneyen verordnet hat, welche er würklich gebraucht. Es hat sich zwar noch keine Besserung bey ihm: geäussert, doch wollen wir das beste hoffen. Man hat ihme heute Blattern gezogen, der grossen Hize dadurch Einhalt zu thun, und gestern wurde ihme eine Ader geöfnet. Ich will alles mögliche thun, und solle ihme weder an dienlichen Arzneymitteln noch an übriger Pflag und Warth nichts abgehen. Uebrigens ist mir leid, daß ich Sie von solchem betrübten Zufall berichten muß. GOtt gebe, daß es sich bald wiederum bessern möge. In welch erwünschter Hofnung und schönster Empfehlung ich dann auch verbleibe

Euer Hochedel,
Meines Hochgeehrten Herrn

Heilbronn, den 13. Mart.   gehorsamer
1774.   N. N.

Antwort.

Wohledler und Kunsterfahrner,
Insonders Hochgeehrter Herr!

Euer Wohledel haben mich und mein ganzes Haus durch die betrübte Nachricht von der schweren Krankheit meines Sohnes zwar in keine geringe Bestürzung und Anfechtung gesezet: dessen ohngeachtet

achtet aber bin ich Ihnen sehr verbunden, daß Sie mich dessen sogleich haben berichten wollen. Ich kan zwar hiebey weiter nichts thun, als daß ich meinen Sohn dem lieben GOtt in meinem täglichen Gebet bestens empfehle, darbey aber auch Sie gehorsamst ersuche, an fernerer Sorgfalt und Verpflegung dem Kranken nichts ermangleh zu lassen. Ich versichere, daß ich erkänntlich seyn werde. Anbey bitte, mir auch von seinen Umständen weitere Nachricht zu ertheilen, besonders, wann es wider Verhoffen noch schlechter mit ihm werden sollte, da ich dann im Erforderungsfall ihn selbst besuchen werde. Ich überlasse also meinen Sohn dem gnädigen Willen GOttes und Ihrer guten Sorgfalt, und verbleibe unter Erwartung besserer Nachrichten

Euer Wohledel,
　Meines Hochgeehrten Herrn

Cantstadt, den 16. Mart.
1774.　　　　　verbundenster Diener
　　　　　　　　　　N. N.

Ein anderer.

Geliebte Schwester!

Ich bin gegenwärtig sehr übel daran in meinem Hause. Mein Mann hat das Fieber, und meine zwey kleinste Kinder die Blattern. Ich hoffe zwar nicht, als ob bey einem Theil eine grosse Gefahr vorhanden wäre, dessen ohngeachtet aber habe ich viel Sorge und Mühe, und weiß ich oft nicht,

nicht, welchem Theil ich zuerst beyspringen soll. Ich bin bey diesem allem der Zeit sehr schlecht mit meinem Gesinde versehen, und ligt die ganze Last auf mir. Kanst du mir auf einige Tage zu Hülf kommen, und mich meiner Last ein wenig überheben, so wirst du mir eine grosse Gefälligkeit erweisen, und ich werde erkenntlich davor seyn. GOtt bewahre dich übrigens vor allen betrübten Zufällen, und erhalte dich gesund. Ich erwarte deinen Besuch, und bin

Deine

Durlach, den 24. Mart.
1774.
getreue Schwester
N. N.

Auf einen Todesfall.

Hochedler,
Hochgeehrter Herr!

Da der grosse GOtt mir meine geliebteste Ehegehülfin den 20sten dieses als an dem 8ten Tage ihres Wochenbettes an einem hizigen Fieber entrissen, und durch einen seligen Tod zu sich genommen hat; so kan ich nicht umhin, Euer Hochedel, als meinem aufrichtigsten Freunde, davon Nachricht zu geben, indem ich völlig überzeuget bin, daß Sie an meinem Glük und Unglük Theil nehmen. Das Kind lebet noch, und ist wohl auf, und gegenwärtig in meinem tieffen Leid mein grösser Trost. GOtt erhalte mir solches, und bewahre

wahre Euer Hochedel lange Zeit für solchen schmerzlichen Trauerfällen; in dessen gnädigen Schutz Sie hiemit bestens empfehle, und mit aller Hochachtung beharre

Euer Hochedel,
  Meines Hochgeehrten Herrn

Bacherach am Rhein,
  den 4. Mart. 1774. gehorsamer Diener
  N. N.

Antwort.

**Wohledler,
  Hochgeehrtester Herr!**

Euer Wohledel gütiges Schreiben, darinnen Sie mich von dem schnellen und schmerzlichen Verlust Ihrer nunmehr seligen Frau Liebstin berichteten, habe mit gröster Bestürzung gelesen. Dann gleichwie ich weder etwas Böses noch Gutes von Ihnen vernehmen kan, ohne dadurch innig gerühret zu werden, so gehet mir besonders dieser betrübte Fall sehr zu Herzen. Weilen aber ein wahrer Christ in allen Dingen seinen Willen dem Willen GOttes gedultig unterwirft, so glaube ich auch von Ihnen, Sie werden Sich selbst in Ihrer Betrübnis zu fassen wissen, und bezeuge Ihnen nun mein herzliches Mitleiden, mit beygeseztem Wunsch, daß Sie der liebe GOtt vor weiterem Leid bewähren, und Ihnen das junge Ebenbild und Angedenken von der selig Verstorbenen zu Ihrem besonderen Trost erhalten wolle. Unter welch herz-

herzlichem Wunsch ich dann, auch schuldigst beharre

Euer Wohledel,
 Meines Hochgeehrtesten Herrn

Bengen am Rhein,
 den 8. März 1774. ergebenster Diener
N. N.

Ein anderer.

Mein Sohn!

Mit diesen wenigen Zeilen berichte ich dich in der Eil und mit größter Bestürzung, daß gestern Morgen dein Vater nach einem überstandenen kurzen Krankenlager schnell von dem lieben GOtt abgefordert worden, und durch einen seligen Tod in die Ewigkeit übergegangen seye. Ich bin nicht im Stande, dich in diesem betrübten Falle zu trösten, weil ich selbsten Trost nöthig habe, sondern überlasse dich der göttlichen Gnade, und versichere dich meiner mütterlichen Treue und Vorsorge. Anbey überschicke dir 26. Gulden, davon du dir das nöthigste von Trauerkleidern anschaffen kanst. Mit nächster Gelegenheit will ich dir mehreres schreiben. Morgen wird dein seliger Vater zur Erden bestattet werden, und mir wird es zu einem Trost dienen, wann du deine Sache so anstellen wirst, daß du bald nach Hause kommen kanst, dann ich bin nicht gesonnen, mich lange mit fremden Leuten zu behelfen.

So

So weissest du auch wohl, daß es weder mein noch dein Nuz ist. Indessen befehle ich dich dem lieben GOtt, und verbleibe

Deine

Donaueschingen, den 3. Mart.
1774.

getreue Mutter
N. N.

Antwort.

Herzgeliebte Mutter!

Der unverhofte Todesfall meines seeligen Vaters, davon Sie mich berichtet hat, schmerzet mich empfindlich. Doch wenn ich überlege, daß ich noch einer redlichen Muttertreue mich zu getrösten habe, so wird mir mein Schmerz in etwas gelindert. Die überschikte 26. Gulden habe ich richtig erhalten, wiewohl ich solche nicht bedarf, weilen ich mit eigenem ersparten Geld versehen bin. Ich ware ohnehin gesonnen, mich bald nach Hause zu begeben, weilen ich schon lang genug in der Welt herum geloffen bin, und da jezo die Mutter mich nöthig hat, so will ich meine Heimreise desto mehr beschleunigen. GOtt gebe nur, das ich Sie möge gesund und wohl antreffen, womit ich auch lebenslang verbleibe

Meiner Herzgeliebten Mutter

Halle in Sachsen, den 20. Mart.
1774.

gehorsamer Sohn
N. N.

Das V. Capitel.
Ein anderer.

Hochgeehrtester Herr Vetter!

Da erst vor etlichen Tagen der bisherige Schulmeister zu N. mit Tod abgegangen ist, so wollte ich dem Herrn Vetter solches hiemit zu wissen thun, und Ihme zugleich anrathen, Er solle sich um diese Stelle ohngesäumt bewerben. Es sind noch keine Competenten vorhanden, welche darzu tauglich wären, denn es muß einer auch die Orgel schlagen können. Der Dienst aber ist gut, und man verlanget nur eine Person von Seiner Gattung und Qualität. Der Ort hat den Dienst selbst zu vergeben, und ich zweifle nicht daran, Er würde etwas gutes ausrichten. Ich wünsche es zum wenigsten, und habe mir deswegen auch die Freyheit genommen, Ihm sogleich Nachricht davon zu geben, und dadurch zu zeigen, daß ich unverändert seye

Meines Hochgeehrtesten Herrn Vetters

Nürtingen in Würtemb.
den 14. Mart. 1774.

aufrichtige Freundin
N. N.

Antwort.

Allerwertheste Frau Baas!

Sie ist so gütig gewesen, und hat mich von dem Tode des Schulmeisters zu N. berichten wollen. Ich erkenne es als ein rechtes Freundstuck, und bin zu vielem Dank verbunden. Ich werde auch Ihrem gegebenen Rath folgen, und mich
gleich

gleich morgenden Tages selbst dahin auf den Weg machen, und mein Glück disfalls versuchen. Kan ich etwas Gutes erlangen, und unter GOttes Beystande allda zu meiner Versorgung kommen, so werde ich auch gewislich die Frau Baas nicht vergessen, sondern mich gegen Sie erkenntlich erzeigen, weil Sie mir gleichsam den Weg dazu bahnet, denn hier hätte ich die Nachricht so bald nicht erfahren, wenn mir die Frau Baas es nicht zu wissen gethan hätte. Ich danke also noch einmal schönstens davor, und verbleibe

Meiner Allerwerthesten Frau Baas

Kirchheim an der Teck, in Würtemb.
den 16. Mart. 1774.   dienstwilliger

Ein anderer.

Lieber Bruder!

Wenn du gesund bist, und es dir wohl gehet, so freuet es mich von Herzen. Ich wollte gerne, daß ich dir auch aus unserm Hause eine angenehme Zeitung ertheilen könnte; allein der liebe GOtt hat darinnen vor einigen Tagen eine solche Veränderung vorgenommen, welche uns allen sehr schmerzlich fället, und davon ich dich auch nicht anderst als mit gröster Bestürzung berichten kan. Es hat ihme nemlich gefallen, nach einem zwar kurzen, aber sehr harten Krankenlager, unsern jüngsten Bruder durch einen seligen Tod zu sich zu nehmen. Er ist unvermuthet mit einer grossen

Hize und beschwerlichem Seitenstechen überfallen worden, und da sich noch der rothe Frisel dazu geschlagen, hat er ohngeachtet aller angewandten Mittel heut Nachts um 10 Uhr seinen Geist in die Hände seines Erlösers übergeben, und wird bis morgen als den 10ten dieses begraben werden. Der liebe GOtt tröste dich, und uns alle, er verschone unser Haus bis in späte Zeiten vor weitern betrübten Zufällen, und erfreue uns mit seinem väterlichen Segen. Sein Geist richte auch dich bey dieser traurigen Post mächtig auf, und bringe dich bald wiederum glüklich und gesund nach Hause. Unter Vermeldung eines herzlichen Grusses von deinen lieben Eltern und übrigen Geschwistrigen beharre Lebenslang

    Dein

Leonberg, den 8. Febr.
1774.
       getreuer Bruder
       N. N.

Von erhaltenem Dienst.

Hochgeehrte Frau Baas!

Dieselbe hat mir neulich zu wissen gemacht, daß der Schulmeister zu N. gestorben, und also dieser Dienst erlediget worden seye, um welchen ich mich bewerben sollte. Ich habe solches auch gleich gethan, und mich behöriger Orten deswegen gemeldet, und bin in meinem Gesuch nicht weniger glücklich gewesen, da ich sogleich nach abgelegter

legter Probe alle Stimmen erhalten, und auf gedachten Schuldienst ohne weiteren Anstand angenommen worden. Jetzo werde nur nach Hause reisen, und meine Sachen in Richtigkeit bringen, darauf aber sogleich meinen Dienst beziehen. Dieses mein Glück habe ich dem lieben GOtt und der Frau Baase zu danken, welche mir davon Nachricht gegeben. Wenn ich in meiner Ordnung bin, will ich disfalls meine Schuldigkeit nicht vergessen, und Ihro auch von meinen übrigen Umständen weitern Bericht ertheilen. Indessen wünsche wohl zu leben, und verbleibe unausgesezt

Meiner Hochgeehrten Frau Baas

Kirchheim an der Teck,
den 23. Mart. 1774. gehorsamer Diener

Ein anderer.

Liebe Mutter!

Ich habe Sie hiemit schuldigster massen berichten wollen, daß mich unversehens das Glük getroffen, meinen geringen Dienst mit einem weit besseren zu verwechseln, da ich nemlich vermittelst einer guten Freundin der gnädigen Frau von N. als eine Cammerjungfer angetragen, und von derselben auch wirklich angenommen worden. Sie ist eine sehr gnädige Dame, und hat mir gleich zum Einstand verschiedenes an Kleidern verehrt. Ich bekomme jährlich 30. Gulden, und alle Kleider,

der, welche meine gnädige Frau ableget. Der lieben Mutter wird verhoffentlich diese Nachricht nicht unangenehm seyn, um so mehr, da ich durch diese Gelegenheit zu meinem weiteren Glük gelangen kan. GOtt erhalte Sie nur bey guter Gesundheit und langem Leben, damit ich noch viele Jahre mich nennen möge

Meiner lieben Mutter

Sulz am Neccar, den 20. April
1774.   gehorsame Tochter
                                               N. N.

Antwort.

Liebe Tochter!

Dein an mich abgelassenes Schreiben hat mich von Herzen erfreuet, da ich besonders daraus ersehen, daß es dir wohl gehet. Der liebe GOtt walte mit seiner Gnade stets ob dir, und verleihe dir beständige Gesundheit, deinen Geschäften abzuwarten. Verrichte das deine getreu, und halte dich wohl, damit du immer in gutem Credit bey deiner Herrschaft stehen mögest. Halte auch deinen Verdienst zu Rathe, und wende nicht zu viel an die Hoffart, damit du auch etwas erspahrest. Gedenke fleißig an meine mütterliche Erinnerungen, welche ich dir oft gegeben, so wird es dir gewis wohl gehen. Kan ich übrigens mit Rath oder That dein weiteres Glük befördern, so werde keine Sorge noch Mühe erspahren, sondern

dern dir bey aller Gelegenheit zeigen, daß ich mit aufrichtigem Herzen seye

Deine

Calw, den 28. April
1774.
getreue Mutter
N. N.

Wegen grossem Wetterschaden.

Geehrter Freund!

Vergangene Woche hat der liebe GOtt uns und unsere ganze Gegend auf etliche Stunden hart heimgesucht. Denn gegen Mittag zog ein schweres Hochgewitter auf, welches darauf bald unter entsezlichem Blizen und Donnern ausbrach, dabey es eine grosse Menge Stein gegeben, welche unsere schöne und gesegnete Felder grösten Theils gänzlich ruinirten. Fenster und Dächer sind auch sehr übel zugerichtet worden, und der Schaden ist ungemein gros. Ich empfinde ihn leyder! auch, weil meine beste Aecker wüste da ligen. Der liebe GOtt erbarme sich unser in Gnaden, und erseze uns diesen grossen Verlust anderwärts mit seinem väterlichen Segen. Das sind die betrübte Umstände, welche ich dismal meinem geehrten Freunde melden muß. Uebrigens befindet sich alles wohl in meinem Hauß, und wünsche auch Ihme alles beständige Wohlergehen, und beharre

Meines Geehrten Freundes

Blaubeuren, den 26. Mart.
1774.
dienstwilliger
N. N.

Das V. Capitel,

Wegen einer Feuersbrunst.

Hochgeehrter Herr Schwager!

Die grosse Angst und Sorge, welche ich vorgestern Nachts ausgestanden habe, kan ich Ihnen nicht genugsam beschreiben. Es geschahe unverhoft, da jedermann im besten Schlaf war, daß in eines Becken Behausung, nur um zwey Häuser von dem meinigen entfernt, schnell ein heftiges Feuer ausbrach, welches der halben Stadt den Untergang drohete. Die Leute im Hause haben sich kaum noch mit dem Leben salviren können, und alles geriethe in die äusserste Bestürzung. Ich flüchtete in dieser Noth, welche so nahe bey mir ware, auch was ich konnte, und schäzte mein Haus schon verlohren. Allein der liebe GOtt hat es doch nicht so weit kommen lassen, sondern es bliebe bey diesem einigen Haus. Man hat durch gute Anstalten der Flamme in Zeiten gewehret, und das nächste Haus, welches oben schon auch zu brennen anfieng, sogleich eingerissen. Ich bin heute mit meinem Geflüchteten wieder eingezogen, weil alles gelöscht, und meistens geräumet ist. GOtt bewahre ein jedes vor solchem Schrecken und Schaden. Uebrigens bin ich unter schönster Empfehlung von denen Meinigen

Meines Hochgeehrten Herrn Schwagers

Gaildorf, den 14. Martii
1774.

ergebenster
N. N.

Ant=

von Nachrichten.

Antwort.

Hochgeehrter Herr Schwager!

Ich bin sehr erschroken, da ich aus ihrem leztern Brief ersehen habe, daß des Nachts in Ihrer Nachbarschaft eine so gefährliche Feuersbrunst entstanden seye. Ich bedaure die gute Leute von Herzen, welche dieses Unglük betroffen hat. Anbey aber danke ich dem lieben GOtt, daß die Noth nicht weiter gekommen, und mein Herr Schwager nebst vielen andern, welche das Unglück hätte treffen können, so gnädiglich verschonet worden ist. Der HErr bewahre Sie in Zukunft vor solchen betrübten Fällen, und erhalte Sie samt den Ihrigen in stetem Wohlergehen. Ich aber verbleibe, wie jederzeit

Meines Hochgeehrten Herrn Schwagers

Kempten, den 4. April
1774.

ergebenster
N. N.

Von vorhabender Reise.

Hochedler,
 Insonders Hochgeehrter Herr!

Euer Hochedel habe durch gegenwärtige Zeilen zu wissen thun wollen, daß ich gesonnen sey, die künftige Woche in die Schweiz zu reisen. Ich werde mich in Basel verschiedener Verrichtungen halber einige Tage aufhalten. Wenn nun Euer

Hochedel dahin an den Herrn Sohn etwas abzuschicken oder zu committiren haben, so werde ich mir eine Freude davon machen, wenn ich disfalls Gelegenheit bekomme, Ihnen eine Gefälligkeit zu erweisen. Nur bitte ich mir in solchem Fall wiederum baldige Nachricht aus. Ich empfehle mich anbey zu beständiger Liebe und Freundschaft, und versichere, daß ich auch meiner Seits niemalen aufhören werde, zu seyn

Euer Hochedel,
  Meines Hochgeehrten Herrn

Ebingen den 7. May
  1774.
                            gehorsamster Diener
                                  N. N.

Antwort.

Wohledler,
  Insonders Hochgeehrter Herr!

Euer Wohledel bin ich höchstens verbunden vor die gutige Nachricht, welche Sie mir wegen Ihrer vorhabenden Reise haben geben wollen, wie nicht weniger vor Dero geneigtes Anerbieten. Ich überschicke Denenselben hiemit ein kleines Päklein an meinen Sohn, wenn es Sie nicht beschweret, und bitte es demselben zu überliefern. Sie verzeihen mir meine genommene Freyheit, und geben mir Gelegenheit, anderwärts darauf zu dienen, so werde mich jederzeit in schuldigster Bereitwilligkeit finden lassen. Anbey wünsche von
                                  Herzen

Herzen eine glükliche Reise, und verbleibe mit aller Hochachtung

    Euer Wohledel,
        Meines Hochgeehrten Herrn

Tuttlingen, den 10. May   gehorsamer Diener
    1774.   N. N.

Von seinem Aufenthalt.

Lieber Vater!

Nun bin ich nicht mehr in Dreßden, sondern von da aus nach Berlin gekommen, allwo ich in der Friederichs-Strassen einen sehr geschikten Meister Namens N. bekommen habe, Er hat die vornehmste und beste Arbeiten, und es ist vieles bey demselben zu lernen. Ich habe 45. kr. Wochenlohn, und gedenke mich den ganzen Winter über bey Ihme aufzuhalten. Auf meiner ganzen Wanderschaft habe ich noch keine so gute Condition bekommen, als hier; ich will mir solche auch bestens zu Nuz machen. Uebrigens bin ich GOttlob! gesund, und wünsche ein gleiches von Hause zu erfahren. Grüsse Euch anbey alle herzlich, und verbleibe lebenslang

    Meines lieben Vaters

Berlin, den 3. Sept.
    1774.   gehorsamer Sohn
                                       N. N.

Das V. Capitel,

Antwort.

Mein Sohn!

Dein unter dem 3ten dieses mir zugeschikter Brief hat uns alle herzlich erfreuet, da wir daraus ersehen, daß du nicht nur allein gesund seyest, sondern auch in Berlin eine so gute Werkstatt bekommen habest, da du sowol etwas erspahren, als auch vieles lernen kanst. Du thust wohl daran, wenn du den Winter da bleibest. Von uns kan ich dich auch alles guten berichten, wir sind alle wohl auf, und haben einen gesegneten Herbst bekommen. Deine älteste Schwester ist wirklich eine Braut mit dem Schulmeister zu N. Sie hat eine gute Heyrath getroffen, und wird in drey Wochen die Hochzeit vollziehen. GOtt gebe nun auch dir ferneres Glük, und laß mich viele Freude an dir erleben; womit ich dann unter herzlicher Begrüssung von uns allen schlieslich beharre

Dein

Düsseldorf, den 30. Sept.
1774.

getreuer Vater
N. N.

Vor seiner Heimkunft.

Hochwertheste Frau Baas!

Nachdeme ich schon gegen acht Jahren in der Fremde herum gereiset bin, so habe endlich meine Heymath auch wieder gesucht, und bin vorgestern glücklich und gesund zu Haus angekommen.

men. Ich habe Ihnen dahero solches auch schuldigster massen zu wissen thun wollen, weilen ich weiß, daß die Frau Baas an meiner glüklichen Ankunft grossen Antheil nehmen werden. Mein Meisterstuck will ich nun bald vornehmen, und mich mittlerweil um eine gute Heyrath umsehen. Wissen die Frau Baas mir darinnen einen guten Vorschlag zu thun, so bitte mir solchen nicht zu verhalten; ich werde allzeit erkenntlich davor seyn. Die Meinige habe ich alle wohl angetroffen, und hoffe, meine Zeilen werden auch Sie wohl antreffen. In welch guter Hofnung und schönster Empfehlung ich verbleibe

Meiner Hochwerthesten Frau Baas

Antwerpen, den 10. Mart.
1774. gehorsamer
N. N.

Antwort.

Vielgeehrter Herr Vetter!

Ich danke Ihme höchstens vor die gegebene Nachricht von seiner Heimkunft, und erfreue mich ungemein, daß der Herr Vetter nicht nur allein wohl und glüklich angekommen, sondern auch alles zu Hause in erwünschtem Wohlstand angetroffen hat. Zu dem vorhabenden Meisterstük, wie auch seiner Heyrath wünsche ich vieles Glück und Segen. Kan ich dazu etwas beytragen, so soll es mich von Herzen freuen, und keine Mühe dauren;

Das V. Capitel.

gegenwärtig fällt mir noch nichts ein, das vor den Herrn Vetter taugte, ich will aber der Sache weiter nachdenken, und Ihme gleich berichten, wenn ich etwas gutes vor Ihn weiß. Indessen wünsche wohl zu leben, und bin unter freundlicher Begrüssung an Sein ganzes Haus

Meines Vielgeehrten Herrn Vetters

Mecheln in Brabant,
den 16. Mart. 1774.

dienstwillige
N. N.

Von erhaltenen Waaren.

Hochwohledler,

Insonders Hochgeehrter Herr!

Die Waaren, welche ich von Euer Hochwohledel beschrieben habe, sind glücklich angekommen, und sehen von aussen gut, weiß aber nicht, wie sie innwendig beschaffen sind, weilen ich noch nicht Zeit hatte, sie auszupacken. Das Geld davor überschicke hiebey, doch habe ich an dem gemachten Conto ein weniges abgezogen, weilen etliches zu hoch angesetzt ware. Sie werden Sich übereilt und gestossen haben, und hoffe ich, Sie können mit gegenwärtigem zufrieden seyn. Wenn ich in Zukunft etwas nöthig habe, so werde Ihnen das Geld nicht abtragen, sondern mir die Freyheit nehmen, ein mehreres mit Ihnen zu han-

handeln. Wünsche indessen wohl und vergnügt zu leben, und beharre

Euer Hochwohledel,
Meines Hochgeehrten Herrn

Amsterdam, den 2. Mart.
1774.

gehorsamer Diener
N. N.

Antwort.

Wohledler,
Insonders Hochgeehrter Herr!

Daß Euer Wohledel die überschickte Waaren wohl erhalten, ist mir lieb, und versichere ich auch, wenn Sie dieselbe auspacken, daß Sie nichts daran werden auszusetzen finden. Sie haben zwar gemeynt, es sey einiges zu hoch angesetzt worden, und haben mir etwas von meinem Conto deswegen abgezogen. Ich versichere Sie, daß solches der gewöhnliche Preis seye. Deme ungeachtet aber bin ich auf weitere Kundschaft an etwas weniges nicht gebunden, und quittire Sie schuldigst vor das empfangene Geld, versichere auch, daß ich mich jederzeit tractabel werde finden lassen, zu zeigen, daß ich seye

Euer Wohledel,
Meines Hochgeehrten Herrn

Leyden in Holland
den 4. Mart. 1774.

aufrichtiger Freund
und Diener
N. N.

Das V. Capitel,

Ein anderer.

Vielgeehrter Meister!

Die bestellte Waare habe ich von Demselben richtig erhalten, und bin mit seiner Arbeit wohl zufrieden: nur allein hat er mich fast zu lang aufgehalten. Den beygelegten Conto will ich bis künftige Woche richtig bezahlen, weil ich wirklich nicht mit so vielem Geld versehen bin; doch überschicke 6. fl. auf Abschlag. Mein Sohn wird ohnehin die künftige Woche nach N. gehen und dieser soll das übrige mitbringen, wofür ich mir aber einen Schein ausbitte. Wenn ich sonsten etwas von dergleichen Arbeit nöthig habe, so werde bey ihme zusprechen. Indessen verbleibe ich

Meines Vielgeehrten Meisters

Cleffenbronn bey Pforzheim,
den 20. April 1774.

dienstwilliger
N. N.

Ein anderer.

Hochgeehrter Herr!

Hiemit berichte Dieselbe nur mit wenigem, daß ich den überschikten ersten Wagen mit Wein von 6. Eimer 8. Imi wohl erhalten habe. Da ich aber nunmehro in meinem Keller Plaz gemacht, so wäre es mir lieb, wenn ich den andern auch bald bekäme. Das noch restirende Geld will ich sogleich dagegen überschicken. Sie erweisen mir also die Gefälligkeit, und besorgen auch den leztern Wagen wohl, damit ich solchen durch von Neuigkeiten.

durch sichere Gelegenheit bekomme. Es ist jetzt noch gut Wetter über Land zu fahren, wenn es sich aber ändert, so steiget der Fuhrlohn gleich höher. Ich bin indessen in Erwartung des ubrigen

Meines Hochgeehrten Herrn

Reuttlingen, den 18. März
1774.
ergebenster
N. N.

Von Neuigkeiten.

Mein werthester Freund!

Sie werden vielleicht auch schon etwas gehört haben, daß vor einiger Zeit bey uns auf dem Bopser wie auch in den Bergen bey Unter=Türkheim und Wurtemberg sehr schöne Agathe und Marmorbrüche entdeckt worden sind. Ich will Ihnen doch davon nähere Umstände erzählen, weil ich glaube, daß es Ihnen nicht unangenehm seyn wird. Ich befand die verschiedene Stücke, welche ich davon sahe, von mancherley Art. Einige sind von blasser Rosenfarbe, hin und wieder weißlicht, welches weißlichte zuweilen Tupfelgen von einer dunklern Röthe hat, welche Art aber gerne Ritzen zu bekommen scheinet. Einige sind etwas dunkelröther und mit weiß, das hin und wieder milchfarbigt ist, vermischt; bisweilen sind auch ganz feine röthliche Striche

L

Striche darinnen, und diese Art läßt sich schön poliren, und reißt nicht leicht. Einige sind Carniolfarbigt, in einem, aus dem grünen in das graue spielenden Feld, und man siehet grosse und kleine rothe Flecken darauf, welche aber gern schiefern. Einige sind weißlicht, und hin und wieder etwas grau mit dunkelrothen Streiffen, die aber auch etwas in das weiße fallen, sich aber ein wenig im Poliren schiefern. Wieder andere sind milchweiß, mit durchsichtigen wasserfarbigten Theilen in Erbsen Grösse so vermischt, daß der Stein vollkommen bunt ist; wie die Theile in dem Bruche schimmern, so schimmern auch sowohl die weisse als wasserfarbige Theile, je nachdem das Licht auf sie fällt, auf die Politur. Endlich gibt es auch weisse, meist mit dünnen graulichten Adern auf allerley Art durchgeschnitten, auch hin und her von kleinen Flecken bunt, die dunkler sind. Dieser Stein läßt sich gut poliren und schiefert nicht. Obschon einige von diesen Steinen schiefrig sind, so lassen sich doch alle schön poliren, und hat man schon Stücke gefunden, die zu Säulen und Tischen tauglich sind. Sie sind etwas weich, und wenn man sie brennt, hernach stoßt, und mit Wasser anrühret, so kan man allerhand Dinge daraus giessen, die in kurzer Zeit wieder hart werden. Und das wäre denn das vornehmste, das ich hievon melden kan. Ich will Ihnen mit nächster Gelegenheit selbst einige Stücke davon überschicken. Indessen empfehle ich

ich mich zu fernerer Liebe und Freundschaft, und habe die Ehre zu seyn

Meines wertheſten Freundes

Stuttgard, den 20. April
1774.
                                    ergebenſter
                                    N. N.

Von verſchiedenen Dingen.

Liebwertheſte Frau Gevatterin!

Man ſagt hier ſtark davon, daß man dem Herrn N. mit nächſtem verganten werde. Da ich nun weiß, daß die Frau Gevatterin auch noch etwas an ihn zu fordern haben, ſo wollte ich Sie davon ſogleich berichten, damit Sie in Zeiten ſehen mögen, wie Sie zu Ihrem Geld kommen. Geſtern iſt zu unſer aller Betrubnis meines Bruders kleinſtes Kind begraben worden, welches an der rothen Ruhr geſtorben iſt. Dieſe Krankheit gehet ſtark unter denen Kindern um, und raffet manches hinweg. In meinem Hauſe aber iſt Gottlob! alles wohl auf. Die vorige Woche iſt die Frau N. hier geweſen, und hat mich auf der Durchreiſe beſucht. Sie gehet zu ihrem Bruder, und wird bey demſelben etliche Wochen ſich aufhalten. Unſer Herr Diaconus iſt auch etwas unpäßlich, doch ſcheint es keine Gefahr zu haben. Von Neuigkeiten weiß ich itzt nichts weiters zu melden. Ich wünſche Ihnen geſund und vergnügt zu leben, und

und verharre nebst schönster Empfehlung von den Meinigen

Meiner liebwerthesten Frau Gevatterin

Zelle, den 7. März 1774.

gehorsamer
N. N.

Ein anderer.

Hochedler,
Hochzuverehrender Herr!

Euer Hochedel berichte ich hiemit gehorsamst, daß der neue Wein dißmal bey uns wohl gerathen ist, und um einen geringen Preis zu kaufen seyn wird. Auch schlägt der alte zimlich ab, weil man damit forteilen muß, daß man nur den neuen aufheben kan. Wenn Sie also Lust haben, auch wieder etwas ein,ulegen, so können Sie es dißmal am besten thun. Die bey mir bestellte Waaren sind zwar wirklich zum abschicken fertig, nur habe ich wegen dem unbeständigen Wetter noch keine Gelegenheit bekommen können, sie sicher zu überschicken, doch werden sie nicht lange mehr ausbleiben. Damit ich Ihnen auch etwas neues schreibe, so berichte ich, daß der Herr N. ein Mann von siebenzig Jahren, ein junges Mädgen von neunzehen Jahren geheyrathet hat. Diese Heyrath kommt jedermann wunderlich vor, doch ist sie mehr wunderlich auf Seiten des Bräutigams als der Braut, denn dieser ist es nicht so gar übel zunehmen. Sie liebt ihn um seines Gelds willen, und denkt, sie könne mit
der

der Zeit einen Jungen damit bekommen. Uebrigens empfehle ich mich in ihre Gewogenheit, und verbleibe mit aller Hochachtung

Euer Hochedel,
  Meines Hochzuverehrenden Herrn

Halle in Schwaben, den 15. Oct.
1774. gehorsamster Diener
N. N.

Ein anderer.

Liebe Schwester!

Wir bekommen dieses Jahr eine gesegnete Erndte, wenn Uns der liebe GOtt anderst für Unglück behütet. Nur die gefährliche Ungewitter, welche schon an vielen Orten grossen Schaden gethan haben, erschröcken uns noch. Der Flachs und das Kraut ist auch schön, und beydes kan wohlfeil werden. Das Brod hat wirklich abgeschlagen, und wird nächstens wieder um einen Kreutzer herunter kommen. Die andere Woche wird man schon den Roggen und die Gersten schneiden. Ich habe erst kurzlich eine Scheuer gekauft, welche hinter meinem Haus stehet, und mir sehr gelegen ist. Mein Mann wird morgen ins Land hinunter zu seinem Schwager reisen, da ich denn auch bald erfahren werde, wie es mit dem Herbst stehet. Ich habe auch im Sinn, etwas von neuem Wein einzulegen, wenn er wohl zu kaufen ist. Indessen lebe wohl, und besuche mich

auch

auch einmal. Ich versichere dich, daß du mich allezeit finden wirst als

Deine

Wimpffen im Thal,
den 28. Jul. 1774.

getreue Schwester
N. N.

Ein anderer.

Hochgeehrter Herr!

Hiebey überschicke ich Ihnen das eine von denen verlangten Büchern; das andere ist noch unter der Presse, und wird erst in fünf oder sechs Tagen vollends abgedrukt; doch bis künftige Woche wird es auch gewiß nachfolgen, ich bitte also noch so lange Gedult zu tragen. Die Frau N. welche sich einige Zeit bey Ihnen aufgehalten, ist hier mit einem Canditor eine Braut worden, und wird in drey Wochen Hochzeit machen. Sie ist glücklich, und hat eine gute Heyrath getroffen. Ihr Bräutigam hat derselben gleich zum voraus in dem Heyrathscontrakt 300 Gulden vermacht. Sie läßt Ihnen ihren höflichen Gruß mit der Versicherung vermelden, daß Sie mit nächstem selbst schreiben wolle. Indessen verharre ich

Meines Hochgeehrten Herrn

St. Gallen, den 18. April
1774.

ergebenster
N. N.

Das

Das VI. Capitel.
Von
Beschenkungsbriefen.

Kurzer Vorbericht.

§. 1.

Der Wohlstand erfordert es, wenn ich jemand ein Geschenk überschicke, daß ich es auch mit einem höflichen Brief begleite, und einen solchen heißt man einen Beschenkungsbrief.

§. 2.

Ihr eigentlicher Innhalt ist dieser: daß man das übersandte Geschenk ohne Prahlerey nennt, die Gelegenheit und Ursache dazu anführt, und solches gütigst aufzunehmen bittet. Man kan auch noch sonsten von andern Sachen etwas schreiben.

§. 3.

Die Antwort auf solche Briefe ist ein ordentliches Dankschreiben. Man meldet den Empfang, rühmet das Geschenk, dankt dafür, und verspricht, sich bey Gelegenheit wiederum erkenntlich dargegen einzustellen. Wenn uns auch das Geschenk nicht angenehm ist, so erfordert es doch die Höflichkeit, daß man sein Vergnügen darüber bezeuget Doch ist es auch wohl erlaubt, daß man auf künftig dergleichen sich höflich abbittet, oder seine Beschämung

mung anzeigt. Hievon aber will ich keine Exempel geben, und die Antworten darauf erspahren, weil sie in dem folgenden Capitel vorkommen werden.

Beschenkungsbrief zu einem Christ-Geschenke.

Wohledle,
    Hochgeehrte Frau Gevatterin!

Ich übersende hieben nur meinem lieben Tauffpathen einen silbernen Löffel samt einem neuen Hembde, als ein kleines Geschenk au den Christtag. Ich bitte es geneigt anzunehmen, und mehr den guten Willen, als die geringe Gabe anzusehen. Den noch mitkommenden Kuchen aber verzehren die wertheste Frau Gevatterin mit Ihrem Herrn Liebsten auf unsere Gesundheit. Laßt mich der liebe GOtt diese frohe Zeit wieder erleben, so werde ich suchen, mich alsdann besser einzustellen. Indessen müssen Sie mit wenigem zufrieden seyn. Ich wünsche übrigens gesegnete Weyhnachts-Feyertage, beständiges Wohlergehen, und verharre unter schönster Empfehlung von denen Meinigen

Meiner Hochgeehrten Frau Gevatterin

Rastatt, den 14. Dec.
        1774.
                                ergebenste
                                 N. N.

Ein anderer.

Mein Schatz!

Ich wünsche Dir gesegnete Feyertage und nehme mir die Freyheit mit beykommendem Christgeschenke gehorsamst aufzuwarten. Nimm dasselbe mit geneigten Händen als eine Probe meiner herzlichen Liebe an, und siehe nicht auf den geringen Werth desselben, sondern allein auf meinen guten Willen. Es ist mir sehr leid, daß es nicht besser ausgefallen, und die Gabe nicht nach dem Werth deiner Person eingerichtet ist. Wo hätte ich aber, mein Schatz! doch etwas aufbringen sollen, das gegen deinem Werth nicht alsobald den seinigen verlohren hätte? Nimm also das überschickte gütigst an, und verzeihe mir meine disfalls genommene Freyheit. Gib mir nur einen Fingerzeig von dem, was dich vergnügen und erfreuen kan, und ich werde mich äusserst darnach bestreben. Lebe indessen wohl, und erlaube mir, daß ich mich nenne

Deinen

Oettingen, den 23. Dec.
1774.

getreuen
N. N.

Ein anderer.

Geliebte Schwester!

Ich weiß, daß dein liebes Töchterlein in der Schule so gerne lernet, und schon gut lesen kan.

kan. Ich überschicke demselben deswegen hiemit zum Christtag eine neue Handbibel, samt einem Gebet- und Gesangbuch zu seinem künftigen Gebrauch, mit der freundlichen Bitte, damit vorlieb zu nehmen. Dir aber habe ich einen kleinen Küchengruß hinzugethan, welchen du nicht verschmähen, sondern auf meine Gesundheit diese Feyertage über verzehren wollest. Vielleicht schicket es sich, daß ich dir ein andermal etwas besseres und angenehmeres schicken kan. GOtt erhalte dich gesund, und schenke dir und deinem Kinde gesegnete Feyertage. Mein Mann wünschet dir ein gleiches, und lasset dich herzlich grüssen. Bin ich sonsten vermögend, dir etwas angenehmes zu erweisen, so bin ich dazu bereit, und wünsche nur bald, und öfters Gelegenheit zu haben, dich zu überzeugen, daß ich in der That bin

Deine

Weinheim unter Heidelberg, den 24. Dec. 1774.

getreue Schwester
N. N.

Zu einem Neujahrsgeschenke.

Schätzbarster Freund!

Da ich in diesem neuen Jahre das erstemal die Ehre habe, an Sie zu schreiben, so wird es mich um so mehr erfreuen, wenn mein Brief Sie gesund antreffen wird. Der liebe GOtt segne Sie in diesem neuen Jahr, und schenke Ihnen alles erwünschte Wohlergehen bis

in

von Beschenkungsbriefen.

in die späteste Zeiten hinein. Ich statte Ihnen für die Liebe und Freundschaft, die Sie mir schon so oft erzeigt haben, den verbindlichsten Dank ab. Ich überschicke anbey nur einen kleinen Zuckerhut, als einen geringen Beweiß meiner Erkenntlichkeit, und bitte, ihn nicht ungütig aufzunehmen. Ich empfehle mich fernerhin Ihrer Gewogenheit, und erbiete mich zu allen gefälligen Diensten. Meine Frau hat das neue Jahr nicht allzugut angetreten, indem sie unpäßlich worden ist, doch scheint es nicht gefährlich zu seyn, und glaube ich, daß es nur eine Folge von der so schnell eingefallenen kalten Witterung ist. Ich bitte auch der Frau Liebstin unsern beederseitigen Gruß zu vermelden, und habe übrigens die Ehre, unausgesetzt zu verharren

Ihr

Mannheim, den 5. Jan.
1774.
                gehorsamster Diener
                       N. N.

Ein anderer.

Werthester Herr Gevatter!

Sie haben sowohl mir als meinem lieben Kinde schon so viele Freundschaft und Gutthaten erwiesen, daß ich lebenslang dafür verbunden bleiben muß. Ich beobachte deswegen meine Schuldigkeit, Ihnen zu dem angetretenen neuen Jahre nicht a ein alles beständige Wohlergehen anzuwünschen, sondern auch eine kleine Probe meiner Erkenntlichkeit zu überschicken. Es bestehet in
                                  einem

einem Schunken, und einigen Würsten, samt etlichen Pfund Flachs für die Frau Liebstin. Ich bitte damit vorlieb zu nehmen, und mehr auf den guten Willen als auf das Ueberschickte zu sehen. Ich empfehle mich übrigens zu fernerer Liebe und Freundschaft, und verharre unter schönster Begrüssung von den Meinigen

Meines werthesten Herrn Gevatters

Nagold, im Würtembergischen,
den 4. Jan. 1774. ergebenster
N. N.

Ein anderer.

Liebe Tochter!

Ich danke für deinen wohlgemeinten Neu-Jahrswunsch, und wünsche dir gleichfalls alles wahre Gute. Dein Wohlverhalten, davon ich von verschiedenen Orten her berichtet und versichert werde, freuet mich von Herzen. Ich überschicke dir deswegen auch hiebey zum neuen Jahr einen schönen Cotton zu einem Kleid und Schurz, nebst einem seidenen Halstuch. Ich erinnere dich, daß du in deinem guten Wohlverhalten fortfahrest, und deinem Herrn und deiner Frau getreulich dienest, denn das ist der sichere Weg zu deinem weitern Glück, welches in diesem kleinen Spruch: Bete und arbeite, liegt. Ja dadurch kanst du mir auch das gröste Vergnügen machen, und mich in meinem Alter am meisten erfreuen. Ich versichere dich, daß ich in solchem Fall mein äusserstes an dir thun, und nach allem Vermögen fur dich sorgen werde, als

 Deine

Hanau, den 6. Jan.
1774.   getreue Mutter.
          N. N.

Zu einem Hochzeitgeschenke.

Hochgeehrter Herr!

Sie haben mir zwar die Ehre angethan, mich nebst meiner Frau zu Ihrer Hochzeit einzuladen, welcher wir aber wegen der weiten Entfernung nicht haben beywohnen können, so sehr wir es auch gewünschet haben. Ich flehe den HErrn um seine Gnade zu Ihrem neuen Stande an, und bitte, daß Sie der liebe GOtt viele Jahre in Frieden, Liebe, und stetem Wohlergehen beysammen erhalten wolle. Anbey überschicke ich auch etwas weniges zum Angedenken auf Ihren Hochzeittag, und ersuche Sie gehorsamst, damit vorlieb zu nehmen. Geben Sie mir Gelegenheit an die Hand, Ihnen meine Ergebenheit besser zu bezeugen, so werde ich jederzeit mit der That beweisen, daß ich ohne alle Verstellung bin

  Meines Hochgeehrten Herrn

Leutkirch in Schwaben,
 den 14. May 1774.   aufrichtiger Freund
           N. N.

Das VI. Capitel.

Ein anderer.

Hochedelgestrenger,

Hochzuverehrender Herr Amtmann!

Euer Hochedelgestreng bleibe ich Lebenslang mit gehorsamstem Dank für die viele Ehre und Höflichkeit verbunden, welche ich vergangenen Dienstag, an ihrem Hochzeittage, von Denenselben genossen habe. Ich wünsche nochmals alles beständige Wohlergehen. Anbey aber übersende ich nur ein Dutzend zinnerne Teller, nebst einigem anderem der Frau Liebstin in ihre Küche, als eine kleine Probe meiner Erkenntlichkeit, mit dem Wunsch, es gesund zu gebrauchen. Bin ich sonsten vermögend, Euer Hochedelgestreng nach meiner Wenigkeit etwas angenehmes zu erweisen, so stehe ich in schuldigster Bereitwilligkeit, und erwarte nur Dero gütigen Befehl. Indessen behalte ich mir ferner die Ehre bevor, nebst gehorsamen Empfehlung von meiner Frau, und unter Bezeugung meines gehorsamen Respects, unausgesezt zu verharren.

Euer Hochedelgestreng
  Meines Hochzuverehrenden Herrn
    Amtmanns.

Offenburg ohnweit Straßburg,
  den 4. Jun. 1734.

gehorsamer Diener
N. N.

Ein anderer.

Geliebte Schwester!

Ich muß dich vor allen Dingen um Verzeihung bitten, daß ich dir mein Hochzeitgeschenke so lange schuldig geblieben bin. Es wäre nicht geschehen, wenn ich bälder eine sichere Gelegenheit gehabt hätte, dir solches zu überschicken. Nun aber sende ich zehen Pfund Flachs, weil ich weiß, daß du gerne spinnst, und viel auf schöne Leinwand hälst. Nehme dieses geringe Geschenk geneigt von mir an, und gebrauche es zu deinem Nutzen. Wenn der Flachs dieses Jahr wiederum gerathen wird, wie es das Ansehen hat, so will ich dir sodann mehr schicken. Indessen grüße mir deinen Schatz, und lebe mit demselben wohl und vergnügt; Sey darneben versichert, daß ich nicht aufhören werde, zu verbleiben

Deine

Auerbach, den 26. März
1774,
getreue Schwester
N. N.

Zu einem Gevattergeschenk.

Vielgeehrter Herr Gevatter!

Werden Sich der Herr Gevatter samt der Frau Wöchnerin und meinem lieben Tauffpathen, welchen meine Tochter die vorige Woche in meinem Namen aus der Tauffe gehoben hat, wohl befin-

befinden, so wird es mir erfreulich zu vernehmen seyn. Ich überschicke hiebey selbigem ein halb Dutzend alte Lüneburgische Gulden, welche der Herr Gevatter demselben, zum Angedenken von mir, aufheben wollen. Der Frau Liebstin aber weiß ich noch nichts anders, als diese zwey alte Hennen zu schicken. Ich bitte damit vorlieb zu nehmen, bis ich meine Schuldigkeit mehr beobachten kan. Wenn das ungestümme Regenwetter nachlässet, werde ich mir die Freyheit nehmen, Sie selbst zu besuchen. Indessen empfehle ich Sie insgesamt dem göttlichen Schutz, und verharre mit aufrichtigem Herzen

Meines vielgeehrten Herrn Gevatters

Innspruck, den 2. May
1774.
ergebenste
N. N.

Ein anderer.

Werthester Herr Gevatter!

Ich überschicke hiemit meinem lieben Tauffpathen zu einem Angedenken zwey silberne Löffel. Dieses Geschenk ist zwar vom geringem Werth, doch kommt es aus getreuem Herzen her. Sie werden es also geneigt annehmen, und mehr den guten Willen des Gebers, als die Gabe selbst ansehen. Meine Schuldigkeit werde ich in Zukunft schon ferner beobachten, und keine Gelegenheit vorbey gehen lassen,

laſſen, Ihnen meine Ergebenheit zu bezeugen;
ich bin wie jederzeit

Meines wertheſten Herrn Gevatters

Sulz am Neckar, den 10. Febr.
  1774.   gehorſamſter Diener
          N. N.

Zu einem Geſchenk auf einen Geburts- oder Namenstag.

Hochzuverehrende Jungfer!

Ich beſtrebe mich immer, Gelegenheit zu finden, Ihnen meine ſchuldigſte Ergebenheit zu bezeugen. Ich kan alſo auch diejenige nicht verſäumen, welche mir Ihr erfreulicher Geburtstag an die Hand giebt. Ich wünſche daß Sie denſelben noch vielmahl mit allem Vergnügen begehen mögen, und überſchicke Ihnen auch ein paar ſammetne Handſchuh nebſt einem Schlupfer, weil der Winter ſich nähert. Nehmen ſie es als einen kleinen Beweiß meiner Liebe gütigſt auf, und tragen Sie es zu meinem Angedenken. So bald es meine viele Geſchäfft erlauben, werde ich mir die Freyheit nehmen, Sie zu beſuchen. Es würde ohnfehlbar ſchon die vorige Woche geſchehen ſeyn, wenn mich nicht eine Unpäßlichkeit davon abgehalten hätte. Ich befinde mich aber würkwirklich wieder ganz wohl, und hoffe es gleichfalls von Ihnen. Uebrigens empfehle ich mich Ihnen zu fernerer Liebe, und habe die Ehre, immerhin zu verharren

Ihr

Hornberg im Würtembergischen,
den 22. Nov. 1774.

getreuer
N. N.

Ein anderer.

Schätzbarster Freund!

Ich habe gestern in dem Calender gesehen, daß Sie morgen Ihren Namenstag begehen werden. Ich wünsche Ihnen viel Glück und Segen dazu. Der liebe GOtt lasse Sie diesen erfreulichen Tag noch sehr oft bey guter Gesundheit und erwünschtem Wohlseyn erleben. Viel Vergnügen wäre es für mich, wenn ich durch etwas angenehmes das Ihrige auf diesen Tag vermehren könnte. Ich weiß Ihnen aber dermalen nichts anders als ein Essen Forellen zu schicken. Ich bitte, solche auf meine Gesundheit zu verzehren, und wünsche, daß sie wohl schmecken mögen; besonders da mir bekannt ist, daß Sie jederzeit ein grosser Liebhaber davon gewesen sind. Ich hätte mir sonsten auch die Freyheit nicht genommen, damit aufzuwarten. Ich schmeichle mir, Sie

werden

von Beschenkungsbriefen.

werden mir dieses kleine Geschenk nicht übel neh­men, der ich Lebenslang verharre

Ihr

Wildberg im Würtembergischen,   ergebenster
den 4. April 1774.   N. N.

Zu Verehrungen aus freyer Bewegung.

Hochehrwürdiger, Hochgelehrter,
  Hochzuverehrender Herr Stadtpfarrer!

Heute früh habe ich das Glück gehabt, vier Schnepfen, und auf dem Heimweg noch einen Hasen zu schiessen. Ich nehme mir die Freyheit, Euer Hochehrwürden mit solchem Ha­sen und einem Schnepfen aufzuwarten. Ich weiß, daß Sie ein Liebhaber davon sind, und dergleichen in der Stadt nicht allemal haben kön­nen. Ich verspreche mir auch um so mehr eine gütige Aufnahme. Kommt beydes wohl an, und wird es mit gutem Appetit und Vergnügen verzehrt, so werde ich mich darüber erfreuen, der ich mich Ihnen hiemit gehorsamst empfehle, und mir eine Ehre daraus mache, mit schuldigster Ergebenheit jederzeit zu seyn

Euer Hochehrwürden,
Meines Hochzuverehrenden Herrn Stadt­
           Pfarrers

Gengenbach, ohnweit Straßburg,
den 5. Oct. 1774.   gehorsamster Diener
                                                  N. N.

Das VI. Capitel,

Ein anderer.

Werthester Herr Schwager!

Ich weiß von Ihnen, daß Sie ein sehr grosser Liebhaber von Blumen sind. Ich habe mir daher vorgenommen, Ihnen auch etwas zu Vermehrung Ihres Gartens beyzutragen. Ich überschicke Ihnen deswegen nicht nur ein Dutzend Nelkenstöcke nebst zwey gefüllten Levcoyen, sondern auch verschiedene Sorten von Sommergewächsen. Ich bitte wegen diesem schlechten Geschenk mich nicht auszulachen, und wünsche, daß Ihnen alles wohl gerathen möge. Unter denen Nelken sind zwey schöne blaue, und zwey gelbe mit roth gesprengte. Mit nächster Gelegenheit solle auch noch ein Citronen = Pomeranzen = und Granatenbäumlein nachfolgen. Sollte ich sonsten noch etwas haben, das Ihnen anständig wäre, so stehet es zu Ihren Diensten. Womit ich mich denn zu fernerer Liebe empfehle, und nebst Vermeldung eines herzlichen Grusses von den Meinigen immer verharren werde

Meines werthesten Herrn Schwagers

Hechingen ohnweit Tübingen,
den 8. April 1774.   aufrichtger Freund
N. N.

Ein anderer.

Geliebte Schwester!

Ich habe mir immer, allein vergeblich, Hoffnung gemacht, du werdest zu uns in den Herbst kom-

kommen. Doch ich kan mir wohl vorstellen, daß dich das unbeständige Wetter wird abgehalten haben. Ich habe einen guten und gesegneten Herbst gehabt. Damit du doch aber auch etwas davon geniessen mögest, so überschicke ich dir mit dieser Fuhr nicht nur eine Schachtel mit Trauben, sondern auch ein Fäßlein mit neuem Wein, und bitte mir deinen Besuch auf eine andere Zeit aus. Laß dir indessen das Ueberschickte wohl schmecken, und geniesse es bey guter Gesundheit. Mein kleines Kind fängt schon an allein zu lauffen, und vieles zu reden. Mein ältester Sohn aber wird nächstens in die Fremde gehen. Sonsten steht alles GOtt Lob! gut in meinem Hauße. Von meinem Mann habe ich dir einen freundlichen Gruß zu vermelden. GOtt erhalte dich gesund! Lebe wohl und vergnügt! Ich verbleibe unverändert!

Deine

Mühlheim bey Basel,
den 30. Oct. 1774.   getreue Schwester
                                          N. N.

Ein anderer.

Hochgeehrter Herr!

Ich bin dieses Jahr mit meinen Canarienvögeln sehr glücklich gewesen, und habe dreyzehen Junge, und darunter acht Hahnen bekommen. Da ich nun wohl weiß, daß Sie auch ein Liebhaber

Das VI. Capitel,

haber davon sind, so überschicke ich Ihnen zwey. Wollen Sie es auf den Frühling probiren, und dieselbe einwerfen, so will ich auch mit ein paar Hennen darzu aufwarten. Der eine davon ist zwar nur grau, und nicht so schön, allein sein Gesang ist desto vortrefflicher. Das verlangte Gartenbuch kommt hiebey auch mit. Sollte ich sonsten etwas haben, das Ihnen anständig wäre, so stehet es zu Diensten. Der ich mich zu fernerer Freundschaft bestens empfehle und unausgesetzt verharre

Meines Hochgeehrten Herrn

Emmendingen im Breisgau,   ergebenster
den 30. Aug. 1774.   N. N.

Zu Verehrung aus schuldigster Dankbarkeit.

Hochedelgebohrner,

    Hochzuverehrender Herr Rath!

Ich habe Deroselben gegen mich getragenen geneigten Willen, und die mir vielfältig erwiesene Gewogenheit schon lange erkannt, und mir vielmal vorgenommen, Euer Hochedelgebohrn nur durch eine kleine Vergeltung meine Erkenntlichkeit zu zeigen. Da mir aber die Gelegenheit hierzu bißher fehlte, so mußte ich es wider meinen Willen so lange anstehen lassen. Nun aber

von Beschenkungsbriefen.

aber finde ich in etwas Gelegenheit, meinen Vorsatz auszuführen. Es bestehet solches in beykommendem Zucker und Caffee, welchen nur Kenner desselben als sehr gut und fein angerühmet haben. Nehmen Sie also dieses wenige als ein geringes Zeichen meiner Erkenntlichkeit an, und behalten Sie Dero Diener in immer gütigem Angedenken. Ich versichere Sie aber dabey, daß ich nie aufhören werde, mit allem schuldigem Respect zu verharren

Euer Hochedelgebohrn,
Meines Hochzuverehrenden Herrn Raths

Rotenburg in Hessen,
den 15. Febr. 1774.　　ganz ergebenster Diener
　　　　　　　　　　　　　　N. N.

Ein ander.

Hochedelgebohrner Herr Amtmann,
Hochschätzbarer Gönner!

Euer Hochedelgebohrn haben mir schon sehr viele Gewogenheit und Gefälligkeit erwiesen, besonders da Sie mir letzthin zu einer schon halbverlohrnen Schuld wieder glücklich geholfen haben. Ich finde mich daher sehr verbunden, Ihnen nicht nur den gehorsamsten Dank abzustatten, sondern auch auf eine würdige Vergeltung zu gedenken. Ich nehme mir in dieser Absicht die

Freyheit, durch Ueberschickung eines jungen Rehbocks Sie den Anfang meiner Erkenntlichkeit sehen zu lassen. Ich denke aber damit keineswegs meiner Schuldigkeit gänzlich genug gethan zu haben, sondern ich werde darauf bedacht seyn, solche weiter in Acht zu nehmen. Indessen empfehle ich mich zu fernerem geneigten Wohlwollen, und verharre

Euer Hochedelgebohrn,
   Meines Hochschätzbaren Herrn und
          Gönners

Haigerloch, den 8. May   gehorsamer Diener
     1774.   N. N.

Ein anderer.

Hochgeehrter Herr!

Sie haben schon viele Bemühungen meinetwegen gehabt, und meine Tochter war Ihnen erst kürzlich auch einige Tage beschwerlich. Ich weiß zuletzt nicht, wie ich es wieder vergelten solle, besonders da ich bisher noch keine Gelegenheit gefunden habe, Ihnen dagegen zu dienen. Damit Sie aber nur eine sehr kleine Probe meiner Erkenntlichkeit, oder vielmehr meines guten Willens sehen mögen, so überschicke ich Ihnen nun ein Dutzend von unsern Lebkuchen, und bitte damit vorlieb zu nehmen, bis ich mit etwas besserm aufzuwarten im Stande bin. Ich wünsche indessen

indeſſen geſegnete Feyertage, empfehle mich zu ferͤnerer Gewogenheit, und verharre als

Meines Hochgeehrten Herrn

Aalen bey Ellwangen,   ergebenſter
den 19. Dec. 1774.   N. N.

Das VII. Capitel.
Von
Dankſagungsbriefen.

Kurzer Vorbericht.

§. 1.

Wenn man von einem andern ein Geſchenk, eine Wohlthat, einen angenehmen Dienſt ꝛc. empfangen, oder ſonſten eine Ehre und Höflichkeit genoſſen hat, ſo erfordert es die Billigkeit, der Wohlſtand, und der eigene Vortheil, daß man ſich dafür bedanke. Das kan nun durch Wiedervergeltung, oder durch Worte, oder durch beydes zugleich geſchehen. Die erſtere Art gehöret zu den Beſchenkungsbriefen, die andere beeden Arten aber gehören hieher.

§. 2.

Zu einem Dankſagungsbrief gehöret vornemlich dieſes, daß man das Gute, ſo man genoſſen flossen oder empfangen hat, anführt, hernach dessen Beschaffenheit beschreibt, und endlich kurz und verbindlich dafür dankt, seine Gegendienste verspricht, oder meldet, was man dagegen schenkt, und sich ferner bestens empfiehlt.

§. 3.

Selten ist es nöthig, daß man auf einen solchen Brief wieder antwortet, weil diese Danksagungen gemeiniglich Antwortschreiben sind. Sind sie aber das nicht, so muß eine Antwort folgen, und zwar dieses Innhalts: daß man seine Dienste, oder erwiesene Wohlthaten verkleinert, und bezeuget, daß sie keine so grosse Erkenntlichkeit verdienen, und daß man sich auch über die Dankbarkeit des andern erfreuet, und zu fernerer Gefälligkeiten sich anbietet. Nur etliche wenige von dergleichen Antworten werden hier vorkommen; die meisten Briefe aber werden Antworten auf die im vorhergehenden Capitel befindliche Beschenkungsbriefe seyn.

Hochedle,

Hochgeehrteste Frau Gevatterin!

Den schönen silbernen Löffel und das sehr feine Hembd, welches die Frau Gevatterin meinem Kind als ein Angedenken auf den Christtag zu verehren beliebten, habe ich samt einem vortrefflichen Kuchen richtig bekommen.

men. Ich gestehe es aber, ich bin herzlich darüber erschrocken, theils weil Sie sich so grosse Unkosten gemacht haben, theils weil ich nicht im Stande bin, solches nach Werth zu vergelten. Ich muß also eine gedoppelte Schuldnerin, für mich und mein Kind bleiben, und für das Ueberschickte inzwischen den verbindlichsten Dank sagen. Geben Sie uns Gelegenheit, es einigermassen wieder wett machen zu können. Beykommende Mandeln, Cubeben und Rosinen bitte ich gütigst anzunehmen. Betrachten Sie es aber ja nicht als eine Vergeltung, sondern als einen kleinen Anfang unserer schuldigsten Erkenntlichkeit. Ich wünsche übrigens gleichfalls gesegnete Feyertage, und verbleibe unter schönster Empfehlung von mir und meinem Manne an Ihr ganzes Haus.

Meiner Hochgeehrten Frau Gevatterin

Baaden, den 18. Dec. 1774.   gehorsame N. N.

Ein anderer.

Hochgeehrter Herr!

Sie beehren mich mit einem gütigen Schreiben, und wollen mich zugleich mit einem so kostbaren Angedenken auf den Christtag beschenken. Beides vergnüget mich, und ich erkenne

kenne es auch mit dem schuldigsten Dank. Ich überschicke Ihnen anbey auch etwas weniges, das zwar mit dem Ihrigen in keine Vergleichung kommt, aber doch eine geringe Probe meiner Erkenntlichkeit ist. Ich versichere Sie dabey, daß ich das erhaltene mir so schätzbare Kennzeichen Ihrer Liebe lebenslang hoch halten, und alle Gelegenheiten ergreifen werde, mich derselben immer würdiger zu machen. Ich wünsche Ihnen auch von Herzen gesegnete Feyertage, beständiges Wohlergehen, und empfehle mich zu fernerer Treue, mit welcher ich immer verbleiben werde

     Ihre

Sontheim bey Heilbronn,   gehorsame
den 24. Dec. 1774.   N. N.

Ein anderer.

Herzgeliebte Schwester!

Das Ueberschickte habe ich alles wohl erhalten, und bedaure ich nur, daß du dir so viele Unkosten gemacht hast; ich weiß nicht, wie ich es wieder ersetzen solle. Deinen Küchengruß werde ich auf deine Gesundheit verzehren, und die drey schöne Bücher meinem Mägdlein zum Angedenken aufheben. Sie hat eine ungemein grosse Freude darüber bezeugt; und gewiß, es wäre Schade, wenn sie es so gleich gebrauchte, und in

der

von Danksagungsbriefen. 189

der Schule verderben würde. Ich will sie ihr
aufheben, bis sie zu mehrern Jahren kommen wird.
Ich sage dir indessen schuldigsten Dank. Ich
habe wirklich nichts, womit ich dir dagegen
aufwarten könnte. Ich werde meine Schuldigkeit aber dennoch nicht vergessen, sondern, so bald
ich Gelegenheit finde, wahrhaftig zeigen, daß ich
nicht unerkenntlich bin. Indessen verbleibe ich
deine Schuldnerin, und bin unausgesetzt

Deine

Bulach im Würtembergischen,
    den 27. Dec. 1774.   getreue Schwester
                                                     N. N.

Für ein Neujahrgeschenke.

Werthester Freund!

Ich habe Ihren angenehmen Brief nebst dem
überschickten schönen Zuckerhut richtig erhalten,
und dancke Ihnen dafür ganz ergebenst. Sie beschämen mich sehr mit ihrer grossen Höflichkeit. Ich
weiß auch nicht, wie ich es wieder vergelten solle.
Ein kleines Stück Speck schicke ich hiemit der
Frau Liebstin in Ihre Küche, und wünsche, daß
selbige von der zugestossenen Unpäßlichkeit nunmehr vollkommen möchte befreyet seyn. Kan
ich Ihnen sonst auf eine andere Art gefällig seyn,
so werde ich es von Herzen gerne thun. Ich
wünste übrigens zu dem angetrettenen neuen
Jahre allen göttlichen Segen und beständiges
                                                     Vergnü-

Das VII. Capitel,

Vergnügen. Der liebe GOtt erhalte Sie nebst Ihrem ganzen Hauße bey guter und fortdaurender Gesundheit, damit ich mich noch viele Jahren nennen möge

Meines werthesten Freundes

Speyer, den 7 Jan. 1774.   ganz ergebensten
N. N.

Ein anderer.

Hochgeehrter Herr Gevatter!

Ich wünsche Ihnen zu dem neuen Jahr viel Glück, statte hiemit für das Uberschickte den schuldigsten Dank ab, und versichere, daß mir Ihre Schinken und Würste recht wohl schmecken, und meiner Frau der Flachs sehr anständig ist. Sie hätten sich aber diese Unkosten ersparen können, oder wenigstens wäre die Helfte genug gewesen, wenn Sie uns ja mit etwas hätten erfreuen wollen. Für die lieben Kinder schicke ich nur etwas weniges, und erwarte Gelegenheit, Ihnen mit etwas anderem aufzuwarten. Ich empfehle mich Ihnen zu beständiger Freundschaft, und verbleibe unter herzlicher Begrüssung von den Meinigen

Meines Hochgeehrten Herrn Gevatters

Holzgerlingen, im Würtembergischen,
den 6. Aug. 1774.   gehorsamer Diener
N. N.

Für ein Hochzeitgeschenke.

Hochedler,
  Hochzuverehrender Herr!

Das unvergleichliche Geschenk, welches Euer Hochedel mir zum Angedenken auf meine Hochzeit verehrten, und das ich gestern unversehrt erhalten habe, freuet mich von Herzen. Ich habe wohl eine ganze Stunde damit hingebracht, solches genug anzusehen. So sehr es mich aber erfreuet, so viel Nachsinnen verursacht es mir, wie und auf was Art ich meine Erkenntlichkeit dafür an den Tag legen solle, und ich weiß es auch bis auf diese Stunde noch nicht. Ich sage ihnen also indessen den verbindlichsten Dank bis etwa Euer Hochedel selbst mir Gelegenheit geben, mich meiner Schuld einigermassen zu entledigen. Ich und meine Frau bleiben Ihnen dafür sehr verbunden, und ich werde mich allezeit erinnern, daß ich die Zeit meines Lebens seyn soll

Euer Hochedel,
  Meines Hochzuverehrenden Herrn

Lindau am Bodensee,
den 20. May 1774.   ergebenster Diener
                                     N. N.

Das VII. Capitel.

Ein anderer.

Hochedler,
Hochzuverehrender Herr und Gönner!

Euer Hochedel geneigte Zuschrift, und das mir überschickte kostbare Hochzeitgeschenk verehre ich mit verbindlichstem Dank, und bedaure nur, daß ich jetzo nicht im Stande bin, noch Gelegenheit habe, meine Erkenntlichkeit gebührend an den Tag zu legen. Sollte ich in Zukunft durch meine geringe Dienste, oder sonsten durch etwas angenehmes Ihnen meine Dankbarkeit in der That beweisen können, so wird es mir von Herzen lieb seyn. Ich bin indessen gezwungen, Euer Hochedel für das Überschickte blosse Worte zu geben, und Ihnen schlechterdings zu sagen, daß ich mich dessen mit dankbarem Gemüthe erinnere, ohne Ihnen solches vergelten zu können. Ich bleibe samt meiner Frau lebenslang verbunden, empfehle mich zu fernerem geneigten Wohlwollen, und gebe mir die Ehre, unter Bezeugung meines gehorsamsten Respects, mich zu nennen

Euer Hochedel,
Meines Hochzuverehrenden Herrn und
Gönners

Dießenhofen in der Schweitz,
den 19. Junii 1774. ganz gehorsamsten Diener
N. N.

Ein anderer.

Liebste Schwester!

Unter allen Geschenken, welche ich auf meine Hochzeit bekommen habe, ist mir keines anständiger, als das Deinige, denn du hast es recht nach meinem Geschmack ausgesucht. Ich kan es aber nicht anderst, als mit der grösten Dankbarkeit annehmen, und es ist mir sehr leid, daß Du Dir so grosse Unkosten verursachet hast. Ich bleibe indessen so lange Deine Schuldnerin, bis ich Gelegenheit finde, mich derselben in etwas zu entledigen. Ich hoffe mit nächstem die Ehre zu haben, Dich bey uns zu sehen. Mein Mann lasset Dich freundlich grüssen, und danket Dir auch zum höchsten für das überschickte. Lebe wohl, und glaube, daß ich bin

Deine

Stein am Rhein in der Schweiß,   getreue Schwester
den 2. Apr. 1774.   N. N.

Für ein Gevattergeschenk.

Werthgeschätzte Frau Gevatterin!

Es ist mir sehr leid, daß Sie wegen meinem Kinde so grossen Unkoste aufgewendet, demselben sechs schöne und rare Gulden als ein Pathengeld verehret, und sich dazu wegen meiner Frau noch weitern Aufwand gemacht haben. Sie machen mich also zu Ihrem grossen Schuldner, der nicht weißt, wie er das Erhaltene wieder ersetzen soll. Ich muß jetzo meine Dankbarkeit nur noch mit blossen Worten bezeugen, bis ich Gelegenheit finde, solche in der That selbst an den Tag zu legen. Meine Frau und mein Kind sind wohl auf. Wenn uns die Frau Gevatterin selbst besuchen wollen, wird es uns sehr angenehm seyn. Indessen verharre ich unter wiederholter schuldigster Danksagung für das Ueberschickte mit aller Ergebenheit

Meiner werthgeschätzten Frau
Gevatterin

Bopfingen in Schwaben,
den 8. May 1774.   gehorsamer Diener
N. N.

Ein anderer.

Hochgeehrter Herr Gevatter!

Für die überschickte zwey silberne Löffel, welche der Herr Gevatter meinem lieben Kind zum Angedenken verehret haben, bin ich Ihnen sehr verbunden, und statte dafür den ergebensten Dank ab. Ich wollte wünschen, daß ich im Stande wäre, solches zu erwiedern. Da aber dieses nun nicht ist, so wünsche ich, daß Sie der liebe GOtt dafür in anderm reichlich segnen, und Ihnen solche Wohlthat vielfältig vergelten wolle. Glauben Sie mich aber vermögend, durch meine geringe Dienste Ihnen eine Gefälligkeit zu erweisen; so erwarte ich nur Ihren Befehl, und

ver-

versichere Sie, daß ich jederzeit beweisen werde, wie ich mit aller Ergebenheit bin

Meines Hochgeehrten Herrn Gevatters

Bregenz am Bodensee,
den 16. Febr. 1774.
      gehorsamer
      N. N.

Für ein Geschenk auf seinen Geburtstag.

Liebster Bruder!

Ich habe keine neue Merkmale von deinen freundschaftlichen Gesinnungen gegen mich vonnöthen, um davon hinlänglich überzeugt zu werden. Aber dessen ohngeachtet hast Du solche durch dein Geschenk auf meinen Geburtstag wiederholt. Es wäre immer Ehre genug gewesen, wenn Du deine Freude in einem Briefe eröfnet hättest. Ich sage es, ich bedaure Deinen grossen Aufwand, denn Du wegen mir gemacht hast, und ich weiß nicht, wie oder wann ihn ihn vergelten kan. Das Empfangene werde ich dir zum Angedenken tragen. Ich statte dir indessen schriftlich den gehörigen Dank ab, biß ich es mündlich thun kan. Nichts wird mir angenehmer seyn, als wenn du fortfahren wirst zu lieben

Deinen

Isny den 30. Jan.
1774.
    aufrichtigen und ergebensten Bruder
    N. N.

Das VII. Capitel,

Für ein Geschenk auf einen Namenstag.

Werthester Freund!

Daß Sie an meinem Namenstag an mich denken, und mich mit einem Essen Forellen haben erfreuen wollen, erkenne ich mit schuldigstem Dank, und bin Ihnen dafür, so wie für Ihren wohlgemeinten Wunsch sehr verbunden. Ich darf Sie wohl nicht erst versichern, daß ich mit gutem Appetit und schuldigster Erinnerung des gütigen Wohlthäters diese trefliche Fische verzehrt habe, da es ohnehin sich nicht anders vermuthen läßt. Ich danke Ihnen nochmals dafür, und wünsche nur Gelegenheit zu haben, Ihnen auch meine thätige Dankbarkeit beweisen zu können. Ich empfehle mich zu fernern Liebe und Freundschaft, und habe die Ehre zu verbleiben

Ihr

Nürnberg den 12. April
1774.

gehorsamer
N. N.

Für andere freywillige Geschenke.

Hochgeehrter Herr!

Ich finde mich Ihnen um so mehr für das Ueberschickte verbunden, als ich mich nicht erinnern kan, einmal Gelegenheit gehabt zu haben, eine solche Höflichkeit um Sie zu verdienen. Ihr überschicktes werde ich mit gröstem Appetit verzehren,

zehren, und in Zukunft mich bemühen, bey jeder andern Gelegenheit meine thätige Dankbarkeit zu beweisen. Ich wünsche anbey, daß Ihnen bald wiederum ein anderes paar Schnepfen auf der Jagd zu schiessen anstehen möchte. Ich bitte mir auch die Ehre Ihres Besuchs aus, damit ich das Vergnügen haben möge, mit Ihnen eine Suppe zu essen. Meine Frau läßt sich Ihnen und Ihrer Frau Liebstin schönstens empfehlen. Ich aber habe die Ehre, unter nochmaliger Bezeugung des schuldigen Danks, zu seyn

Ihr

Bergzabern in dem Zweybrückischen,   schuldiger Diener
den 17. October, 1774.   N. N.

Ein anderer.

Herzgeliebte Schwester!

Es freuet mich von Herzen, daß alles in Deinem Hauße so wohl stehet, und der Herbst so gut ausgefallen ist. GOtt lasse Euch diesen schönen Segen in beständiger Gesundheit geniessen und benutzen. Das anhaltende Regenwetter hat mich an dem versprochenen Besuch verhindert; allein sage mir, wo denkst Du hin, daß du mir so viele Trauben, und noch dazu ein so grosses Faß mit Wein schickst? Du gibst mir zu trinken, bis es wieder reiffe Trauben giebt, und ich weiß nicht,

nicht, wie ich es vergelten soll. Ich sage also dafür den verbindlichsten Dank, und wünsche, daß es der liebe GOtt in dem künftigen Herbst reichlich ersetzen wolle. Grüsse mir deinen Mann und Kinder, und halte mich noch fernerhin für

Deine

Solothurn in der Schweitz,
    den 14. Nov. 1774.   getreue Schwester
                                                N. N.

Für Geschenke aus schuldiger Dankbarkeit.

Hochgeehrter Herr!

Ich danke Ihnen gehorsam für den überschickten Rehbock. Es ist mir leid, daß Sie Sich so grosse Unkosten gemacht haben. Die geringe Dienste, welche ich Ihnen geleistet habe, verdienen gewiß kein so kostbares Geschenk. Ich wollte Ihnen wohl noch weit mehr zu Gefallen gethan haben, ohne auf die geringste Vergeltung zu sehen. Weitere Unkosten sich zu machen, bitte ich mir deswegen höflich ab. Ich versichere Sie, daß ich mir eine Freude davon machen werde, wenn ich im Stande bin, Ihnen einen gefälligen Dienst zu erweisen, und erbiete mich auch aufs neue. Das Erhaltene will ich inzwischen auf Ihre Gesundheit verzehren, und Ihr Schuldner bleiben,

bleiben, bis ich wieder Gelegenheit finde, meine Erkenntlichkeit in der That zu bezeugen. Leben Sie wohl, und glauben Sie von mir, daß ich allezeit bin

Ihr

Lustnau bey Tübingen,
den 14. May 1774.

ergebenster
N. N.

Für erwiesene Gütigkeit, Ehre und Wohlthaten.

Wohlehrwürdiger, Hochgelehrter, Hochgeehrtester Herr Pfarrer!

Die viele Ehre und Gutthaten, welche Euer Wohlehrwürden mir die ganze Zeit über, da ich bey Ihnen gewesen, erzeigt haben, werde ich nimmer vergessen. Ich wünsche vielmehr Gelegenheit zu bekommen, meine Dankbarkeit deswegen in der That zeigen zu können, die ich aber gegenwärtig nur noch durch blosse Worte an den Tag legen muß. Euer Wohlehrwürden verschaffen mir nur Gelegenheit, damit ich Dero mir so häufig erwiesene Ehre und Güte einiger massen vergelten kan. Uebrigens wünsche ich Ihnen beständiges Wohlergehen, empfehle mich

Das VII. Capitel,

zu fernerer Gewogenheit, und verharre mit aller Hochachtung

Euer Wohlehrwürden,
　Meines Hochgeehrten Herrn Pfarrers

Philippsburg am Rhein,　　　schuldigster Diener
　den 5ᵗᵉⁿ May 1774.　　　　　　　　N. N.

Antwort.

Hochedler,
　Hochgeehrtester Herr!

Euer Hochedel beschämen mich durch Dero gütige Zuschrift, da Sie Sich so sehr für die Ehre und Höflichkeiten bedanken, welche Sie in meinem Hauße empfangen haben. Es ist solches etwas geringes, und verdienet nicht einmal, daß man daran denkt. Ich habe mir gewünschet, Ihr Gegenwart noch länger geniessen zu können. Ich schmeichle mir aber, daß ich sie auf ein andermal haben werde, da dann dasjenige, was etwa das vorigemal abgegangen und gefehlet hat, ersetzt und eingebracht werden soll. Der ich übrigens mit wahrer Hochachtung und Freundschaft verbleibe

Euer Hochedel,
　Meines Hochgeehrten Herrn

Straßburg, den 8. May　　　ergebenster Diener
　　　1774.　　　　　　　　　　　N. N.

Ein

Ein anderer.

Werthgeschätzter Herr Vetter!

Sie haben mir die gütige Versicherung gegeben, daß Sie für mich besorgt seyn, und meine Wohlfart immer befördern wollen. Wegen dieser unverdienten Gunst erstatte ich Ihnen den gehorsamsten Dank, und bitte mit derselben gegen mich beständig fortzufahren. Es ware zwar meine Schuldigkeit, meinem werthesten Herrn Vetter mehr durch angenehme Dienste, als durch blosse Worte meine Dankbarkeit zn bezeugen; aber mein weniges Vermögen ist Ihnen allzubekannt, und ich muß meine Erkenntlichkeit mehr durch den guten Willen, als durch eine andere Vergeltung an den Tag legen. Der Allerhöchste wird aber an meiner statt alles tausendfältig ersetzen, welchen ich auch demüthigst darum anruffe, und verharre immerhin

Meines werthgeschätzten Herrn Vetters

Wangen in Schwaben,
den 1. Sept. 1774.   gehorsamste Dienerin
N. N.

Ein anderer.

Hochedle,
   Hochgeehrte Frau!

Es erfordert meine Schuldigkeit, durch diese wenige Zeilen nochmalen den gehorsamsten

Danck für alle genossene Ehre und Höflichkeiten abzustatten. Es sollte zwar freylich eine andere und thätige Vergeltung folgen. Ich muß Sie aber diesesmal bitten, den guten Willen so lange anzunehmen, biß ich eine schicklichere Gelegenheit bekommen werde, Ihnen meinen Dank nachdrücklicher abzustatten. Ich hoffe, Sie werden immer bey wahrem Wohlergehen Sich befinden und mir die Ehre erweisen, einige Nachricht davon zu ertheilen. In deren Erwartung ich beständig verbleibe

Meiner Hochgeehrten Frau

Hamburg, den 5. Märtz 1774. verbundenster Diener
N. N.

Antwort.

Wohledler,
  Hochgeehrter Herr!

Sie haben mich mit Ihrer angenehmen Zuschrift beehret, welche mich verbindet, Ihnen schuldige Antwort zu geben. Sie beschämen mich sehr, daß Sie eine so grosse Danksagung für die wenige genossene Gefälligkeiten ablegen, welche ich aber mehr Ihrer Höflichkeit, als deren Würde zuschreibe. Erweisen Sie mir nur die Gefälligkeit und messen Sie die
schlecht

schlechte Bedienung nach meinem guten Willen ab. Im übrigen berichte ich Sie, Ihrem gütigen Ersuchen zu willfahren, daß ich mich GOttlob! in gutem Zustande befinde. Ich wünsche Ihnen ebenfalls alles beständige Wohlergehen, und verharre mit aller Ergebenheit

   Ihre

Lübeck, den 8. März
 1774.   gehorsame Dienerin
         N. N.

Ein anderer.

Lieber Bruder!

Ich bin Dir höchstens für so viele Liebe und Wohlthaten, welche Du mir bereits erwiesen hast, verbunden. An statt, daß ich bemühet seyn sollte, meine Schuld in etwas wette zu machen, wird solche immer grösser. Die Bemühung wegen meines Sohnes, und die gütige Sorgfalt, welche Du für ihn trägest, nicht weniger das viele Gute, womit Du ihn recht überhauffest, verpflichten mich Dir aufs neue. Ich bleibe lebenslang deine Schuldnerin, weil ich nicht weiß, wie ich es wieder ersetzen oder hinlänglich darauf dienen soll. Begnüge Dich inzwischen mit meinem guten Willen. An meinem Theil will ich es niemals ermangeln lassen,

Das VII. Capitel,

sen, den Allerhöchsten demüthigst anzuruffen, daß Er durch seinen grossen Segen Dir dasjenige, wozu mein Unvermögen nicht hinreichet, an meiner statt reichlich vergelten wolle. Ich empfehle mich zu fernerer Liebe, und verbleibe mit aufrichtigem Herzen

Deine

Schweigern bey Heilbronn,
den 10. Apr. 1774.

getreue Schwester
N. N.

Für erwiesene Dienste und Hülfe.

Hochgeschätzter Herr und Freund!

Sie haben mir durch die neulich vorgestreckte 10. Thaler einen grossen Dienst erwiesen, den ich nicht genugsam zu rühmen weiß. Denn, ob ich zwar sonsten, seit dem ich die Ehre habe, in Ihrer Bekanntschaft zu stehen, schon viele Gefälligkeiten von Ihnen genossen, dafür ich Ihnen auch noch verbunden bin: so gestehe ich doch, daß ich kein Kennzeichen Ihrer werthesten Freundschaft höher schätze, als dieses, daß Sie mir in der Noth mit gedachten 10. Thalern ausgeholfen, weil dieses eines von denjenigen Sachen ist, die man bey der grossen Zahl von Freunden selten antrift, welche öfters mit dem Mund viel versprechen, wenn sie aber davon in der That eine Probe ablegen sollen, alsdann mit leeren Entschuldigungen aufgezogen kommen. Ich habe demnach

von Danksagungsbriefen.

demnach, so bald mir wieder Geld eingegangen ist, es für die gröste Schuldigkeit gehalten, Ihnen die gelehnte 10. Thaler so gleich wieder zu schicken, und hiebey den schuldigsten Dank abzustatten. Ich bitte mir darneben bald Gelegenheit aus, wiederum darauf dienen zu können. Glauben Sie übrigens, daß ich mit wahrer Freundschaft und Liebe immerhin seyn werde,

Ihr

Ingolstadt, den 3. Febr.
1774.

sehr verbundener Freund
N. N.

Antwort.

Hochwerther Herr und Freund!

Sie sind allzuhöflich, daß Sie für eine so geringe Gefälligkeit, die ich Ihnen mit den gelehnten, nun aber wieder richtig erhaltenen 10. Thalern erwiesen habe, so grossen Dank sagen, da es ein Dienst ist, dazu gute Freunde gegen einander verbunden sind. Ja, ich danke Ihnen vielmehr, daß Sie mir hiedurch nur Gelegenheit gegeben haben, durch ein wirkliches, wiewohl schlechtes Kennzeichen zeigen zu können, daß ich nicht nur mit dem Mund, sondern vielmehr in der That Ihr Freund bin. Wenn ich Ihnen aber, wie Ihre Höflichkeit verlanget, eröfnen solle, wie Sie mir meine Dienste vergelten mögen, so will ich es Ihnen aufrichtig bezeugen, daß Sie mir dadurch den grösten Dienst erzeigen können, wenn
Sie

Sie mir bald wieder Gelegenheit geben, Ihnen etwas Gefälliges zu erweisen. Ich warte mit Verlangen darauf, und verbleibe

Ihr

Augspurg den 8. Febr.
1774.

aufrichtiger und ergebenster
N. N.

Ein anderer.

Hochedelgebohrner,

Hochzuverehrender Herr und Gönner!

Nun bin ich versorgt, und habe mein eigenes Stück Brod bekommen. Ich weiß aber wohl, daß ich solches dem lieben GOtt und Euer Hochedelgebohrn geneigtem Vorwort und Recommendation zuzuschreiben habe. Ich erachte mich dahero für sehr verbunden, Denenselben den gehorsamsten Dank deswegen abzustatten. Die mir erwiesene hohe Gunst erfordert zwar mehr als eine Erkenntlichkeit mit leeren Worten. So bald ich zu Kräften komme, und mich der liebe GOtt segnet, werde ich solche auch nicht vergessen. Indessen bitte ich um Gedult, und bis dahin den guten Willen anzusehen. Der grosse GOtt vergelte Euer Hochedelgebohrn die mir erzeigte hohe Gewogenheit mit reichem Segen und beständigem Wohlergehen. Ich empfehle mich Denenselben zu fernerem geneigten
Wohl-

von Dankſagungsbriefen.

Wohlwollen, und verbleibe mit ſchuldigſter Hochachtung

Euer Hochedelgebohrn,
Meines Hochzuverehrenden Herrn
und Gönners

Schwäbiſch Gmünd,
den 6. May 1774.

gehorſamſter Diener
N. N.

Ein anderer.

Geliebteſte Mutter!

Keine gröſſere Liebe und Gefälligkeit hätte Sie mir erzeigen können, als daß Sie mir in meiner Krankheit mit dem verlangten Geld ausgeholfen hat. Die Gefälligkeit iſt mir um ſo mehr ſchätzbar, da ich bey ſolchen Leuten war, welche einem Fremden nicht viel Gutes umſonſt thun. Ich hatte in Ermanglung Ihrer Hülfe faſt verſchmachten müſſen; durch das Ueberſchickte aber habe ich mir wiederum aufhelfen können. Ich bin jetzo vollkommen hergeſtellt, und werde meinen Weg nun weiter nehmen. So bald ich wieder etwas erſpahret haben werde, will ich Ihr das Geld zurück ſchicken. Indeſſen aber danke ich zum höchſten, daß Sie mir damit zu Hülfe gekommen iſt. Der Allerhöchſte ſegne Sie dafür anderwärts, und vergelte Ihre Treue in reichester Maaße. Ich meines Orts werde auch nicht ermangeln, durch
kindliche

kindliche Liebe und Gehorsam mich Ihrer Treue immer würdiger zu machen, und nicht aufhören, lebenslang zu seyn

Meiner geliebtesten Mutter

Buchhorn in Schwaben,
den 20. März 1774.

gehorsamer Sohn
N. N.

Das VIII. Capitel.

Von

Abschiedsbriefen.

Kurzer Vorbericht.

§. 1.

Gute Freunde müssen sich oft von einander trennen, und können nicht immer beysammen bleiben. Hier ist es nun billig, sich vor der Abreiße zu verabschieden, wenn es möglich ist. Es soll eigentlich mündlich geschehen, doch aber können Hindernisse in Weg kommen, die es nicht mehr zulassen. Die vornehmste sind die Eilfertigkeit, die Geschäfte, Kranckheit, Abwesenheit oder Verhinderung unsers Freunds. In solchem Fall muß man, ehe man abreiset, oder gleich darauf, schriftlich Abschied nehmen.

§. 2.

von Abschiedsbriefen.

§. 2.

Zu einem solchen Brief gehöret nun vornehmlich dieses: daß man seine Veränderung mit oder ohne Ursache anzeigt, sich wegen nicht genommenen mündlichen Abschiedes entschuldigt, für bisherige Liebe und Freundschaft dankt, um deren weitere Fortsetzung bittet, alles Gute anwünschet, und endlich auch an seinem Theil das Nöthige verspricht. Man kan auch noch von andern Dingen sich unterhalten. Man kan seine Güter oder Anverwandten indessen empfehlen. Man kan bitten, Gesellschaft zu leisten oder zu begleiten. Man kan es bedauren, wann es nicht geschieht, und dergleichen mehr.

§. 3.

Die Antworten auf solche Briefe aber werden so eingerichtet, daß man des Freundes Entfernung beklaget, wie auch den mündlichen Abschied, den man nicht hat nehmen können, bedauret; daß man ihm Glück wünschet zur Reise und Veränderung; und auch alles Gute von sich verspricht. Man kan auch dem Reisenden mit Rathschlagen uud andern Bequemlichkeiten an die Hand gehen, u. d. g. wie aus folgenden Beyspielen zu ersehen ist.

Abschiedsbriefe an Patronen.

Hochedelgebohrner, Hochgelehrter,
Hochzuverehrender Herr,
grosser Gönner!

Unverhoft erhielte ich den Befehl, mich ungesäumt nach Hauße zu begeben, weil mein Vater

Vater todtkrank darnieder liege. Ich hätte nun vor meinem Aufbruch gerne meine Schuldigkeit beobachtet, Euer Hochedelgebohrn persönlich aufzuwarten, und für die mir erwiesene hohe Gewogenheit den schuldigsten Dank zu sagen. Weil aber Euer Hochedelgebohrn wichtiger Sachen halber abwesend waren, so habe ich meine Schuldigkeit durch diese wenige Zeilen beobachten wollen. Ich glaube mich nicht ohne Grund für das Glück, einen freyen Zutritt bey Denenselben gehabt zu haben, Euer Hochedelgebohrn sehr verbunden. Ich statte auch den gehorsamsten Dank für alle so viele mir erzeigte Gewogenheit ab. Ich erwarte von Denenselben nur den geringsten Wink, wie ich meine Erkenntlichkeit in der That hinlänglich abstatten kan. Ich wünsche Euer Hochedelgebohrn alles beständige hohe Wohlergehen, empfehle mich zu fernerem geneigtem Wohlwollen, und verharre mit aller Hochachtung immerhin

Euer Hochedelgebohrn,
Meines Hochzuverehrenden Herrn
und Gönners

Heidelberg, den 29. April gehorsamster Diener
1774. N. N.

Ein anderer.

Hochedler,
Hochgeehrter Herr und Gönner!

Da ich unvermuthet eine andere Condition bekommen habe, so erfordert es meine Schuldigkeit von Abschiedsbriefen.

digkeit, von Euer Hochedel Abschied zu nehmen. Ich war zwar im Begrif, es mündlich zu thun. Weil ich aber das Glück nicht hatte, Sie anzutreffen, und alles zur Abreise schon fertig ist, muß ich es nur durch gegenwärtige Zeilen verrichten. Ich danke also vornehmlich für alle Liebe und Gewogenheit, welche ich Zeit meines Hierseyns bey Euer Hochedel genossen habe, und wünsche dafür allen göttlichen Segen und ununterbrochenes Wohlseyn. Ich empfehle mich zu geneigtem Angedenken und fernerm Wohlwollen. Ich versichere Sie aber dabey, daß ich keine Gelegenheit, meine schuldigste Ergebenheit in der That zu bezeugen, versäumen, noch viel weniger aufhören werde, mit schuldigstem Respect zu seyn

Euer Hochedel,
 Meines Hochgeehrten Herrn und
   Gönners

Freyburg in der Schweitz,   ganz ergebenster
 den 4. Aug. 1774.   N. N.

Antwort.

Hochgeehrter Herr!

Ob ich wohl Ihre schnelle Abreise bedaure, noch mehr aber, daß ich nicht zu Hauße war, als Sie Ihren Abschied bey mir nehmen wollten; so erfreue ich mich doch über Ihre erhaltene gute Condition, und wünsche dazu viel Glück und Segen. Kan ich zu Ihrer Wohlfahrt auch entfernet etwas beytragen, so werde ich mir eine Freude davon machen,

machen, und so oft ich etwas Gutes von Ihnen erfahre, wird es mir angenehm zu hören seyn. Indessen können Sie meiner aufrichtigen Freundschaft beständig versichert leben, und von mir glauben, daß ich mit aller Aufrichtigkeit bin

Meines Hochgeehrten Herrn

Basel den 9. Aug. 1774.

dienstwilliger
N. N.

Ein anderer.

Hochwürdiger, Hochgelehrter, Hochzuverehrender Herr Special,
Hochgeschätzter Gönner!

Ich habe nicht geglaubt, daß meine Abreise so schnell vor sich gehen werde, und war deswegen entschlossen, in ein paar Tagen Euer Hochwürden meine schuldigste Aufwartung selbst zu machen, und mit verpflichteter Erstattung gehorsamer Danksagung für so viele erwiesene Wohlgewogenheit Abschied zu nehmen. Allein so eben wurde ich beordert, nach Verlauf zweyer Tagen in Strasburg zu seyn, welches mich nun an vorgehabter Beobachtung meiner Schuldigkeit hindert. Ich bitte dahero gehorsamst, Euer Hochwürden werden diese Hinderniß gütigst ansehen, und diese schriftliche Danksagung hochgeneigt aufnehmen. Ich werde es immer dankbar zu rühmen wissen, daß Sie mir in vielen Angelegenheiten grosse Gefälligkeiten erwiesen haben, und wünsche, daß ich nur vermögend wäre,

wiederum

von Abschiedsbriefen.

wiederum dagegen zu dienen. Der allmächtige GOtt ersetze aber mein Unvermögen, und verleyhe Euer Hochwürden samt Dero ganzem Hauße den Genuß aller Glückseligkeiten. Endlich bitte ich noch gehorsamst, Sie möchten mich fernerhin Dero hochschätzbaren Gewogenheit empfohlen seyn lassen. Der ich mit aller Hochachtung seyn werde

Euer Hochwürden,
Meines Hochzuverehrenden Herrn
und Gönners

Heydenheim im Würtembergischen,
den 6. Sept. 1774.   gehorsamster Diener
N. N.

An Freunde und Verwandte.

Werthester Herr Bruder,
Hochgeschätzter Freund!

Nichts hätte mich wohl mehr erschrecken können als die betrübte Zeitung, welche ich jetzo erhalten habe, und die mich eine Zeit lang von deinem angenehmen Umgang entfernet. Mein N. ist plötzlich in eine tödliche Kranckheit gefallen, deswegen ich nach Haus reisen muß. Was mich aber hiebey am meisten betrübet, ist dieses, daß ich nimmermehr Zeit habe, von Dir den gebührenden Abschied zu nehmen. Die Hofnung Dich wieder zu sehen, ist der einzige, aber erfreuliche Trost für mich. Ich sage Dir indessen für alle mir erwiesene viele Liebe und Freundschaft den gehörigen Danck, und nehme in diesen wenigen Zeilen von Dir Abschied. Zugleich aber wünsche ich von Grund meines Herzens, daß Dich GOtt gesund und in stetem Wohlseyn erhalten möge. Zu Dir, mein lieber Freund, habe ich das Vertrauen Du werdest mit deiner Liebe und Treue gegen mich fortfahren, und mich auch zum öftern mit einem kleinen Brief erfreuen. Nun aber muß ich abbrechen, weil ich die Reise antrette, und dis einzige kan ich nur noch schreiben, daß ich lebenslang bin

Dein

Winnenden, den 9. Aug. 1774. ganz ergebenster N. N.

Antwort.

Werthester Herr Bruder, Werthgeschätzter Freund!

Es ist mir leid, daß Du so schnell bist abgerufen worden, ohne daß ich das Vergnügen gehabt habe, Dich noch einmal zu sprechen. Ich wünsche, daß es mit den Umständen Deines N. bald anders werden und sich bessern möchte, daß Du desto eher wieder zurück kommen kanst, indem das noch das einige ist, dessen ich mich getröste; weil ich bis dahin wohl lauter verdrüßliche Stunden haben werde. Wie verdiene ich aber eine so verbindliche Danksagung für die wenige erwiesene Gefälligkeit? Ist nicht alles meine Schuldigkeit gewesen, und bin ich Dir nicht weit mehr verbunden, da Du mich so vieler Güte gewürdiget hast? Ich empfehle mich derselben auch in Zukunft, versichere Dich meiner beständigen Treue und Liebe, be, und biete Dir mein ganzes Herz zur Vergeltung an. Schenke mir auch das Glück Deiner geliebtesten Zuschrift bald wieder. Der ich immer seyn werde

Dein

Waiblingen, den 12. Aug. 1774.   getreuer Freund
N. N.

Ein anderer.

Hochgeehrter Herr Vetter!

Ich bedaure von Herzen, daß ich vor meiner Abreise nicht mehr habe so glücklich seyn können, Ihre angenehme Gegenwart noch einmal zu geniessen, und die schuldigste Danksagung persönlich abzustatten, wozu mich Ihre mir vielmal erwiesene Höflichkeiten verbinden. Bey solcher Bewandtniß nun muß ich es meiner Feder überlassen, was ich gern mündlich gethan hätte. Ich sage Ihnen demnach den schuldigsten Dank für alle mir erzeigte Liebe und Freundschaft, und versichere, daß ich solche niemalen vergessen, sondern mich äusserst bemühen werde, bey aller Gelegenheit meine Erkenntlichkeit in der That zu bezeugen. Uebrigens schmeichle ich mir, mit Ihrer fernern Liebe und Freundschaft von Ihnen beschenkt zu werden, wünsche beständiges Wohlergehen, und gebe mir die Ehre, auch abwesend zu seyn

Meines Hochgeehrten Herrn Vetters

Backmühl den 7. Aug. 1774.   ergebenste Dienerin
N. N.

Das VIII. Capitel,

Antwort.

Hochwertheste Frau Baas!

Daß ich Sie so bald verlassen muß, fällt mir freilich schwer, noch schwerer aber, daß mich meine Abwesenheit verhindert hat, mich noch einmal mit Ihnen zu besprechen, oder Sie begleiten zu können. Ich muß mir es nun gefallen lassen; bitte aber doch, Sie möchten mich bißweilen mit Ihrem gütigen Angedenken und geehrten Zuschrift erfreuen. Mit Ihrer verbindlichen Danksagung haben Sie mich recht beschämet, da ich Ihnen wenig Ehre habe anthun können, und vielmehr meiner Seits für Ihre Gütigkeit verpflichtet bin. Meiner Treue und Ergebenheit können Sie stets versichert seyn, wie ich mich auch Ihrer fürdaurenden Freundschaft bestens getröste. Inzwischen habe ich bisher den Höchsten gebetten, daß er Sie nicht nur auf der Reise behüten und begleiten, sondern auch immer mit vielem Glück und beständiger Wohlfahrt erfreuen möge; der ich indessen unausgesetzt bin

Ihr.

Weinsperg bey Heilbronn,
den 9. Aug. 1774.

aufrichtiger Freund
N. N.

Ein anderer.

Werthester Freund!

In diesen wenigen Zeilen nehme ich hiemit von Ihnen meinen Abschied, und bitte um Verzeihung,

zeihung, daß ich solchen nicht persönlich genommen habe. Meine Reise gieng so schnell für sich, daß ich kaum noch so viel Zeit gewinnen konnte, meine Sachen einzupacken. Die viele Ehre und Höflichkeiten, welche ich von Ihnen genossen habe, werde ich nie vergessen können. Ich danke Ihnen dafür ergebenst, und erwarte nur Gelegenheit, wiederum schuldig darauf dienen zu können. Ich versehe mich aber anbey zu fernerer Liebe und Freundschaft, und werde an meinem Theil auch nichts ermangeln lassen, was dieselbe befestigen kan. Es wird mir auch nichts angenehmers seyn, als wenn ich zuweilen Ihr Wohlseyn aus einem werthen Schreiben vernehmen kan. Ich werde auch nie unterlassen, darauf gehörig zu antworten. Indessen leben Sie Wohl! Ich aber bin mit aller Aufrichtigkeit

Ihr

Mannheim, den 19. Sept. 1774.

ergebenster
N. N.

Antwort.

Mein bester Freund!

So schätzbar mir der angenehme Umgang mit Ihnen gewesen ist, so empfindlich fällt es mir, einen unverhofften Abschiedsbrief von Ihnen zu erhalten. Und obgleich diese schnelle Trennung mir sehr nahe gehet, so könnte ich mich doch ehe zufrieden stellen, wenn ich nur

vor

vor Ihrer Abreise das Vergnügen genossen hätte, mündlich von Ihnen zärtlichen Abschied zu nehmen. Ich danke Ihnen für alle genossene Freundschaft, und bitte mit derselben gegen mich unverändert fortzufahren, und mich desto öfter mit einem geneigten Schreiben zu erfreuen, je mehr uns die mündliche Unterredung nun benommen ist. Dieses wird das einzige Mittel seyn, mir Ihre Freundschaft einiger massen zu ersetzen. Ich werde sodann nicht ermangeln, sogleich wieder darauf zu antworten, noch vielweniger aber werde ich aufhören zu seyn

Ihr

Frankfurt am Mayn,   aufrichtiger Diener
den 23. Septe 1774.   N. N.

An ein Frauenzimmer.

Meine Liebste!

Ich bin gezwungen, von Dir mich zu trennen, und Abschied zu nehmen. Wie schwer fällt mir diese Trennung, und was für Kummer stehe ich deswegen aus? Allein es muß doch geschehen, und das unbarmherzige Schicksal achtet nicht auf mein Klagen, sondern will jetzo von nichts, als meiner Entfernung wissen. Ich muß sie also wider Willen beschleunigen, und von Dir in diesen wenigen Zeilen betrübten Abschied nehmen. Ich wäre selbst noch zu Dir gekommen, wenn ich nicht geglaubt hätte, eben dadurch unsere Trennung nur noch schwerer zu machen. Ich habe es

für

für leichter gehalten ohne Zusammenkunft uns zu trennen. Lebe also wohl, meine Liebste! Reise ich gleich von hier, so bleibet doch mein Herz und meine Seele bey Dir, denn diese hat Dich bis in den Tod zu lieben geschworen, und von diesem Vorsatz wird sie nichts abbringen können. Fahre in gleicher Treue gegen mich fort, und denke, daß nach diesen trüben Wolken die Sonne wieder hervorbrechen werde. Immittelst sollen sich unsere Herzen durch öfters zuwechselnde Briefe ewige Liebe versprechen, und einander ewiger Beständigkeit versichern. Womit ich nun auch verbleibe

Dein

Ulm, den 24. Aug. 1774.

getreuer N. N.

Antwort.

Mein Liebster!

Wie? Du kanst von mir abreisen, ohne mich noch einmal zu sprechen? Dieses hätte ich nimmermehr von Dir geglaubt. Hast Du Deiner schonen, und Deinen Kummer dadurch erleichtern wollen, so hast Du doch den meinen damit vergrössert, und mir die bitterste Thränen ausgepreßt. Doch das Schicksal heißt mich meine Betrübniß mäßigen, und ich nehme zu Deiner Treue meine Zuflucht. Ich will Dir in meinen Gedanken nachfolgen, und Dich überall begleiten. Erfreue

freue mich nur zum öftern mit einer geneigten Zuschrift, und lasse mich Deinem Angedenken bestens empfohlen seyn. Meiner Liebe und Treue bist Du stets versichert. Lebe wohl, und höre nicht auf von Herzen zu lieben.

Deine

Regensburg, den 3. Sept. 1774. getreue
N. N.

Ein anderer.

Wertheste Jungfer Baas!

Ich wurde unverhofft nach N. berufen, im Namen meines Vaters eine gewisse wichtige Sache zu besorgen, und von da aus muß ich eine kleine Reise nach Haus thun. Ich bedaure, daß mich dieses Schicksal Ihres angenehmen Umgangs beraubet. Diese Trennung würde mir auch unerträglich fallen, wenn mir nicht die Hoffnung übrig bliebe, Sie bald wieder zu sehen. Diese zwar kurze Zeit wird mir doch lange genug werden, weil ich diejenige indessen nicht mehr um mich habe, bey welcher ich manche traurige Stunden vertrieben habe. Doch ich muß das alles mit Gedult ertragen, und auf so lange Zeit von Ihnen Abschied nehmen. Ich wollte es zwar vor meiner Abreise noch persönlich thun. Das Glück aber ist mir auch hierinnen entgegen

von Abschiedsbriefen.

gewesen, und Ihr Abwesenheit hat mir solches Vergnügen versagt, weswegen ich meine Schuldigkeit nun schriftlich beobachte. Behalten Sie mich indessen in gütigstem Angedenken, gleichwie ich Sie nicht vergessen werde, und erfreuen Sie mich in meinen verdrüßlichen Stunden zum öftern mit einem Brief. Sie werden mich Ihnen hiedurch sehr verbindlich machen, und ich werde allemal ungesäumt antworten. Immittelst sehe ich derjenigen Stunde mit sehnlichem Verlangen entgegen, welche uns wiederum zusammen bringen wird, und habe die Ehre mich zu nennen

Ihren

Aichstätt, den 16. Aug. 1774.

getreuen Freund und Vetter
N. N.

Antwort.

Lieber Herr Vetter!

Ich klage billich über das neidische Schicksal, welches mir Ihre so werthe Person auf einige Zeit entrissen hat. Gestern Abend kam ich nach Hauße, und wollte sie des andern Tages, da ich von Ihrer Abreiße noch nichts wußte, besuchen. Da ich aber eben im Begrif war, zu gehen, erhielte ich Ihren lieben Brief. Ich erschrack darüber von Herzen, da ich solchen las, und war über mich selbst zugleich unwillig, daß ich eben zu der Zeit weggegangen bin, und mich Ihres

Abschieds

Das VIII. Capitel,

Abschieds selbst verlustig gemacht habe. Ich wußte auch nicht, worüber ich mich mehr betrüben sollte, über die schnelle Abreise, oder über meine Abwesenheit. Doch was soll ich jetzt machen? Ich kan es nicht ändern, und lebe in der für mich schmeichelhaften Hofnung, Sie bald wieder bey uns zu sehen. Ich versichere Sie hiemit meiner Hochachtung. Ich werde mich Ihres Zustand durch öfteres Briefwechseln zu erkundigen trachten. Leben Sie indessen wohl, und kommen Sie bald wieder hieher. Der ich indessen verbleibe

Ihre

Günzburg, den 25. Aug.
1774.

getreue Baas
N. N.

Ein anderer.

Hochwertheste Jungfer!

Meine Abreise, welcher ich schon lange mit Verdruß entgegen gesehen habe, ist endlich schnell, und zwar zu meinem Betrüben für sich gegangen, daß ich nicht mehr dazu gelangen konnte, Ihnen meine schuldigste Aufwartung noch einmal zu machen. Deswegen habe ich nur diese geringe Zeilen als ein kleines Kennzeichen meiner Ergebenheit zurück lassen wollen. Ich gebe Ihnen also in Gedanken den zärtlichsten Abschiedskuß, und sage den verbindlichsten Dank für alle mir erwiesene Freundschaft und Ehre. Ich empfehle mich

mich zu beſtändigem Angedenken, und verſichere, daß ich Sie nimmer aus dem Sinn laſſen werde. Ich wünſche Ihnen alles beſtändige Wohlergehen, und ſchmeichle mir, zum öftern einige Zeilen von Ihnen zu erhalten; der ich übrigens nicht aufhören werde, zu ſeyn

Ihr

Arau in der Schweitz, den 20. Sept.
1774.

ganz ergebenſte
N. N.

Antwort.

Hochzuverehrender Herr und Freund!

Ich bedaure, daß ich Ihres angenehmen Umgangs durch Ihre ſchnelle Abreiſe bin beraubet worden, und noch mehr, daß ich nimmer habe das Glück haben können, Sie noch einmal zu ſprechen. Ich danke aber dannoch zum höchſten, daß Sie mich mit einem ſo gütigen Abſchiedsſchreiben haben beehren wollen. Ich wünſche Ihnen alles wahre Wohlergehen, und bitte, zuweilen an Ihre wahre Freundin zu denken. Ich werde mich Ihrer täglich erinnern, und Ihre Abweſenheit beklagen, doch mich durch einen ſchriftlichen Umgang mit Ihnen in mei-

meiner Einsamkeit vergnügen. Leben Sie wohl, und erlauben Sie mir, daß ich mich nenne

Meines Hochzuehrenden Herrn

Lenzburg in der Schweitz,
den 25. Sept. 1774.

ganz ergebenste
N. N.

Ein anderer.

Hochgeschätzte Frau!

Ich habe die Ehre Ihnen zu berichten, daß ich auf Befehl meines Herrn nach N. gehen soll. Und nun gehet meine Abreise so plötzlich vor sich, daß ich wider meinen Willen die Pflicht meiner schuldigen Aufwartung nicht mehr habe bey Ihnen abstatten können. Ich erinnere mich aber der vielen Wohlthaten und des angenehmen Umganges, womit Sie mich vergnüget haben, mit aller Dankbarkeit, und statte Ihnen also schriftlich den schuldigsten Dank dafür mit der höflichen Bitte ab, mich in fernerem guten Angedenken zu behalten. Der ich Ihnen alles erfreuliche Wohlseyn anwünsche, und mit aller Ergebenheit verharre

Meiner Hochgeschätzten Frau

St. Gallen, den 15. Oct.
1774.

gehorsamster Diener
N. N.

Das IX. Capitel.
Von
Bittbriefen.

Kurzer Vorbericht.

§. 1.

Die Bittbriefe, darinnen man von andern etwas verlanget, sind sehr verschieden, und haben unzählige viele Fälle und Gelegenheiten zu ihrem Gegenstande. Da sie nun sehr allgemein sind, und vielfältig vorkommen, werde ich damit nicht so kurz abbrechen können. Den Anfang darzu sollen einige kleine Memorialien machen.

§. 2.

Die Hauptsache, welche man dabey in Acht zu nehmen hat, ist diese: Man muß soviel, als möglich sich erniedrigen und höflich seyn, seinen Gönner, an den die Bittschrift gerichtet ist, zu gewinnen suchen, sein Anliegen deutlich vortragen, und die Gründe anführen, die entweder von dem Gönner und seiner Gewogenheit, oder von sich und seiner Noth hergenommen werden, und endlich muß man auch alle gebührende Erkenntlichkeit, und alles Gute dagegen versprechen.

§. 3.

Die Antwort muß darnach eingerichtet werden, nach dem die Bitte kan gewähret werden oder nicht. Im ersten Fall bezeugt man sein Vergnügen, daß man dienen kan. Man kan auch in gewissen Fällen Bedingungen mit einfliessen lassen. Doch muß die Bescheidenheit nicht ausser Acht gelassen werden. Wenn man aber die Bitte abschlägt, so entschuldiget man sich höflich, und zeiget die Ursachen oder sein Unvermögen, als den Grund an.

Memoriale einer Pfarrers Wittwe um das Wittwengeld aus dem Fisco Charitativo.

Durchlauchtigster Herzog, Gnädigster Herzog und Herr!

Herrenberg, den 8. Octobr. 1774.

N. N. verwittibte Helfferin daselbst, bittet demüthigst auf geschehenes Absterben ihres Mannes N. N. um die jährliche Beysteuer aus dem Fisco Charitativo, weil ihr sel. Mann darein contribuirt hat.

Euer Herzogl. Durchl. haben gnädigst geruhet, in Dero Herzogl. Landen zum Besten der Pfarrers-Wittwen einen Fiscum Charitativum errichten zu lassen, aus welchem dieselbe jährlich etwas gewisses zu ihrem Unterhalt bekommen. Da ich nun auch durch das Absterben meines seligen Mannes, des gewesenen Helffers allhier in diesen betrübten Stand von dem lieben GOtt bin gesetzt worden, und mein sel. Mann auch jährlich das Seinige in gedachten Fiscum unterthänigst eingeleget hat; als ergehet an Euer Herzogl. Durchl. hiemit mein demüthigst- und flehent-

flehentlichstes Bitten, mir diese Herzogl. Gnade und Wohlthat gleich andern Pfarrers-Wittwen auch gnädigst angedeyen zu laſſen.

Euer Herzogl. Durchl. Landesväterliche Huld ist es, die mich nun die gnädige Erhörung meiner demuthigsten und unterthänigsten Bitte allerdings hoffen läßt. Ich werde auch mit meinen Kindern solche hohe Gnade nicht nur allein Lebenslang mit demüthigstem Dank erkennen, und den Allerhöchsten um deren reiche Vergeltung demüthigst anflehen, ſondern auch in tiefeſter Unterthänigkeit dafür erſterben

Euer Herzogl. Durchl.

demüthig-gehorsamste Magd
N. N.

Ein anderes um ein Frucht-Gratiale.

Durchlauchtigster Herzog,
Gnädigster Herzog und Herr!

N. den 16. Sept. 1774.

N. verwittibte Pfarrerin daselbst, bittet demüthigſt wegen ihrer groſſen Armuth und noch fünf unerzogenen Kinder um ein jährliches Frucht-Gratiale.

Euer Herzogl. Durchl. geruhen Sich von mir gnädigſt eine demuthigste Bitte vortragen zu laſſen, wozu mich theils Deroselben hohe Gnade, theils aber auch meine leider äuſſerſte Noth antreibt.

bet. Ich bin durch den frühzeitigen Tod meines sel. Mannns N. N. gewesenen Pfarrers zu N. nicht nur in den betrübten Wittwenstand, sondern auch dazu in die äusserste Armuth gerathen, und mein sel. Mann hat mir fünf unerzogene Kinder hinterlassen.

Da ich nun bey meinem geringen Vermögen, mich nicht zu erhalten, noch weniger aber meine Kinder zu erziehen weiß; Euer Herzogl. Durchlaucht aber jederzeit mit armen Pfarrers-Wittwen ein gnädigstes Mitleiden haben; also nehme ich auch gegenwärtig zu Dero Landesväterlichen Huld in tiefester Unterthänigkeit meine Zuflucht, und flehe Euer Herzogl. Durchlaucht um Dero gnädigste Hülfe demuthigst an, meine Armuth durch ein jährliches Frucht-Gratiale gnädigst in etwas zu erleichtern.

Ich werde solche hohe Wohlthat, so lange ich leben werde, mit meinen Kindern mit unterthänigstem Dank erkennen, und den Höchsten dafür um reicheste Vergeltung demüthigst anruffen. Ich getröste mich auch Euer Herzogl. Durchl. gnädigsten Erhörung, und verharre in tiefster Submißion.

Euer Herzogl. Durchl.

demüthig-gehorsamste Magd
N. N.

Ein anderer.

Durchlauchtigſter Herzog,
Gnädigſter Herzog und Herr!

N. den 2. Octobr. 1774.

N. verwittibte Pfarrerin daſelbſt danket unterthänigſt für das, ſchon mehrmalen gnädigſt erhaltene Frucht-Gratiale und bittet demüthigſt, ihr ſolches auch dieſes Jahr gnädigſt angedeyen zu laſſen.

Euer Herzogl. Durchl. haben mich ſchon mehrmalen nach Dero Landesväterlichen Huld und Erbarmung in meiner äuſſerſten Armuth mit einem Frucht-Gratiali gnädigſt erfreuet, wofür ich meinen demüthigſten Dank abſtatte, und des Höchſten reicheſte Vergeltung anwunſche. Da ich aber immer älter werde, und auſſer Stande bin, etwas zu erwerben, mithin immer mehr ſolcher Herzogl. Gnade mich benöthiget ſehe, ſo nehme ich aufs neue zu Derſelben meine Zuflucht, und flehe Euer Herzogl. Durchl. hiemit demüthigſt an, mir das bisher genoſſene Frucht-Gratiale auch dieſes Jahr gnädigſt angedeyen zu laſſen. Solche Herzogl. Gnade werde ich mit demüthigſtem Dank erkennen, und nie aufhören, GOtt zu bitten, daß er Euer Herzogl. Durchl. bey höchſtem Wohlſeyn erhalten wolle. Ich getröſte mich der höchſten

sten Gnädigen Willfahr meiner Unterthänigsten Bitte, und verharre in tiefester Unterthänigkeit

Euer Herzogl. Durchl.

demüthigst-gehorsamste Magd
N. N.

Ein anders um gnädigste Erlassung des Bestand-Gelds, wegen erlittenem Schaden.

Durchlauchtigster Marggraf, Gnädigster Fürst und Herr!

N. den 29. April 1774.

N. Burger und Metzger allda, bittet unterthänigst um gnädigste Erlaßung seines Bestands-Geld wegen erlittenem grossem Schaden.

Euer Hochfürstl. Durchl. geruhen Gnädigst Sich hiedurch von mir unterthänigst und wehmüthigst vorstellen zu lassen, daß durch GOttes Verhangnis etliche schwere Hochgewitter und darauf erfolgte grosse Gewässer die von Euer Hochfürstl. Durchl. in Bestand genommene Güter meistens zu Grund gerichtet haben. Da ich nun bey solchen Umständen wegen dem erlittenen unbeschreiblichen Schaden mich nicht im Stande befinde, mein sonst gewöhnliches Bestand-Geld ohne meinen gänzlichen Ruin entrichten zu können:

So

von Bittbriefen.

So bin ich genöthiget, zu Euer Hochfürstl. Durchl. hohen Gnade meine Zuflucht zu nehmen, und Dieselbe um einigen Nachlaß unterthänigst anzuflehen. Euer Hochfürstl. Durchl. gnädigste Landesväterliche Gesinnungen lassen mich hoffen, meiner Unterthänigen Bitte gnädigst willfahrt zu sehen, der ich übrigens nie aufhören werde mit aller unterthänigst-schuldigster Treue zu verharren

Euer Hochfürstl. Durchl.

unterthänig-gehorsamster Knecht
N. N.

Supplic an einen Löbl. Kirchen-Convent um ein wochentliches Allmosen.

Hochwürdiger, Wohlgebohrner, Hochedelgebohrner, Hochgelehrte, Hoch- und Wohledle, Wohlvorgeachte,

allerseits Hochzuverehrende Herren, Herren!

Euer Hochwürden, Wohlgebohrn, Hochedelgebohrn, Hoch- und Wohledel, Wohlvorgeacht, meine allerseits Hochzuverehrende Herren haben ein preiswürdig christliches Mitleiden mit der dürftigen Armuth. Da ich nun als eine schon vieljährige Burgers-Wittwe wegen grosser Armuth, welche meinen allerseits Hochzuverehrenden

den Herren genug bekannt ist, mich ohne wirkliche Hülfe nimmer zu erhalten weiß, so dringet mich die Noth mit dieser gehorsamst demüthigen Bitte zu erscheinen, und meine allerseits Hochzuverehrende Herren flehentlich zu ersuchen, mir in Betracht dieser meiner Armuth und vieler Kinder eine wöchentliches Almosen an Geld und Brod christmildest angedeyen zu lassen. Solche hohe Wohlthat werde ich nicht nur mit schuldigstem Dank erkennen, und den Herrn um deren reichlichste Vergeltung anflehen, sondern auch in schuldigster Treue und Gehorsam verharren

Euer Hochwürden, Wohlgebohrn, Hochedelgebohrn, Hoch- und Wohledel und Wohlvorgeacht,

Meiner allerseits Hochzuverehrenden Herren

N. den 25. Sept. 1774.   demüthig-gehorsame
                              N. N.

Eine andere um eine Kranken-Steuer.

Hochwürdiger, Wohlgebohrner, Hochedelgebohrner, Hochgelehrte, Hoch- und Wohledle, Wohlvorgeachte,

allerseits Hochzuverehrende Herren Herren!

Euer Hochwürden, Wohlgebohrn, Hochedelgebohrn, Hoch- und Wohledel, Wohlvorgeacht,

geacht, meine allerseits Hochzuverehrende Herren erlauben mir wehemüthig vorzutragen, daß ich schon lange krank und bettlägerig, und also etwas zu erwerben ausser Stande bin. Da nun mein weniges Vermögen durch meine Krankheit bereits aufgegangen ist, und ich ohne wirkliche Hülfe verderben und verschmachten müßte, so habe ich mich durch die Noth gedrungen erkühnet, mit meiner gehorsamsten Bitte beschwerlich zu fallen, und meine allerseits Hochzuverehrende Herren demüthig anzuflehen, mich aus christlichem Mitleiden in meiner äussersten Drangsal mit einer milden Beysteuer aus dem Lazareth zu erquicken. Solche Wohlthat werde ich mit schuldigstem Dank erkennen, und GOtt um deren reiche Vergeltung demüthigst anruffen, auch unter sehnlichem Verlangen solcher Hülfe mit schuldigstem Gehorsam ersterben

Euer Hochwürden, Wohlgebohrn, Hochedelgebohrn, Hoch- und Wohledel uud Wohlvorgeacht,

Meiner allerseits Hochzuverehrenden Herren

Heydenheim, ben 3. Octobr. 1774.

ganz gehorsamster
N. N.

Das IX. Capitel,

Bittbrief einer Pfarrers-Wittwe, um das jährliche Opfer aus der Herzogl. Hof-Capell.

Hochwürdiger, Hochachtbarer, und Hochgelehrter, Hochzuverehrender Herr Doctor, Consistorial-Rath und Oberhofprediger!

Euer Hochwürden bitte ich gehorsamst um Vergebung, daß ich mir die Freyheit nehme, mit gegenwärtigem Denenselben beschwerlich zu fallen. Meine grosse Armuth, in welche ich durch den frühzeitigen Tod meines sel. Mannes, gewesenen Pfarrers zu N. gekommen bin, bewegt mich dazu. Ich weiß, daß das Opfer, welches in der Herzoglichen Hof-Capelle fällt, zum Behulf armer und dürftiger Pfarrers-Wittwen jährlich ausgetheilet wird. Da ich mich nun auch in solchem kläglichen Zustande befinde, und ohne wirkliche Hülfe mich nicht fortzubringen weiß, so ergehet an Euer Hochwürden, welche die völlige Verwaltung gedachten Opfers haben, mein gehorsamst- und flehentlichstes Bitten, mit meiner Armuth ein gerechtes Mitleiden zu haben, und mich gleich andern bedürftigen Wittfrauen mit einer milden Beysteuer von eben diesem Opfer jährlich zu erquicken. Der liebe GOtt wird solche hohe Wohlthat nicht unvergolten lassen. Ich werde sie auch mit allem Dank erkennen, den Höchsten um das hohe Wohlergehen Euer Hochwürden

würden täglich anruffen, und dafür Lebenslang
verharren

Euer Hochwürden,
Meines Hochzuverehrenden Herrn
Doctors, Consistorial-Raths
und Oberhofpredigers

Waiblingen, im Würtemberg.   ganz gehorsamster
den 10. Sept. 1774.   N. N.

Bittbrief, darinn man eine Wittwe zu heyrathen begehrt.

Hochedle,
    Hochgeschätzte Frau!

Da ich im Begrif bin, mich zu verheyrathen, und Sie Sich wirklich im Wittwenstand befinden, so hat eine göttliche Regierung, wie ich nicht anders glauben kan, mein Herz auf Sie gelenket. Diese Neigung ist auch so stark worden, daß ich solche nicht mehr verbergen kan. Ich nehme mir also die Freyheit, Ihnen dieselbe zu entdecken, und ergebenst anzufragen, ob ich die Hofnung haben kan, meinen Wunsch erfüllt zu sehen. Ist Ihnen, meine Hochgeschätzte Frau, dieser Vortrag nicht zuwider, so werde ich mich um Ihre fernere Zuneigung näher bewerben. Ich habe ein sehnliches Verlangen nach einer angenehmen und erfreulichen Antwort, und einer genauen Verbindung mit Ihnen. Ich verspreche mir zum wenigsten vieles Vergnügen dadurch, und würde auch alles anwenden, was zu Vermehrung des Ihrigen gereichen könnte. Der HErr füge es nach seinem Wohlgefallen, dessen gnädiger Regierung ich dieses alles überlasse, und indessen mit aller Hochachtung bin

Ihr

Speyer, den 4. Jan.
1774.

ganz ergebenster
N. N.

Antwort.

Hochedler,

Hochgeehrter Herr!

Euer Hochedel gütiges Schreiben habe ich richtig erhalten, und darinn ganz unerwartete Dinge gelesen, welche mir sehr angenehm zu vernehmen gewesen sind. Sie bezeugen eine Neigung mich zu heyrathen, und ich weiß auch nichts dagegen einzuwenden, weil ich mich glücklich schätze, von einer so werthen Person geliebet zu werden. Ich danke Ihnen deswegen auch von Herzen für das gute Zutrauen, welches Sie zu mir haben. Ist es des Höchsten Wille, so kan ich nicht anders, als den meinigen auch darein geben. Wir wollen es also dem Willen GOttes überlassen, und in einer mündlichen Unterredung das weitere ausmachen. Geben Sie mir die Ehre, und besuchen Sie mich. Ich bin indessen in Erwartung Ihrer angenehmen Gegenwart mit aller Hochachtung

 Euer Hochedel,

Oppenheim am Rhein,   treu = ergebenste
den 12. Jan. 1774.   N. N.

  Ein anderer.

Hochwohlehrwürdiger Hochgelehrter,
Hochgeehrtester Herr!

Die viele Liebe und Gewogenheit, womit mich Euer Hochwohlehrwürden schon öfters beehret haben, erwecket in mir ein immer grösseres Zutrauen zu Ihnen, und meine innere Triebe reitzen mich an, gegenwärtiges Denenselben zu eröfnen. Ich habe wirklich mit GOtt mich entschlossen, mich zu verheyrathen, und habe ich eine Neigung zu Ihrer ältesten Jungfer Tochter. Ich schmeichle mir auch, von Derselben unfehlbar ein geneigtes Jawort zu erhalten. Wenn Ihnen und der Frau Liebstin nun solches nicht entgegen ist, so bitte ich mich zu berichten, ob ich mir zu solcher Verbindung Hofnung machen darf. In welchem erwünschtem Fall ich mir die Freyheit nehmen, und selbsten meine schuldigste Aufwartung machen, auch meine Umstände redlich entdecken werde. Wie ich nun eine geneigte Antwort hoffe, und mich Ihrer liebenswürdigen Jungfer Tochter hiemit ergebenst empfehle, so werde ich

Das IX. Capitel,

ꝛc. euch mit schuldigster Treue lebenslang verharren

Euer Hochwohlehrwürden,
Meines Hochgeehrtesten Herrn Pfarrers

Winterthur, den 8. May   ergebenster Diener
           1774.   N. N.

Antwort.

Wohledler, Hochgeehrter Herr!

Das herzliche Zutrauen, welches Euer Wohledel zu uns, und besonders zu meiner ältesten Tochter haben, kan ich im geringsten nicht mißbilligen. Ich erfreue mich vielmehr darüber von Herzen, und bin Ihnen dafür sehr verbunden. Die gesuchte nähere Verbindung mit uns werden wir uns allezeit für eine grosse Ehre schätzen, und wie es der Herr hierinnen fuget, so muß es mir auch gefallen. Es wird mir deswegen sehr lieb seyn, wann Sie uns selbst besuchen wollen. Meine Frau und Tochter lassen Ihnen auch ihre Ergebenheit bezeugen, und ich habe die Ehre unter Erwartung Ihres Besuchs zu seyn

Euer Wohledel,
Meines Hochgeehrten Herrn

Zürch, den 12. May   ergebenster
           1774.   N. N.

Eine abschlägige Antwort.

Wohledler, Hochgeehrter Herr!

Ich bin Ihnen sehr verbunden, daß Sie eine so gute Zuneigung zu meiner Tochter und unserem Hauße bezeugen. Ich wollte nur wünschen, daß

Von Bittbriefen.

daß meine Tochter etwas älter wäre und wir sie besser von uns lassen könnten. Ich bitte also bey diesen Umständen um Vergebung daß ich Ihrer Bitte, die uns übrigens sehr angenehm zu hören war, nicht habe willfahren können. Seyn Sie im übrigen von uns versichert, daß ich und meine Frau, sowohl als meine Tochter an Ihrer werthen Person nichts auszusetzen haben. Ereignet sich sonsten etwas, worinnen ich Ihnen einen angenehmen Dienst zu erweisen im Stande bin, so werde ich mich jederzeit bereitwillig finden lassen. Der Höchste versorge Sie anderwärts mit einer glücklichen Heyrath. Ich verharre inzwischen mit aller Aufrichtigkeit

Ihr

Baaden in der Schweitz,   dienstwilliger
den 18. May 1774.   N. N.

Bittbrief, darinn man einen andern bittet, ihm eine Braut zu werben.

Hochgeschätzter Freund!

Ich weiß, daß Sie in allen Ihren Unternehmungen sehr glücklich sind, auch mit dem Herrn N. in genauer Bekanntschaft stehen. Dieses giebt mir gegründeten Anlaß Ihnen etwas wichtiges zu eröfnen. Es hat dieser Herr N. eine artige, fromme und geschickte Tochter, zu welcher ich eine grosse Neigung habe, und mit welcher ich mich gerne in ein ehliches Verbindniß einlassen möchte. Da ich nun aber nicht weiß, wie ich die Sache geschickt anstellen soll, so ersuche ich

ich Sie, mein Hochgeschätzter Freund, mir hierinn an die Hand zu gehen. Haben Sie die Liebe für mich, und eröfnen Sie dem Herrn N. und dessen Jungfer Tochter bey nächster Gelegenheit mein Anliegen, und öfnen Sie mir durch Ihr kräftiges Vorwort den Weg zu meinem Glück. Ich werde nicht unerkenntlich dafür seyn, und mich dankbar einstellen. Glauben Sie, daß wirklich etwas in der Sache zu thun ist, so bitte ich Sie, mir es sogleich zu berichten. Ich werde alsdann selbst dem Herrn N. meine schuldigste Aufwartung machen. Verzeihen Sie mir meine Freyheit, und erlauben Sie, daß ich mich nenne

Ihren

Stockach, den 4. May 1774.

dienstergebensten N. N.

Antwort.

Werthester Freund!

Ich mache mir eine wahre Freude davon, wenn ich Gelegenheit finde, Ihnen zu dienen, und thue ich es besonders in einer so angenehmen Sache gar gerne. Ich habe auf Ihr Schreiben und höfliches Ansuchen sogleich mit dem Herrn N. und dessen Jungfer Tochter deswegen gesprochen, und Sie aufs beste empfohlen. Sie lassen Sich beiderseits die Sache gefallen, und erwarten nur Ihre werthe Ankunft selbsten. Der Anfang ist nun glücklich gemacht. Säumen Sie Sich also nicht, bald selbst hieher zu kommen, und die Sache in völlige Richtigkeit

von Bittbriefen.

tigkeit zu bringen. Den Abstand können Sie bey mir nehmen. Ich werde sodann die Ehre haben, Sie zu dem Herrn N. zu begleiten. Ich wünsche zu Ihrem Vorhaben inzwischen allen göttlichen Beystand, und verharre unausgesetzt

Ihr

Engen bey Schaffhausen,
den 8. May 1774.

aufrichtiger Freund
N. N.

Bittbrief, darinn man einen andern um Recommendation bittet.

Hochedle,

Hochgeehrte Frau Verwalterin!

Ich habe von jemand gehört, daß die gnädige Frau von N. eine Cammerjungfer suchen, die solche Bedienung zu versehen sich im Stande befindet. Ich suche wirklich in diese Dienste zu kommen, worzu Ihr vielbedeutendes Vorwort nicht wenig beytragen könnte. Sie haben mir es ehemals auch gütigst versprochen, bey Gelegenheit meiner zu gedenken. Ich nehme mir also nun die Freyheit, Sie gehorsamst zu ersuchen, Sie möchten mich der gnädigen Frau empfehlen. Sie sind von mir vorhin schon versichert, daß ich mich, ohne Ruhm zu melden, im Stande befinde, eine solche Dame in allen Dingen zu bedienen. Ich zweifle an geneigter Willfährigkeit nicht, werde auch solche grosse Gefälligkeit mit allem schuldigstem Dank erkennen,

Das IX. Capitel,

nen, und mich äusserst bemühen, bey vorkommenden Fällen Ihnen gefällig zu leben. Die ich unterdessen, in Erwartung einer angenehmen Antwort, die Ehre habe zu seyn

Meiner Hochgeehrtesten Frau
Verwalterin

Sernspach, ohnweit Rastatt,
den 16. Sept. 1774.   gehorsamste Dienerin
N. N.

Antwort.

Werthgeschätzte Jungfer N!

Ihre erhaltene Zuschrift ware mir um so angenehmer, da Sie mir einmal Gelegenheit an die Hand geben, Ihnen einen angenehmen Dienst zu erweisen. Dieses Geschäft ist hauptsächlich mir zu besorgen aufgetragen worden, und ich kan Ihnen hierinnen also am besten dienen. Ich habe Sie bereits der gnädigen Frau vorgeschlagen, und Dieselbe hat meinen Vorschlag auch gnädig angenommen. Das weitere wird auf einer mündlichen Unterredung beruhen. Kommen Sie also hieher, und ich will Sie sodann zu gedachter Frau von N. führen. Ich zweifle nicht, es werde alles zu erwünschter Richtigkeit kommen, und Sie wohl versorgt werden. Ich erwarte Sie längstens bis künftige Woche, und verbleibe

Rastatt, den 20. Sept.
1774.   Ihre
aufrichtige Freundin
N. N.

Eine abschlägige Antwort.

Werthgeschätzte Jungfer N.!

So gerne ich Ihnen dienen möchte, so unvermögend bin ich es diesesmal. Sie kommen zu spät, und die gnädige Frau von N. haben wirklich schon eine Cammerjungfer in Diensten genommen. Sie ist von N. gebürtig, und so beschaffen, daß ich ihr, wenn sie auch meine ärgste Feindin wäre, ein gutes Zeugniß ertheilen müßte. Es ist mir also leid, daß ich Ihnen in dieser Sache nicht dienen kan, wie ich doch gewünscht hätte. Sollte sich aber sonsten etwas anders finden, worinnen ich meine Dienstbeflissenheit Ihnen wirklich zeigen könnte, so werde mich jederzeit geneigt finden lassen. Indessen wünsche ich Ihnen wohl und vergnügt zu leben, und verharre unausgesetzt

Bergzabern, den 28. Octobr. 1774.

Ihre
aufrichtige Freundin
N. N.

Bittbrief, einem Geld zu leyhen.

Hochwertheste Frau Baas!

Ich bin im Begrif einen Weinberg zu kauffen. Ich habe aber wirklich nicht genug Geld in Händen. Ich nehme mir deswegen die Freyheit, die hochwertheste Frau Baas um 40. Gulden gehorsamst zu bitten. Ich will Ihnen dafür

dafür eine silberne Sackuhr und zwey Diamantringe zum Unterpfand geben. Das Geld verlange ich nicht länger als auf ein halbes Jahr, und ich verspreche es nach Verfluß solcher Zeit wiederum samt dem Interesse heimzugeben. Sie werden mir dadurch eine sehr grosse Gefälligkeit erweisen. Ich hoffe, Sie werden meiner Bitte gütigst willfahren, der ich auch bereit bin, bey allen Gelegenheiten Ihnen wieder zu dienen, und verharre immerhin unter schönster Empfehlung

Ihr

Chur in Pündten, den 4. Oct.
1774.

verbundenster Diener
N. N.

Antwort.

Hochgeehrter Herr Vetter!

Ob ich gleich diesesmal nicht viel baares Geld in Händen habe, so habe ich doch den Herrn Vetter nicht gerne stecken lassen wollen, weil ich es für meine Schuldigkeit achte, Ihnen mit meinem wenigen Vermögen zu dienen. Ich übersende Ihnen demnach die begehrte 40. Gulden, und verlange kein Unterpfand, sondern nur eine Handschrift dagegen, weil ich von Ihrer Redlichkeit hinlänglich versichert bin, und wünsche dabey, daß Sie einen guten Handel treffen möchten. Bin ich sonsten im Stande, Ihnen etwas angenehmes zu erweisen, so werde ich mir jederzeit eine Freude davon machen, und

bey

bey allen Vorfallenheiten zeigen, daß ich mit aller Aufrichtigkeit seye

Meines Hochgeehrten Herrn Vetters

Lucern in der Schweitz,
den 17. Octobr. 1774.

ergebenste
N. N.

Ein Anderer.

Hochedler,
Hochgeehrter Herr!

Ich bin Ihnen für die mir erzeigte viele Höflichkeiten so sehr verbunden, daß ich billig Bedenken trage, Sie um eine neue zu bitten. Ich weiß aber doch Ihre gütige Gesinnung gegen mich, daß Sie mir gerne Gefälligkeit erweisen, wo es nur möglich ist. Ich nehme mir also die Freyheit, Sie, von der Noth getrieben, um zehen Rthlr. und zwar nur auf 6. Wochen zu ersuchen, bis dahin ich ohnfehlbar wieder Geld von Haus bekommen werde. Ich verspreche es auf bestimmte Zeit wiederum richtig und mit größter Dankbarkeit heimzugeben. Wenn ich auch von Haus nichts bekommen sollte, so habe ich doch vom Herrn N. wegen der bewußten Sache gewiß Geld zu hoffen. Unter Erwartung einer geneigten Antwort verharre ich mit aller Hochachtung

Euer Hochedel,
Meines Hochgeehrten Herrn

Salzburg, den 1. Oct.
1774.

gehorsamer Diener
N. N.

Das IX. Capitel,

Abschlägige Antwort.

Hochwerther Herr!*

Es ist mir leid, daß ich Ihrer Bitte nicht willfahren kan. Ich habe erst kürzlich die andere Helfte meines Haußes an mich erhandelt, und bin dadurch von Geld gänzlich entblösset worden. Bey solchen Umständen kan ich Ihnen also nicht dienen. Sie sehen zwar meinen guten Willen, daß ich Ihnen gerne in allem zu Gefallen lebte. Dismal sehe ich aber keine Möglichkeit es zu thun. Sie werden mich also entschuldigen, und Sich mit Ihrer Bitte an einen andern Ihrer guten Freunde wenden. Vielleicht kan Ihnen der Herr N. damit dienen, und ich zweifle auch nicht, daß er es thun wird, wenn es seyn kan. Bin ich aber in Zukunft im Stande, Ihnen etwas angenehmes zu erweisen, so werde ich mich bereitwillig finden lassen, und zeigen, daß ich bin

Ihr

Rieblingen an der Donau,   schuldigster Diener
den 15. Octobr. 1774.   N. N.

Bittbrief um einige Waaren.

Wohledler,

Hochgeehrter Herr!

Euer Wohledel danke ich gehorsam für die überschickte Specification Ihrer Waaren. Ich habe einiges darinnen gefunden, das mir tauglich

lich ist, und das ich nöthig habe. Ich bitte mir deswegen folgendes von Ihnen aus, nemlich

3. Duzend Faßhahnen,
16. Stück schwarzgebeitzte gewundene Tabakröhrlein,
6. Meerschaumene Tabakspfeiffen-Köpfe,
4. Dutzend Billard-Kugeln,
4. Farben-Schachteln,
5. ℔. Elffenbein,
6. ℔. Ebenholz,
1. Faß N.
1. Centner N.

Ich nähme auch ½ Centner S, wenn er nicht zu hoch angesetzt wäre. Wenn Sie ihn aber um zwey Thaler wohlfeiler, nemlich um den Preis geben, wie ich ihn von N. bekomme, so können Sie mir ½ Centner davon schicken. Alle diese Waaren aber erwarte ich bald, weil ich sie nöthig habe, und ersuche Sie zugleich, Sie möchten solche wohl einpacken, weil ich erst von N. einige bekommen habe, die sehr verderbt waren. Das Geld will ich Euer Wohledel sogleich bey Empfang der Waaren überschicken, und nachdem ich solche befinde, in Zukunft ein mehreres mit ihnen handeln. Indessen leben Sie wohl. Ich bin

Euer Wohledel,
   Meines Hochgeehrten Herrn

Mößkirch in Schwaben,
den 6. Sept. 1774.
                  dienstwilligster
                  N. N.

Das IX. Capitel.

Ein anderer.

Hochedler,
   Hochgeehrtester Herr!

Euer Hochedel werden sich vielleicht verwundern, daß ich schon lange nimmer an Sie geschrieben, noch von Ihnen etwas verlangt habe. Allein der Geldmangel, der überall, besonders auch hier groß ist, machet, daß der Handel Noth leidet, und die Waaren langsam abgehen. Jetzo aber habe ich doch wiederum ein und anderes nöthig, und ersuche Sie deswegen höflichst, Sie möchten mir die auf inliegender Specification angezeigte Waaren um den alten gewöhnlichen Preis schicken. Den Belauf werde ich, so bald die Waaren angelangt sind, übermachen. Ich hoffe, Sie werden mir etwas gutes schicken, weil ich entschlossen bin, alles baar, und nicht mehr auf zwey Termine, wie sonsten, zu bezahlen. In Erwartung dessen verharre ich mit aller Hochachtung

Euer Hochedel,
   Meines Hochgeehrtesten Herrn

Friedberg ohnweit Wezlar,
den 9. Sept. 1774.   dienstergebenster
                                    N. N.

Bittbrief um einige Nachrichten.

Hochgeschätzte Frau Baas!

Wenn Sie sich bey erwünschtem Wohlseyn befinden, wird es mich sehr erfreuen. Ich habe nur einige Nachricht bey Ihnen einholen wollen.

von Bittbriefen.

wollen. Sie sind mit der Frau N. wohlbekannt. Ist derselben Jungfer Tochter noch ledig, oder schon an einen versprochen, wie man hier gesagt hat? oder ist sie gesonnen zu heyrathen? und wohin gehet ihr Absehen? Meines Bruders Sohn ist vor einigen Tagen aus der Fremde gekommen, und bezeugt eine grosse Neigung zu derselben. Wenn Sie mir nun einige zuverläßige Nachrichten hievon auf bäldeste ertheilten, würden Sie mir und den Meinigen eine grosse Gefälligkeit erweisen. Ich bitte mich auch zugleich zu berichten, ob es wahr seye, was man von Herrn N. sagt, daß er gänzlich verdorben ist? Es wäre mir nicht lieb, dann er ist mir auch noch 50 Rthlr. schuldig. Ich bitte Sie um Verzeihung, daß ich mit so vielem beschwehrlich falle, und verbinde mich wiederum zu allen angenehmen Gegendiensten. Ich verhoffe eine geneigte Antwort und verharre

Erfurt, den 8. Octobr. 1774.

Ihre dienstwillige N. N.

Antwort.

Hochgeehrte Frau Baas!

Ihr geehrtes Schreiben habe ich mit vielem Vergnügen erhalten, und es erfreuet mich, daß ich wirklich Gelegenheit habe, Ihnen mit einigen Nachrichten zu dienen. Was die Jungfer N. anbetrift, so ist solche noch ledig, und ein artiges Mägden, das gute Mittel besitzt. Meines

Erachtens wäre sie dem jungen Herrn Vetter sehr angemessen. Wenn Er einigen Lust zu Ihr bezeuget, darf er nur auf einen Besuch zu mir kommen. Ich werde sodann schon suchen, der Sache ihren erwünschten Fortgang zu verschaffen, weil es mir sehr lieb ist, wann ich Ihnen oder den Ihrigen etwas angenehmes erweisen kan. Was aber nun den Herrn N. anbelangt, so ist es freylich das allgemeine Gerüchte, man werde ihm nächstens verganten. Ich habe nicht gewußt, daß Sie so viel Geld an ihn zu fordern haben, sonsten hätte ich Sie seinetwegen bälder erinnert. Es wird also zimlich schwer fallen, wann Sie zu Ihrer Bezahlung kommen wollen. Er hat noch Wein im Keller. Sehen Sie also zu, daß Sie etwas von Wein bekommen, ehe die Gant über ihn ausbricht. So viel kan Ihnen berichten. Wann ich weiter im Stande bin, Ihnen zu dienen, so erwarte ich nur Befehl, die ich indessen nebst schönster Empfehlung an den Herrn Vetter and übrige werthe Angehörige verharre

Ihre

Ellwangen, den 22. Ocobr.
1774.

ergebenste
N. N.

Ein anderer.

Geliebter Bruder!

Ich habe mir vorgenommen, dieses Jahr einige Eimer Wein einzulegen. Ich wollte deswegen durch diese Zeilen anfragen, was sowohl der
alte

von Bittbriefen.

alte als neue Wein bey Dir kostet. Ich bitte Dich, mich davon mit nächster Gelegenheit zu berichten. Du wirst mir damit einen grossen Gefallen erweisen, den ich bey aller Gelegenheit zu erwiedern nicht ermangeln werde. Kanst Du mir einige Muster davon mit beygemeldtem nächsten Preis überschicken, so wird es mir noch lieber seyn. Ich werde Dir alsdann den Kauf überlassen, und schreiben, welche Sorte mir anständig ist. Der ich indessen mit herzlichem Gruß von den Meinigen, in Erwartung einer baldigen Antwort und erfreulichen Nachricht von Deinem Wohlseyn bin

Dein

Inspruck, in Tyrol,
den 12. Oct. 1774.

getreuer Bruder
N. N.

Antwort.

Lieber Bruder!

Ich habe Deinen Brief erhalten, der mir um so lieber ist, da ich in demselben Gelegenheit finde, Dir mich gefällig zu erzeigen. Auf Dein Begehren dienet Dir hiemit wegen hiesigen Weins zur Nachricht, daß er gut, und wohl zu kauffen ist. Wie aber doch der Wein von verschiedener Qualität ist, so ist es auch mit dem Preis beschaffen. Man kan neuen Wein um 8. 9. 10. bis 12. fl. haben, und den alten verkauft man für 20. 24. bis 30. fl. Ich schicke Dir keine Muster, und übernehme auch die Commißion nicht, Dir Wein zu kauffen. Es geschiehet nicht deswegen, als wann ich Dir hierinnen nicht dienen möchte, sondern nur, damit Du selber zu mir kommen, und mich nach so langem Warten, und vielfältigem Versprechen endlich einmal besuchest. Wir sind alle gesund, und wünschen Dich bald bey uns zu sehen. Wann Du zu mir kommst, so will ich Dir schon in Deinem vorhabenden Weinkauf schuldigster massen und best möglichst an die Hand gehen. Ich freue mich also auf Deine Ankunft, und verbleibe unabläßig

Dein

Botzen in Tyrol, den 19. Oct.
1774.

getreuer Bruder
N. N.

Ein anderer.

Mein Freund!

Seit deme ich dich vor 5. Tagen verlassen, so habe ich Dir des andern Tages darauf gleich einen Brief geschrieben. Wenn ich Dir so oft Briefe schicken wollte, als mich die Lust dazu anreizet, so dürften wenig Tage vorbey gehen, da Du nicht mit Briefen von mir geplagt würdest. Ich habe aber noch keine Nachricht von Dir erhalten, und bin deswegen in grossen Sorgen. Wie stehet es dann? Hast Du den Brief nicht erhalten? Oder bist Du krank? oder hast Du mich schon aus dem Sinn gelassen, da ich Dir aus dem Angesicht gekommen bin? Ich will keines von diesen allen hoffen.

fen. Erweise mir aber die Liebe, und berichte mich doch, wie Du Dich befindest. Diß ist das einige Mittel, dadurch Du meine Unruhe stillen kanst. Befreye mich also bald durch einen angenehmen Brief von meiner Furcht, und glaube, daß ich mit warmer Freundschaft immer seyn werde

Dein

Bayhingen an der Entz, im Würtemberg.
den 2. Oct. 1774.

getreuer Freund
N. N.

Antwort.

Mein Liebster!

Kanst Du nicht 5. Tage leben, ohne eine Nachricht von mir zu bekommen? Du willst es mir zwar in Deinem Brief weiß machen, allein ich weiß es besser, und verstehe Deine Schmeicheley gut. Ich war eben im Begrif Deinen ersten Brief zu beantworten, da ich Deinen zweiten erhielte. Damit es aber doch nicht scheinet, daß ich Dich vergessen hätte, oder zu faul wäre, Dir zu schreiben, so berichte ich Dich sogleich mit diesen wenigen Zeilen, in aller Eil, daß ich mich in erwünschtem Wohlseyn befinde. Wird dieser Brief das Glück haben, Dich in gleichem Zustande anzutreffen, wird es mir sehr lieb seyn. Die Frau N. bitte ich in meinem Namen höflich zu grüssen, wann Du bey Gelegenheit

heit zu Ihr kommst. Ich aber verbleibe übrigens unausgesetzt

Deine

Oehringen, den 19. Octobr.
1774.

ergebenste
N.N.

Man bittet den andern ihm einen Brief einzuschliessen.

Hochgeehrter Herr!

Ich erhalte die Briefe meines Vaters durch die Addresse des Herrn N. so unrichtig, und vermuthe wohl, daß es dessen überhäufte Geschäften zuweilen verursachen. Da ich nun inliegenden Brief gerne an meinen Vater möchte beschleuniget wissen, Sie auch fast täglich nach N. schreiben, so bitte ich Sie, mir diese Gefälligkeit zu erweisen, solchen Brief in den Ihrigen einzuschliessen und zu bestellen. Ich werde nicht ermangeln, bey allen Gelegenheiten wiederum schuldigster massen darauf zu dienen. Meine genommene Freyheit bitte ich gehorsamst ab, verlasse mich auf diese Gefälligkeit, besonders da mir an diesem Brief viel gelegen ist, und verharre mit aller Ergebenheit

Meines Hochgeehrten Herrn

Eisenach, den 6. Sept.
1774.

gehorsamster Diener
N.N.

Das X. Capitel.
Von
vermischten Briefen.

Kurzer Vorbericht.

§. 1.

Unter die vermischte Briefe rechne ich nicht nur allein diejenige, welche von verschiedenem Innhalt sind, und die eigentlich hieher gehören, sondern ich nehme noch alle rückständige Briefe dazu, wovon ich kein ganzes Capitel schreiben wollte, und es auch nicht für nothwendig hielte. Z. E. die Anerbietungsbriefe, An- und Abrathungsbriefe, Beklagungsbriefe, Empfehlungsbriefe, Mahn- und Forderungsbriefe, Berathschlagungsbriefe, Liebesbriefe ꝛc.

§. 2.

Was nun diese Briefe überhaupt, sowohl diejenige, welche einerley, als auch diejenige, welche verschiedenen Innhalts sind, anbetrift, so sind sie alle leicht, und will ich hier keine weitere Anweisung geben. Oft ist der natürliche Gedanke schöner, als jeder andere, den man vorschreibt. Die bereits bey vorigen Briefen gegebene Anweisungen können meistens auch hier beobachtet werden. Ich will also nur einige deutliche Muster von jeder Gattung beysetzen, daraus das übrige leicht zu erlernen ist.

Aner-

Das X. Capitel,

Anerbietungsbrief.

Werthgeschätzter Freund!

Sie haben mir schon so viele Wohlthaten erwiesen, daß ich Ihnen alle meine geringe Dienste antragen muß. Sie bestehen zwar in Kleinigkeiten, und können, die Wahrheit zu gestehen, in keine Betrachtung gezogen werden. Doch nehmen Sie dieses Anerbieten geneigt als ein Merkmal der grossen Begierde an, die ich habe, mich Ihnen erkenntlich zu erzeigen. Ich bitte nochmals, mir bald Gelegenheit zu geben, Ihnen dienen zu können. Dadurch werden Sie mir erst den grösten Gefallen erweisen, und mein Verlangen stillen, welches ich habe, Ihnen zu zeigen, daß ich nicht undankbar bin. Der ich indessen unter schönster Empfehlung verharre

Meines werthgeschätzten Freundes

Horb am Neckar,
den 20. Sept. 1774.   gehorsamster Diener
                                            N. N.

Antwort.

Werthester Freund!

Ihr höfliches Schreiben, und die gütige Anerbietung Ihrer Dienste, die ich nicht verdienet habe, weiß ich nicht genug zu rühmen, und Ihnen genugsam dafür zu danken. Ich begreife nicht, womit ich Sie jemals hätte so hoch verpflichten können, und kan Ihr geneigtes Anerbieten für nichts anders ansehen, als für ein Kennzeichen
Ihrer

von vermischten Briefen.

Ihrer unverdienten Gewogenheit, welche ich jederzeit mit dankbarem Gemüthe erkennen werde. Sollte ich im Stande seyn, Ihnen meine Erkänntlichkeit zu bezeugen, so versichere ich Dieselbe, daß ich mich bey allen Gelegenheiten gegen Sie aufführen und verhalten werde, als

Meines liebwerthen Freundes

Ebingen an der Donau,   aufrichtiger
den 4. Oct. 1774.   N. N.

Man erbietet sich, Waaren aus der Messe mitzubringen.

Wertheste Frau Baas!

Da ich künftige Woche in die Frankfurter Messe abreisen werde, so habe ich nicht ermangeln wollen, der werthesten Frau Baas hievon in der Eil schuldige Nachricht zu geben, und meine geringe Dienste anzubieten. Kan ich Ihnen etwas mitbringen, so belieben Sie mir nur zu schreiben, was Ihnen anständig wäre. Ich werde es so gut als meine eigene Sache besorgen, um Ihnen auch dadurch zu erweisen, daß ich mit aller Aufrichtigkeit bin

            Ihr

Cassel, den 30. Aug.
1774.   dienstergebenster
            N. N.

Das X. Capittel,

Antwort.

Hochgeehrtester Herr Vetter!

Ich bin Ihnen für Ihr gütiges Anerbieten sehr verbunden. Ich würde mich desselben auch gewiß bedienen, wenn ich nicht schon dem Herrn N. meine Verrichtungen aufgetragen hätte. Indessen danke ich Ihnen ganz ergebenst für Ihre Bereitwilligkeit, der ich mich mit gütigster Erlaubniß auf künftige Messe bedienen werde. Ich wünsche Ihnen nicht nur eine glückliche und vergnügte Reise, sondern auch, daß die Messe nach Wunsch gut ausfallen möge. Die ich nebst höflicher Empfehlung an die Frau Baas und Junfer Tochter verharre

Meines Hochgeehrtesten Herrn Vetters

Minden, den 10. Sept.
1774.   dienstwillige
                                N. N.

Man schlägt einem eine Heyrath vor.

Mein lieber Bruder!

Du hast nunmehro dein Meisterstück gemacht, und willst eine eigene Haushaltung anfangen, worzu dir jetzo eine gute Hausfrau fehlet. Meine brüderliche Pflichten, welche ich jederzeit mit Vergnügen beobachtet habe, will ich auch hier nicht versäumen. Ich bin die vorige Woche zu N. geweßen, und habe erfahren, daß der bekannte

von vermischten Briefen.

kannte reiche Becker und Wirth daselbst seiner ältesten Tochter einen Mann zu geben gesonnen seye. Ich habe Gelegenheit genommen, sowohl mit dieser Jungfer selbst, als auch ihren Eltern deinetwegen zu reden. Ich habe auch schon aus ihren Reden geschlossen, daß sie alle geneigt sind, dich genauer kennen zu lernen. Diese Jungfer ist von gutem Ansehen, tugendhaft und häußlich. Sie wird auch gewiß ein schönes Heyrathgut bekommen. Ich sehe es als eine gute Parthie für dich an, und habe dir also davon Nachricht geben, und meine Gedanken eröffnen wollen. Denke der Sache nach, und wenn du es dir für zuträglich glaubst, so besuche mich auf einige Tage, und ich will dir alsdenn den nähern Weg bahnen. Der liebe GOtt regiere alles zum besten, und gebe, daß unser Vorhaben möge so ausschlagen, wie ich es wünsche und hoffe. Indessen versichere ich dich, unausgesetzt zu seyn

Marpach, den 29. Aug. 1774.

Dein

getreuer Bruder
N. N.

Antwort.

Lieber Bruder!

Ich danke dir herzlich für die gute Vorsorge, welche du für mich trägst, und erkenne es als eine Probe deiner brüderlichen Liebe. Du willst mir ein Weib geben. Es ist wahr, meine Umstände erfordern es freylich, daß ich an eine

Gehülfin denke. Bisher habe ich noch nicht daran denken können, und ich kan mich auch jetzo so schnell nicht weiter erklären. Ich melde dir indessen, daß dein Vorschlag nicht zu verachten ist. So bald ich noch einiges werde besorgt, und die Sache überleget haben, so will ich dir meine Gesinnung weiter eröffnen, oder selbst zu dir kommen. Indessen empfehle ich mich deiner fernern Liebe und Treue, und verharre mit aufrichtigem Herzen

Dein

Ludwigsburg, den 2. Sept.
1774.
getreuer Bruder
N. N.

Anrathungsbrief,
darinn man einem anrathet, seinen Sohn die Handlung erlernen zu lassen.

Hochgeehrter Herr Gevatter!

Was machen Sie gutes? und wie befinden Sie sich? Sie werden itzt vielleicht überlegen, was Sie doch aus Ihrem Johann Christoph machen sollen. Ich weiß Ihnen, doch ohne vorzuschreiben, keinen bessern Rath zu geben, als daß Sie denselben bald in eine Handlung thun, weil er gut schreiben und rechnen kan, auch das Lateinische und etwas Französisch versteht. Hierzu taugt er meines Erachtens am besten. Er ist unerschrocken im Reden, und sehr lebhaft. Eigenschaften, die einem Kaufmann gut zu statten kommen. Vom beständigen Sitzen ist er kein Freund. Es ist wirklich

hier

hier und zu N. ein Kaufmann, der einen solchen jungen Menschen sucht. Er wäre an beyden Orten wohl versorgt, und könnte auch was rechtes lernen. Ich halte es nicht für gut, wann wenn man sich so lange besinnt, und die beste Zeit hinstreichen läßt. Wenn Ihnen mein Vorschlag gefällt, und ich hierinnen behülflich seyn kan, so werde ich mir eine Freude davon machen, und Ihnen auch in diesem Stück erweisen, daß ich bin

Heilbronn am Neckar,
den 4. Oct. 1774.

Ihr
ergebener
N. N.

Antwort.

Hochgeehrter Herr Gevatter!

Ihr werthes Schreiben vom 4ten dieses Monats habe ich gestern erhalten, und gewiß mit vielem Vergnügen gelesen. Sie können leicht erachten, wie sehr es mich gefreuet habe, da ich ersehen habe, wie sehr Sie für meinen Johann Christoph besorgt seyen. Ich danke Ihnen für Ihren wohlgemeinten Rath, und lasse mir denselben auch um so mehr gefallen, da das vorgeschlagene meinem jungen Pursche ungemein wohl gefällt. Und da Sie mir hierinnen an die Hand zu gehen gütigst versprochen haben, so will ich Sie hiemit gehorsamst darum ersuchen, daß Sie meinem Sohn einen braven Herrn möchten aussersehen. Wenn er bey Ihnen in Heilbronn ankommen könnte, so wäre es mir

mir um so lieber, da ich versichert wäre, der Herr Gevatter würden ihn in Ihre weitere Aufsicht nehmen. Ich erwarte also nächstens wiederum eine Nachricht, wo, wann, und auf was für Conditionen er unterkommen könnte. Das weitere will ich hernach schon besorgen. Ich danke nochmals für Ihre gütige Vorsorge, und bin nebst herzlichem Gruß von den Meinigen mit aller Ergebenheit

Ihr

Lorch, den 10. Octobr.
1774.

schuldigster Diener
N. N.

Anrathungsbrief.
Man will einem Freund die vorhabende Verheyrathung seiner Tochter abrathen.

Hochschätzbarer Freund!

Ich habe diesen Augenblick erfahren, daß Sie im Begriff stehen, dem Herrn N. Ihre Jungfer Tochter zu geben. Was denken Sie doch? Wollen Sie Ihrer Jungfer Tochter recht feind seyn, so mögen Sie es thun. Ich zum wenigsten würde ein grosses Mitleiden mit derselben haben. Sie sind vielleicht vom Herrn N. und seinen Umständen ganz unrecht berichtet. Dann sonst würden Sie gewiß keine solche Gedanken von ihm haben. Er macht zwar eine grosse Figur und Ansehen, womit er andern die Augen verblendt. Es ist aber gewiß nichts da hinten. Er ist ein wunderlicher Kopf, und kan

seine

seine Schulden nicht übersehen. Ich allein habe 300. fl. an ihn zu fordern, und kan keinen Heller bekommen. Wenn er wirklich derjenige wäre, für den man ihn ansiehet, so hätte er schon längst eine Frau. Mein Freund! ich schreibe Ihnen die lautere Wahrheit. Wenn Sie mir aber nicht glauben wollen, so fragen Sie nur anderwärts nach dem Herrn N. Sie werden sodann erfahren, daß ich es redlich mit Ihnen meine, wenn ich Sie seinetwegen warne. Die Jungfer Tochter ist noch jung, und werth, daß sie besser versorgt werde. Ich hoffe, die Sache werde noch nicht so weit gekommen seyn, daß man es nicht ändern könnte. Diß habe ich Ihnen aus wahrer Freundschaft gegen Sie berichten wollen. Ich verharre mit wahrer Hochachtung

Winterthur in der Schweitz,
den 5. Oct. 1774.

Ihr

ergebener

N. N.

Antwort.

Werthester Freund!

Ich danke Ihnen dafür verbindlichst, daß Sie mir wegen des Herrn N. Nachricht ertheilet, und die zwischen ihm und meiner Tochter vorgewesene Heyrath so treulich abgerathen haber. Das beste ist, daß ich in der Sache nicht geeilt habe. Ich bin noch, ehe ich ihr werthes Schreiben erhielte, schon deswegen gewarnt worden

worden, und ich stunde im Zweifel, was ich thun sollte. Nun aber, da ich Ihren Brief erhalten, und darinnen solche Umstände erfahren habe, die freylich weder mir noch meiner Tochter gefallen, so habe ich sogleich dem Herrn N. geschrieben, daß er sich wegen meiner Tochter keine weitere Mühe geben solle, weil dieselbe noch nicht im Sinn hätte zu heyrathen. Wir wollen also etwas bessers erwarten. Für Ihre gute Gesinnungen gegen mich und die Meinigen danke ich nochmal, und verbleibe dafür zu allen schuldigen Gegendiensten verbunden. Der ich nebst herzlicher Empfehlung von mir und den Meinigen lebenslang verbleibe

St. Gallen in der Schweitz,
den 10. Oct. 1774.

Ihr
gehorsamster Diener
N. N.

Man ist mit den überschickten Waaren nicht zufrieden.

Wohledler,

Hochgeehrter Herr!

Euer Wohledel haben mir zwar die begehrte Waaren richtig geschickt, aber ziemlich spät. Vieles davon kan ich jetzo nicht mehr verschliessen, weil die beste Zeit, da man solche Waaren sucht, schon vorbey ist. Ueber diß haben Sie mir dieselbe fast in allen Stücken zu hoch angesetzt, daß ich Sie theils hier, theils in der Nachbarschaft um eben den Preis haben kan,

auch

auch nicht so viele Unkosten dabey leide. Ein andermal müssen Euer Wohledel mich besser bedenken, und erträglicher halten. Können Sie es aber nicht thun, so werde ich mich genöthiget sehen, mich in Zukunft an jemand anders zu wenden, welches mir doch leid wäre. Ich bin indessen, wie jederzeit

Euer Wohledel,
  Meines Hochgeehrten Herrn

Urach, den 20. Oct.
  1774.   dienstwilliger
                                                        N. N.

Man beklagt sich über das lange Ausbleiben eines Briefs.

Mein Herr!

Warum bin ich so unglücklich, über zwey Monate keine einzige Zeile mehr von Ihnen zu empfangen? Ruhen Sie schon unter den Todten, oder schlafen Sie nur für mich unter den Lebendigen? Warum lassen Sie mich so lange im Zweifel, daß ich nicht weiß, was ich von Ihnen denken oder glauben soll? warum beehren Sie mich mit keiner Antwort mehr? Ist ein so langes Stillschweigen ein Beweiß derjenigen Freundschaft, welche Sie mir so oft geschworen haben? Sie haben ja indessen Zeit genug gehabt, einen kleinen Brief zu schreiben, und an Muße wird es auch nicht fehlen. Es kommt alles auf den geneigten Willen an. Ich bitte

bitte Sie also, setzen Sie mich aus meiner Unruhe. Erfüllen Sie Ihr gütiges Versprechen, und würdigen Sie mich bald einer geneigten Antwort. Die ich sehnlich erwarte, und mit aller Aufrichtigkeit bin

Biberach, den 14. Oct.
1774.

Ihr
ganz ergebenster
N. N.

Man beklagt sich wegen übelem Nachreden.

Hochgeehrter Herr!

Ich habe vernommen, Sie hätten ohnlängst in einer ansehnlichen Gesellschaft nicht zum besten von mir gesprochen. Ich weiß nicht, womit ich dergleichen bey Ihnen verschuldet habe, da mir mein Gewissen das gerechte Zeugniß gibt, daß ich Ihnen noch niemalen etwas zu Leid gethan habe. Ich weiß mich auch nicht zu besinnen, daß ich Ihnen jemals zu dergleichen übeln Nachreden Ursache oder Gelegenheit gegeben hätte. Ich habe Sie immer für meinen guten Freund gehalten. Was soll aber diese Aufführung? Gewiß das ist ein schlechtes Freundschaftsstück. Gute Freunde reden Gutes und nichts Uebels von einander. Ich vermuthe zwar, daß Sie von einigen Feindseligen und Verläumdern darzu werden angetrieben worden seyn. Allein das entschuldiget Sie weiter nicht. Ich bitte Sie also, schonen Sie meiner in Zukunft. Sie

halten

halten es für recht, daß man von Ihnen nichts
Uebels rede. Laſſen Sie alſo das auch einem
andern wiederfahren, ſo werde ich das vorige
vergeſſen, und immer verbleiben

Durlach, den 24. Oct.
1774.

Ihr
aufrichtiger Freund
N. N.

Antwort, darinn man den Vorwurf wegen übelem Nachreden von ſich ablehnet.

Hochgeehrter Herr!

Ihren an mich abgelaſſenen Brief habe ich mit
nicht geringer Beſtürzung durchgeleſen, weil
Sie mich darinnen beſchuldigen, daß ich vor einiger Zeit in Geſellſchaft anſehnlicher Perſonen
nicht zum beſten von Ihnen geſprochen hätte.
Ich kan Sie aber auf meine Ehre verſichern,
daß mir Ihre werthe Freundſchaft ſchätzbar und
angenehm iſt, und ich mich im geringſten nicht
beſinnen kan, daß ich einmal von Ihnen nicht
mit Hochachtung geſprochen hätte. Es ſcheinet
faſt, daß einige Mißgünſtige unſere bisherige
Freundſchaft zu ſtören ſuchten. Ich erſuche Sie
aber, ſolchen Leuten kein Gehör zu geben, ſondern vielmehr von mir zu glauben, daß ich mit
beſtändiger Hochachtung verharre

Pforzheim, den 6. Octobr.
1774.

Ihr
aufrichtiger Freund
N. N.

Eine

Das X. Capitel,

Eine andere Antwort, darinn man zweydeutige Worte widerruft.

Hochgeehrter Herr!

Es ist wahr, ich habe mich ohnlängst in einer ansehnlichen Gesellschaft zweydeutiger Worte bedient, die Sie nicht ohne Grund beleidigen konnten. Ich habe auch gleich mein Versehen selbst eingesehen. Ich bekenne aber mit diesem Brief meine Schuld, und bereue es, was ich gesagt habe. Verlangen Sie, Mein Herr, eine grössere Genugthuung, so bin ich bereit, alles vor denen, die es gehört haben, zu widerrufen. Allein diß bitte ich Sie, daß Sie nicht glauben, daß mein Fehler aus einem bösen Herzen herrühre. Ich verehre Sie mit der gebührenden Hochachtung und verharre

Ihr

Reuttlingen, den 6. Febr. 1774.

geho. samer Diener
N. N.

Man berichtet die Verhinderung, warum man bißher nicht habe schreiben können.

Hochgeehrter Herr!

Ich wundere mich nicht, daß Sie sich darüber beklagen, daß Sie so lang keinen Brief von mir bekommen, und ich könnte auch meinen Fehler nicht entschuldigen, wenn ich nicht sehr lange Zeit unpäßlich gewesen wäre, welches ich bisher

bisher habe verschweigen wollen. Dieses ist die wahre Ursache meines Stillschweigens, die mich auch genugsam bey Ihnen entschuldigen wird. Lassen Sie also alle andere Gedanken von mir fahren, und zweifeln Sie an meiner Aufrichtigkeit im geringsten nicht. Ich bin wieder ziemlich hergestellt, und werde in Zukunft das versäumte hereinzubringen suchen. Vielleicht schickt es sich, daß ich Ihnen in kurzem mündlich bezeugen kan, daß ich bin

Ihre

Leutkirch, den 16. Oct.
1774.

ergebenste
N. N.

Ermahnungsbrief an einen ungerathenen Sohn.

Mein Sohn!

Hier bekommst du einen Brief, den ich mit vieler Betrübniß geschrieben habe. Du hast schon unter mancherley Vorwand vieles Geld von mir begehret, welches ich dir auch geschickt habe, daß du es zu deinem Nutzen anwenden sollst. Jetzo aber höre ich, daß du solches in Wirthshäusern und in des Zuckerbecken Laden liederlich verschwendest. O schäme dich, und bedenke doch, wie übel du handelst. Ich habe dieses Geld mit saurer Mühe und Arbeit gesammelt, und du verzehrest es mit Wollust. Du nimmst deinen Eltern ihre ersparte Mittel, deinem Leibe die Gesundheit, und deinem Erlöser deine

Das X. Capitel,

deine Seele. Ich vermahne dich deswegen, laß von deinem liederlichen und verschwenderischen Leben ab, und beßere dich, damit du dich nicht in Unglück bringst, und GOtt und ich nicht noch weiter dadurch betrübet werden. Wirst du meiner getreuen Ermahnung folgen, so wirst du jederzeit an mir haben

Nürnberg, den 26. Oct. 1774.   einen getreuen Vater N. N.

An eine Tochter, die sich schlecht aufführet.

Meine Tochter!

Du bist zwar jetzo in der Fremde, wo ich deine Aufführung nicht so genau bemerken kan. Du solltest aber doch also leben, wie wenn du bey mir wärest. Ich habe zwar bisher noch keine Ursache gefunden, mich über dich zu beschweren. Allein jetzo muß ich zu meinem gröſten Verdruß erfahren, daß du auf liederliche Wege zu gerathen anfängst. Du bist nachläßig in deinem Dienst, und gewöhnest dir ein schändliches Auslaufen an, welches deiner Ehre und deinem Glück sehr nachtheilig ist. Ich ermahne dich, erinnere dich doch täglich meiner guten Ermahnungen, welche ich dir gegeben habe, und meide alle böse Gesellschaft. Da du dich bißher wohl aufgeführet hast, ist es dir wohl ergangen. Aber glaube mir, wann du auf schändliche Irrwege geräthest, so wirst du dich selbst sehr unglücklich machen. Besinne dich also eines beſſern, und laß mir nichts dergleichen mehr vor Ohren kom-

kommen. Ich lebe in dieser guten Hofnung, und bin

Regenspurg, den 12. Oct. deine getreue Mutter
1774.   N. N.

Empfehlungsbrief für eine Haushälterin oder Köchin.

Hochedle,
Hochgeehrteste Frau!

Sie suchen eine geschickte, und in Ihre Oeconomie taugliche Köchin und Haushälterin. Gegenwärtige Jungfer N. ist willens, eine solche Gelegenheit anzunehmen, und hat mich deswegen gebeten, weil ich sie wohl kenne, ich möchte ihr an Sie ein kleines Empfehlungsschreiben mitgeben. Ich habe ihr hierinnen um so weniger es abschlagen können, da ich von ihr weiß, daß sie sowohl das Kochen, als auch überhaupt ein ganzes Hauswesen wohl versteht, redlich, getreu und fleißig ist, und an einen solchen Ort wohl taugt. Sie hat solche Dienste schon sechs Jahr in meinem Haus bey der erst vor einem halben Jahr verstorbenen Frau N. versehen, und ist mit vieler Ehre und Belieben da gestanden, daß ich also kein Bedenken tragen darf, sie anderwärts zu recommendiren. Wenn Sie noch mit keiner solchen Person versehen sind, so will Ihnen gegenwärtige gehorsam vorschlagen. Ich versichere, daß Sie gewiß mit derselben zufrieden seyn werden. Ich bitte anbey meine ge-
nom-

nommene Freyheit ab, und bin mit schuldigster Ehrerbietung

Euer Hochedel,
Meiner Hochgeehrtesten Frau N.

Heidelberg, den 2. Oct.
1774.
gehorsamste
N. N.

Man empfiehlt jemand seinen Freund.

Mein Liebster Freund!

Herr N. N., der Ihnen meinen Brief übergeben wird, ist aus dem Pfälzischen. Er wird sich wegen wichtigen Geschäften bey Ihnen zu N. N. aufhalten. Er ist einer meiner schätzbarsten Freunde, und verdient auch die Freundschaft eines jeden rechtschaffenen Manns. Er weißt, daß Sie mein Freund sind, begehrt der Ihrige zu seyn, und ist werth, daß Sie ihm Ihre Freundschaft schenken. Aber auch ohne meine Empfehlung verdient er Ihre Hochachtung. Er hat etlichen Feldzügen in dem letztern Kriege beygewohnt, schöne Beweise seiner Tapferkeit abgelegt, und dadurch die Gnade und Hochachtung seiner Befehlshaber sich erworben. Ich glaube also, daß Sie ihn sowohl wegen seiner Verdienste, als auch wegen meiner Empfehlung mit derjenigen Höflichkeit aufnehmen, die ich schon so oft erfahren habe. Verzeihen Sie Ihrem Freunde seine Freyheit, und fahren Sie fort zu lieben

Schorndorf, den 10 Febr.
1774.
Ihren wahren Freund
N. N.

Antwort.

Hochgeehrte Frau!

Ihren Brief habe ich richtig erhalten, und daraus ersehen, daß Sie Ihr Geld verlangen, das Sie noch von mir zu fordern haben. Ich bitte Sie um Vergebung, daß ich meinem Versprechen nicht eher nachgekommen bin. Ich habe Sie keineswegs vergessen, sondern es kamen nur immer besondere Hindernisse vor, die mich daran verhinderten, und die ich anjetzt nicht erzehlen kan. Hier aber übersende ich Ihnen sogleich die 30. Gulden, und danke für Ihr Zutrauen und Gefälligkeit, erbiete mich auch zu allen gefälligen Gegendiensten. Indessen verbleibe ich nebst ergebenster Empfehlung von den Meinigen

Ebingen, den 14. Octobr. 1774.
Ihr
gehorsamer Diener
N. N.

Man wiederholt eine Forderung und droht andere Mittel zu ergreifen.

Werther Meister!

Ich habe zwar Demselben schon vor einem halben Jahr mit 2. Scheffel Gersten ausgeholffen, und von Ihme gehoffet, Er würde mir solche nach Verlauf 6. Wochen versprochener massen wieder heimgeben. Da es aber noch nicht geschehen ist, so habe Ihn schon einigemal deswegen höflich erinnert. Es ist aber dennoch nichts

nichts darauf erfolget. Ich bitte Ihn also hiedurch noch einmal, mir meine Gefälligkeit nicht mit Undank zu vergelten, und die Gerste nach so langer Zeit wieder abzutragen, ehe ich zu andern Mitteln schreite, die Ihm nicht gefallen werden, und die ich auch nicht gerne ergreife. Diß ist meine letzte Anmahnung. Ich werde disfalls keine Feder mehr ansetzen. Wenn Er nun selbst einer Schande vorkommen will, so trage er seine Schuldigkeit ab. Wird Er meiner Bitte Gehör geben, und ich des Gelehnte und Begehrte sogleich nun empfangen, so will ich Ihm anderwärts gerne wieder dienen. Indessen bin ich

Sein

Horb am Neckar, den 26. Oct. 1774.   dienstwilliger N. N.

Man bittet, endlich einmal seine Schuld abzutragen.

Werthgeschätzter Freund!

Daß ich Ihnen allzu oft mit meiner Forderung beschwerlich fallen muß, ist mir zwar leid, allein Sie sind selbst Schuld daran. Ich thue nichts so ungern, als in der bewußten Sache oft an Sie zu schreiben. Ich wollte auch die Forderung von 16. fl. lieber fahren lassen, als in einer so verdrüslichen Sache mit einem Freunde so handeln, wenn mich die Beschaffenheit meiner dermaligen Umstände nicht dazu nöthigte. Ich habe diese 2. Jahr geglaubt, mein Geld stehe

in

in guter Hand. Ob ich Sie aber schon etliche=
mal darum gebeten habe, weil ich es brauche, so
habe ich doch deswegen noch kein Mißtrauen in
Sie gesetzt. Allein es gehet immer ein Termin
nach dem andern vorbey, auf den Sie, mir mein
Geld versprochen haben. Ja Sie setzen mich so=
gar oft andern nach, die vielleicht nicht so lange
gewartet, oder vielleicht mehr Profit haben, als
ich bey meiner Forderung. Ich muß Ihnen ge=
stehen, daß mir solches vielen Verdruß macht und
nicht gefallen kan. Sie zeigen hiedurch, daß Sie
eine schlechte Achtung für mich haben. Wollen
Sie nun, daß ich in diesen Gedanken nicht ge=
stärket, oder gar genöthiget werde, andere Mit=
tel zu ergreiffen, die Ihnen nicht anständig sind,
so schicken Sie mir auf diß mein Ansuchen, welches
auch das letzte seyn wird, das Ihnen gelehnte
Geld. Werden Sie hierinn meiner Bitte
Gehör geben, so werde ich auch in Zukunft nicht
aufhören, zu seyn

         Ihr

Pfullingen, den 11. Octobr. dienstergebenster
   1774.   N. N.

Antwort.

Hochgeehrter Herr!

Ich muß mich freylich recht schämen, werthester
Freund, daß ich Sie so lange mit leeren
Versprechungen habe aufhalten mussen, und auch
jetzo noch nicht meine Schuldigkeit entrichten kan.
Da ich aber über acht Tage gewiß Geld erwarte,

so bitte ich Sie gehorsamst, nur noch so lange mit mir Geduld zu haben. Der Termin ist freylich schon längst vorbey, auf den ich Ihnen das Geld versprochen habe. Allein Sie wissen ja selbst, daß man auch nicht immer von andern so richtig bezahlet wird. Könnte ich allemal thun, wie ich wünschte und wollte, gewiß! ich würde keinem auf der Welt etwas schuldig bleiben. Erweisen Sie mir also noch diese Gefälligkeit, und gedulden Sie sich, bis über 8. Tag, da Sie Ihr Geld ganz gewiß bekommen sollen. Ich werde solche Freundschaft auch jederzeit mit schuldigstem Dank erkennen, und dafür verbleiben

Meines Hochgeehrten Herrn

Reuttlingen, den 14. Oct. 1774.

gehorsamster Diener
N. N.

Man bittet seinen Vetter um seine Gedanken, wegen vorhabender Verheyrathung.

Hochwerther Herr Vetter!

Es ist nun bereits ein ganzes Jahr, daß mich GOtt in den nur allzubetrübten Wittwerstand gesetzt hat. Die Sorge und Auferziehung meiner zwey Kinder verursachen mir sehr viele Verhinderung in meinen ohnehin überhäuften Geschäften. Es rathen mir daher unterschiedliche Freunde und Verwandte zu einer neuen Heyrath an. Ich habe nun freylich schlechte Lust hiezu, und die Liebe zu meiner verstorbenen Frau ist noch zu stark in meinem Herzen, daß ich an keine Verehlichung weiter gedenke.

denke. Doch kommt meine Haushaltung dadurch sehr in Abnehmen, und die Leute, die darauf Obsicht haben sollen, sehen mehr auf ihren eigenen Nutzen, als meinen Vortheil. Ich ersuche Sie daher, Sie möchten mir hierinn auch Ihre redliche Meinung und Gedanken frey eröfnen, und mir zu meinem Besten rathen. Ich werde Ihnen nicht nur allein in allem zu Gefallen leben, sondern mich jederzeit erweisen, als

Meines Hochgeehrten Herrn Vetters

Hechlingen, den 23. Octobr.   aufrichtigen Freund
1774.   N. N.

Antwort.

Werthester Herr Vetter!

Sie sind selbst so verständig, daß Sie am besten wissen, was in einer solchen wichtigen Sache zu thun ist. Ich erkenne aber doch Ihr Vertrauen, welches Sie auf mich setzen, um so mehr mit vielem Dank, da ich weiß, daß ich solches nicht verdiene. Ich weiß, daß Sie die selige Frau Liebstin sehr geliebt haben, und daß Sie auch Ihren Kindern nicht gerne etwas entwenden. Da aber Ihre Haushaltung bey fremden Leuten mehr Schaden leidet, als Sie bey einer andern Verehlichung zu besorgen haben, so wäre mein wohlgemeinter Rath, Sie sähen sich bald wieder um eine Ehegattin um, die ihrer Haushaltung vorzustehen im Stande ist. Denn bey einer, GOtt gebe! glücklichen Verheyrathung werden Sie alsdann

dann in Ihren Geschäften eine merkliche Erleichterung, und in Ihrer Oeconomie eine baldige Verbesserung spüren. Ueberdiß weißt man ja ohnehin nicht, ob man immer gesund bleibt, da alsdann eine getreue Ehegattin der beste Beystand ist. Auch wird Ihnen die Erziehung Ihrer lieben Kinder erleichtert, anderer Vortheile nicht einmal zu gedenken. Diß ist mein Rath. Besinnen Sie sich auf etwas Gutes. Ich verbleibe unausgesetzt

Ihr

Rotenburg am Neckar,   ergebenster
den 28. Oct. 1774.   N. N.

Man fragt jemand um Rath, zu welchem Handwerk sein Sohn am tauglichsten seye.

Lieber Bruder!

Nun ist es Zeit, daß ich auch daran gedenke, was ich aus meinem Sohn machen soll. Ich habe ihn jetzo aus der Schul genommen. Er kan brav schreiben und lesen, und hat auch zugleich im Rechnen einen guten Grund gelegt. Ich habe im Sinn gehabt, ihn zu meinem Handwerk anzuhalten. Er hat aber durchaus keine Lust dazu, und noch vielweniger eine Neigung zum Sitzen. Zum Schreiner-Schlosser- oder Dreher-Handwerk hat er grossen Lust. Was meinest du, daß ich mit ihm vornehmen soll? Oder was hältst du am tauglichsten für ihn? Eröfne mir doch auch deine

Meinung

von vermischten Briefen. 279

Meinung. Ich werde dir dafür verbunden bleiben, und immer verharren
Dein

Cantstatt, den 25. Sept.   getreuer Bruder
1774.   N. N.

Antwort.

Geliebter Bruder!

Du fragest mich wegen deinem Sohn um Rath. Es ist wohl gethan, daß du in Zeiten darauf bedacht bist, ihn zu versorgen. Ich glaube wohl, daß er zu deinem Handwerk keine Lust hat, denn er kan nicht sitzen, und ist viel zu flüchtig. Diejenige Professionen, davon du mir geschrieben hast, sind alle gut. Sie erfordern aber gute Kräfften. Wenn es nun deinem Sohn hieran nicht fehlet, wie ich nicht zweifle, denn er ist seit ein paar Jahren stark gewachsen, so lasse ihm die freye Wahl. Wozu er die gröste Lust bezeuget, dabey gelingts ihm am besten. Das wäre meine Meinung. Gott gebe, daß ihr euch bald zu etwas Gutem entschliesset. Lebe wohl. Ich verharre

Dein

Waiblingen, den 29. Sept.   getreuer Bruder
1774.   N. N.

Brief an einen guten Freund, der erst von einer Reise nach Hauße gekommen ist.

Hochedler,
    Hochgeehrtester Herr!

Wann Sie gesund und wohl nach Hauße gekommen sind, so erfreuet es mich sehr, noch mehr

mehr aber, wann Sie alles wohl angetroffen haben. Ich sage nochmal schuldigen Dank für die Ehre Ihres angenehmen Besuchs, und bedaure nur, daß ich Sie nicht besser habe bewirthen können. Das Verlangte überschicke ich Ihnen hiebey, wie auch Ihre Tabakdose, welche Sie bey mir haben liegen lassen. Der Frau Liebstin und Jungfer Tochter empfiehlet sich meine Frau, und verlanget auch einmal das Glück zu haben, Dieselbe bey uns zu sehen. Uebrigens wünsche ich wohl und vergnügt zu leben, und verharre mit aller Hochachtung

Euer Hochedel,
　Meines Hochgeehrtesten Herrn

St. Blasii im Schwarzwald,
　den 19. Sept. 1774.　　　　ergebenster Diener
　　　　　　　　　　　　　　　　　N. N.

Man empfiehlt seinem Sohn besser schreiben zu lernen.

Mein Sohn!

Es ist mir lieb, daß Du mir von Zeit zu Zeit schreibst, was Du machst. Allein nur das gefällt mir nicht, daß Du so schlecht schreibest. Deine Handschrift ist gar unleßerlich, und dein Concept sehr schlecht. Gewöhne Dir doch eine schönere Handschrift, und eine bessere Schreibart an. Du wirst auch zu N. Gelegenheit haben, es besser zu lernen. Ich überschicke Dir zu dem Ende einen neuen und leichten Briefsteller, welcher erst diese Osternmesse heraus gekommen ist. Er wird
Dir

dir zu der Schreibart sehr dienlich seyn. Lese ihn fleißig, und gebrauche ihn mit Nutzen. Deine Schwester ist nunmehro eine Braut mit dem Meister N. worden. Weil aber die Trauerzeit noch nicht verflossen ist, so wird es mit der Hochzeit noch lange anstehen. Deine Mutter ist wirklich nicht wohl auf, sondern hat starke Kopf- und Zahnschmerzen. Für den überschickten Tabak danke ich dir, und verbleibe nebst freundlichem Grus von deiner Mutter, Schwester und Schwager, unverändert

Dein

Mannheim, den 20. Oct.   getreuer Vater
1774.   N. N.

Nachricht, daß die Leinwand auf die Bleiche gethan worden ist.

Geehrte Frau!

Ihr Tuch ist nunmehr fertig, und wirklich auf der Bleiche. Es ist gut ausgefallen, und wird Sie gewißlich freuen. Wann mein Knecht nicht wäre krank worden, so hätte ich es noch bälder gemacht. Allein nun es ist eben die rechte und beste Zeit zum Bleichen. Die begehrte Messerbesteck habe ich bestellet, und so bald sie fertig sind, will ich sie überschicken. Der Herr N. wird morgen begraben werden. Er ist sehr schnell gestorben, und war verwichenen Sonntag noch in der Kirche gewesen. So viel dismal in Eil. Leben Sie wohl, ich verharre

Ihr

Urach, den 20. Octobr.   dienstwilliger
1774.   N. N.

Das X. Capittel,

Man kan mit den verlangten Waaren nicht dienen.

Werthester Herr Schwager!

Ihr Schreiben vom 2ten dieses habe ich richtig erhalten, und daraus, was Sie verlangen, ersehen. Ob ich Ihnen wohl herzlich gerne hierinnen dienen möchte, so kan ich doch diejenige Waaren nicht mehr haben, wie Sie es verlangen. Wann Sie aber biß nach der Messe Gedult tragen, wird es vielleicht besser seyn können. Meiner Frau stehet eine nahe Kindbett bevor. Mit dem Weinstock siehet es gut, nur hat er noch warm Wetter nöthig. Ich bin wirklich im Begrif ein Haus samt einem grossen Keller, zu käuffen. Was sagen Sie dazu? Den Herrn Schwager lade ich hiemit auch samt der Frau Liebstin in Herbst ein, und den jungen Friderich will ich zugleich als einen Buttenträger hiemit bestellt haben. Womit ich nach gemeldtem Grus von den Meinigen verbleibe

Ihr

Eßlingen, den 8. Sept. 1774.   aufrichtiger Schwager
N. N.

Man bittet einen Anverwandten, die Vormundschaft seiner Kinder zu übernehmen.

Hochgeehrter Herr Vetter!

Sie werden meinen Brief empfangen haben, darinn ich Ihnen gemeldt habe, daß ich durch

von vermischten Briefen.

durch den schnellen und frühen Tod meines sel. Mannes in den betrübten Wittwenstand und meine liebe Kinder in den Waysenstand gesetzt worden sind. — Diese Kinder sind noch unerzogen und nicht in demjenigen Alter, daß sie sich helfen könnten. Die nahe Anverwandschaft und ihre große Freundschaft, die Sie bisher gegen uns bezeugt haben, ergreife ich nun. Ich ersuche Sie, die Gefälligkeit für mich zu haben und die Vormundschaft über meine Kinder zu übernehmen.. Ich schmeichle mir, Sie werden der Bitte einer niedergeschlagenen Mutter von vier unerzogenen Kinder Gehör geben, und meinem gerechten Wunsch entsprechen. Ihre bekannte Rechtschaffenheit gibt mir das Zutrauen, daß das väterliche Vermögen meiner Kinder unter Ihrer Aufsicht am besten verwaltet werde. Ich werde diese große und wichtige Gefälligkeit, so lange ich lebe, mit dem gebührenden Dank zu rühmen wissen, denn sie zu vergelten, reicht mein Vermögen nicht hin. Ich verharre mit beständiger Hochachtung

Ihre

Herrenberg, den 10. Febr. gehorsame
1774. N. N.

Antwort.

Hochgeehrte Frau Baas!

Ich nehme an jeder Ihrer Zufälle den gerechtesten Antheil. Ich bedaure von Herzen, daß Sie so frühe Ihren so rechtschaffenen Ehegat-

Ehegatten verlohren haben. Trösten Sie Sich aber, da es der Höchste gethan hat. Ihre liebe Kinder sind freilich noch jung, und hatten den lieben Vater zu ihrer Erziehung noch nöthig gehabt. — Sie ersuchen mich, die Vormundschaft über Ihre Kinder anzunehmen. Wie gerne willfahre ich einer Bitte, die sich auf meine Pflichten gründet! Schon als Bürger ist sie mir heilig, ohne einmal auf unsere nahe Verwandschaft zu sehen. Die genaue Bekanntschaft, die der selige Herr Vetter mit mir unterhielte, ist mir einer neuer Grund, diese Bitte nicht abzuschlagen, so sehr es auch meine Geschäffte fordern. Ich übernehme also die Vormundschaft, und verspreche Ihnen heilig, alles zu thun, um Ihren lieben Kindern den Verlust eines so zärtlichen Vaters einiger massen zu ersetzen. Doch ich werde selbst zu Ihnen kommen, und das weitere verabreden. Ich bin mit wahrer Freundschaft

Ihr

Tübingen, den 12. Febr. 1774.

ergebenster
N. N.

Ein anderer Brief, des nehmlichen Innhalts.

Hochgeehrter Herr!

Der Tod meines sel. Manns hat meinen lieben Sohn seines Vaters beraubt, den er gewiß noch hätte brauchen können. Ich weiß die Vorschrift der Gesetze, welche in solchen Fäl-
ten

von vermischten Briefen.

len einen Vormünder für die unerzogene Wayſen begehren. Die wenige Anverwandtſchaft, in der wir hier ſtehen, nöthiget mich, an Sie mich zu wenden. Die genaue Bekanntſchaft und die beſtändige Freundſchaft, die Sie mit meinem ſel. Mann unterhielten, iſt der Grund meiner Bitte. Ihre Gefälligkeit, welche wir in andern Fällen hinlänglich erfahren haben, läßt mich hoffen, meine gehl. Bitte von Ihnen erfüllt zu ſehen. Entſprechen Sie alſo meinem Wunſch und erfüllen Sie die Pflichten eines wahren Freundes. Sie werden um ſo weniger Mühe damit haben, da meines Sohnes Vermögen nicht ſo anſehnlich iſt. Erwarten Sie für einen ſo wichtigen Dienſt, den Sie ſowohl dem Staate, als auch ſelbſt dem Höchſten dadurch erweiſen, die reichliche Belohnungen von dieſem, nicht von mir, die ich mein Unvermögen wohl fühle. Ich bin mit aller geziemenden Hochachtung

Ihre

Blaubeuren, den 9. Febr. 1774.
gehorſame N. N.

Abſchlägige Antwort.

Hochwertheſte Frau Baas!

Ich habe aus Ihrem Schreiben ſowohl das ſchnelle Abſterben Ihres ſel. Mannes, als auch das gute Zutrauen zu mir erſehen. Sie wollen mir die Vormundſchaft über Ihren lieben Sohn auftragen. Dieſe Ehre iſt mir deſto
ſchätz-

schätzbarer, da ich wohl weiß, daß Sie viel würdigere in Ihrer Anverwandtschaft zu dieser Stelle würden gefunden haben. Wie angenehm wäre es mir, wenn ich Ihrer gerechten Bitte entsprechen könnte! Sie wissen aber selbst, welche viele und unaufhörende Geschäfte ich habe. Diese sind es auch allein, die mich zwingen, bey Ihnen die mir aufgetragene Vormundschaft abzubitten. Dann eine Vormundschaft übernehmen, und ihr nicht abwarten können, ist für das Gewissen das beunruhigendste auf der Erden. Glauben Sie aber ja nicht, daß etwas anders als mein Unvermögen der Grund ist. Bey jeder anderer Gelegenheit werde ich Ihnen und Ihrem lieben Sohne meine Gefälligkeit in der That beweißen. Leben Sie recht wohl. Ich verharre mit aller wahren Freundschaft

Ihr

Pfullingen, den 11. Febr.   -ergebenster Diener
1774.   N. N.

Man will ein geschehenes Verlöbniß wieder aufheben.

Werthester Herr!

Sie haben Sich mit meiner Baaße förmlich versprochen, und sind schon von der Kanzel verkündet worden. Ich laugne es auch nicht, ich habe meine Einwilligung zu dieser Heyrath gegeben. Ich bereue aber diesen Schritt, und wünsche, daß das Verlöbniß wieder rückgängig

gängig gemacht wurde. Gewiſſe gute Freunde haben mir Umſtände erzählt, die mich unruhig und glauben machen, Ihre Heyrath würde nicht allzuglücklich ſeyn. Auch meine Baaſe ſelbſt, ich geſtehe es Ihnen, bezeugt ſehr wenig Luſt, eine ſolche Heyrath zu vollziehen. Sie wünſchet vielmehr mit uns, daß Sie eben ſo geneigt ſeyn möchten, ein Verlöbniß aufzuheben, das keine gute Folgen haben kan. Ich weiß Ihre gefällige Geſinnungen von andern Gelegenheiten her, und hoffe, ſie auch hier zu finden. Ihre Geſchenke folgen hiebey. Wegen dem Verkünden werde ich mit Herrn Stadt-Pfarrer ſelbſt ſprechen. Ich bin mit wahrer Aufrichtigkeit

Ihr

Augſpurg, den 13. Jan.   ergebenſter
1774.   N. N.

Antwort.

**Hochehrwürdiger,
Hochgelehrter Herr!**

Wie unangenehm einem ehrlichen Mann Ihre veränderte Geſinnung zu vernehmen iſt, werden Sie ſelbſt einſehen. Nochmehr aber kränket es einen Menſchen, deſſen Gewiſſen ihm keinen Vorwurf machet, an ſeinem Theil das geringſte vernachläßiget zu haben. Welchem Spott ſetzen Sie mich aus? Sie ſind leichtgläubig und nehmen die Verläumdungen niederträchtiger Feinde von mir, für ausgemachte Wahrheiten an. Ich wiederhole es, niederträchtige haben ſich Ihres Beifalls durch Ränke verſichert.

Jede

Das X. Capitel,

Jeder Rechtschaffene, der mich kennet, wird nie so schlecht von mir urtheilen. Können Sie sich solche Sachen bewegen lassen, Ihre Gesinnungen zu verändern, so macht es Ihnen wenig Ehre. Ich werde nie eine Heyrath erzwingen. Aber meine Schande ist zu groß, und ich verlange hinlängliche Genugthuung dafür. 100. Ducaten sind mir nicht so lieb, und gewiß ich würde sie geben, wenn ich einer solchen Schande hätte dadurch ausweichen können. Ihre Ehepfänder folgen hierbey zurück. Werden Sie mich nicht zu Frieden stelle, so soll ein Höherer unser Recht entscheiden. Der ich bald eine Antwort erwarte, und mit allem gehörigen Aestim verharre

Euer Hochehrwürden,
    Meines Hochgeehrten Herrn

Heidenheim, den 13. Febr.   gehorsamer Diener
    1774.   N. N.

Man empfiehlt einen jungen Menschen der Aufsicht seines Bekannten.

Hochgeehrter Herr!

Verzeihen Sie, daß ich Ihnen schon wieder mit einer Bitte beschwerlich fallen muß. Der Sohn eines meiner schätzbarsten Bekannten wird in die Handlung zu N. N. kommen. Er ist aber noch sehr jung, und hat noch offt einen vernünfftigen Mann bey seinen Handlungen nöthig. Ich soll auf seiner Eltern Bitte jemand ersuchen, auf diesen jungen Menschen ein wenig

von vermischten Briefen. 289

wenig acht zu haben, und ihm, wenn es vonnöthen ist, mit Rath und Hülfe an die Hand zugehen. Ich finde aber niemand hierzu so geschickt, als Sie. Es ist freylich sehr frey, einen Mann wie Sie, mit solchen Geschäften zu beunruhigen. Allein Ihr gefälliges Wesen, mit welchem Sie jedem dienen, läßt mich die Erfüllung meiner Bitte hoffen. Diese Eltern werden auch bey Gelegenheit nicht ermangeln, Ihnen Beweiße ihrer Erkenntlichkeit zu geben. Ich bin zu allen Gegendiensten immer bereit, und erwarte nur Ihren Befehl. Leben Sie recht wohl, und glauben Sie, daß niemand Sie mehr schätzet als

Dero

Nordheim, den 11. Febr.   gehorsamster Diener
1774.   N. N.

Man bittet, seinem Gesellen Arbeit zu geben.

Mein Lieber Bruder!

Derjenige, der Dir meinen Brief übergeben wird, ist mein Geselle, der nun die Lehrjahre bey mir vollstreckt hat. Er will sich nun in der Fremde ein wenig umsehen, und sein Glück zu machen suchen. Er gehet über Worms, und sucht daselbst Arbeit zu bekommen. Ich weiß, daß Du immer einen Gesellen vonnöthen hast, und ich bitte Dich, wenn Du ihm Arbeit geben kanst, es mir zu Gefallen zu thun.

T   Er

Er ist sehr geschickt, und fleißig. Soltest Du aber deine Werkstatt schon besetzt haben, so habe die Gütigkeit, ihm einen rechtschaffenen Meister auszusuchen. Ich bin zu allen Gegendiensten bereit, und verbleibe

Dein

Tübingen, den 12. Febr. 1774.   aufrichtiger Bruder
N. N.

Anmerkung.

Dieses seye nun genug von Briefen. Es folgen noch kürzlich einige Sachen, die auch sehr oft vorkommen, als,

1) Obligationen, Quittungen, Aßignationen und Bescheinungen.

2) Titel in und auf den Briefen, und

3) einige kurze Komplimenten, welche bey Geburten, Hochzeiten, Leichen, Geburts= und Namens=Tägen, wie auch beym neuen Jahre zu gebrauchen sind.

Erste Zugabe,

Von Obligationen, Quittungen, Aßignationen und Bescheinungen.

Kurzer Vorbericht.

§. 1.

Obligationen, Quittungen und andere solcher Aufsätze sind freylich keine Briefe. Der gemeine Mann aber, der sich über diese Dinge den Kopf nicht lange zerbrechen kan, begreift unter dem Wörtgen Brief alles schriftliche. Er wird nirgends Obligationen oder andere Handschriften zu suchen wissen, wenn ihn hier sein Briefsteller, die Hälfte seiner Bibliothek verläßt. Aber was bedeuten diese Wörter? Diß ist eine Frage, die wegen der öftern Verwirrung ein wenig näher zu betrachten werth ist. Und wer ist über diese Verwirrung des Ungelehrten böße? Wörter aus fremden Sprachen — Entschuldigung genug für den gemeinen Mann. Ihm durch Umschreibung dieser Wörter die Begriffe aufklären, ist etwas, dem man nicht allen Verdienst absprechen kan. Und eben diß will ich nun versuchen. Gelehrt werden die Umschreibungen nicht ausfallen. Der Endzweck ist erreicht, wenn mich der Bürger, der Bauer verstehet.

Erste Zugabe,

§. 2.

Obligationen heissen auch Schuldbriefe, Schuldverschreibungen, Handschriften. Sie sind ein Auffsatz, in welchem der Schuldner bekennt, dem Glaubiger zu Bezahlung einer ihm, dem Schuldner, gelehnten Summe verbunden zu seyn. Der Schuldner stellt sie also aus, und der Glaubiger bekommt solche, um im Fall der Schuldner die Schuld leugnet, ihn damit zu überweisen. Man kan sich schlechthin verbinden, aber es geschiehet auch öfters, daß der Glaubiger die Claußel nach Wechselrecht in die Schuldverschreibung gesetzt wissen will. Wenn man nicht in der grösten Noth stecket, so muß man solches nie eingehen. Die Claußel hat eine nur allzugrosse Folge für den Schuldner. Sobald er belangt wird, und nicht im Stande ist zu bezahlen, erfolgt die Execution (Vollstreckung) und er muß öfters gar in das Gefängniß wandern, biß er bezahlen kan. Eine Obligation ausstellen, ohne das Geld empfangen zu haben, ist nicht klug. Nach 2. Jahren muß man das Geld bezahlen, ob man es gleich nicht empfangen hat.

§. 3.

Die Befreyung, die Loßsprechung von der Schuld hält die Quittung in sich. Sie ist diejenige Schrift, in welcher der Glaubiger gegen dem Schuldner bekennt, daß er wegen der Schuld befriediget seye. Wer eine Quittung ausstellt, ehe er das Geld empfangen hat, kommt in Gefahr sein Geld

Geld zu verlieren. Dann nach Verlauf 30 Tage beweißt die Quittung wider ihn, und er kan nichts weiter fordern.

§. 4.

Je deutlicher, je genauer sowohl Obligationen, als Quittungen eingerichtet werden, desto mehr schneidt man allem Verdrehen der Worte den Weg ab.

Aſſignationen, Anweißungen ſind Aufſätze, in denen der Schuldner dem Gläubiger einen andern Schuldner anweißt. — Bekommt der Gläubiger von dieſem dritten nichts, ſo bleibt der vorige Schuldner ihm dannoch verbunden. Dann Anweißung iſt keine Bezahlung.

§. 5.

Mortificationsſcheine ſtelle ich alsdann meinem Schuldner aus, wenn er mir das Geld bezahlt hat, ich aber ſeine Handſchrift verlohren habe. Ich erkläre ſolche, wenn ſie ſich finden würde, für null und nichtig.

§. 6.

Beſcheinung iſt öfters ſoviel als Quittung, öfters aber heißt diejenige Handſchrift alſo, in welcher ich bekenne, daß dieſes oder jenes geſchehen iſt. So ſtellen Beamte, Pfarrer ꝛc. Beſcheinungen aus, wenn an den herrſchaftl. Gebäuden etwas zu verbeſſern nöthig, oder ſchon verbeſſert worden

worden ist. Auch wegen dem Daseyn einer Person, wegen einem gelehnten Buch stellt man Scheine aus. Beyspiele werden nun dasjenige, was noch dunkel ist, am besten aufklären.

Obligationen.

Nachdeme S. T. Herr N. N., vornehmer Kauf- und Handelsmann allhier, mir auf mein gehors. Ansuchen zu Erkaufung eines Gartens und Weinbergs

100. fl. sage Ein Hundert Gulden,

baar vorgeschossen und geliehen hat: als bekenne ich nicht nur solches kraft dieses, mittelst eigenhändiger Unterschrift; sondern ich gelobe und verspreche auch hiemit, solche geliehene 100. Gulden, nach Verlauf eines Jahres dankbarlich mit dem gewöhnlichen Interesse von 5. Gulden an guter und gangbarer Münz wiederum heimzugeben und zu bezahlen. Zu mehrerer Urkund und Bekräftigung habe ich diese Obligation eigenhändig unterschrieben, und mein gewöhnliches Pettschaft vorgedruckt. So geschehen Heilbronn den 10. Oct. 1774.

L. S.   N. N.

Eine andere.

Ich Ends-Unterschriebener bekenne hiemit für mich und meine Erben, daß mir S. T. Herr N. N. treueifriger Pfarrer zu N., auf mein geh. Ersuchen

200. fl. sage Zwey Hundert Gulden,

vor

vorgeschossen und geliehen hat, welche ich zu Abtragung einiger Schulden angewendet habe. Dahero Ich gedachten Herrn Pfarrer nicht nur allein in bester Form dafür quittire, sondern mich auch bey meiner Treu und Glauben verbinde, gedachte Zwey Hundert Gulden, jährlich mit Zehen Gulden richtig zu verzinsen, und das Capital in dreyen Jahren an guter Münz wieder mit Dank heim zu bezahlen. Und damit mein Herr Gläubiger sowohl wegen der Zinse als des Capitals versichert seyn möge, so verpfände ich Ihm mein halbes Haus nebst anderthalb Morgen Ackers und einem Morgen Weinberg, dawider auch mich und meine Erben keine Ausflüchten, oder rechtliche Wohlthaten, wie sie auch immer Namen haben mögen, schützen sollen; sondern ich begebe mich derselben aller und jeder hiemit wohlbedächtlich und wissentlich. Dessen zu mehrerer Urkund habe ich diese Obligation mit eigener Hand unterschrieben und mit meinem gewöhnlichen Pettschaft bekräftiget, Tübingen den 1774.

(L. S.) N. N.

Eine andere.

Kund und zu wissen sey hiemit, daß ich Ends Unterschriebener zu Bestreitung meiner Ausgaben von S. T. Frau N. verwittibten Burgermeisterin allhier

50. fl. sage Fünfzig Gulden,

Lehnungsweise empfangen habe, welche fünfzig Gulden in einem Jahr mit dem landläufigen Zins von 2. fl. 30. kr. an guter Münz wiederum baar zu

bezah=

bezahlen ich verspreche, dafür ich Ihr auch zu mehrerer Versicherung zwey güldene Ringe, eine güldene Kette, und eine silberne Sackuhr versetzet habe. In Urkund dessen habe ich dieses eigenhändig unterschrieben, und mit meinem gewöhnlichen Pettschaft bestätiget. So geschehen Calw den 1774.

(L. S.) N. N.

Eine andere.

Ich Unterschriebener bekenne hiemit, daß ich von dem Herrn N. wohlangesehenen Spitzenkrämern allhier

für 60. fl. sage Sechzig Gulden

Waaren gekauft habe, welche ich auf nächstkommende Herbstmesse dieses Jahr, Ihm oder dem künftigen Besitzer dieser Obligation, bey Verpfändung meiner Waar und Güter, richtig und unmangelhaft zu bezahlen verspreche, in Kraft meiner eigenen Namens Unterschrift,

Altona bey Hamburg, den 16. Jan. 1774.

N. N.

Eine andere.

Daß Herr N. mir für dreyßig Thaler Leinwand creditiret habe, und ich diese Schuld von dato an innerhalb einem halben Jahr dankbarlich zu bezahlen versprochen, solches bekenne ich mit eigener Hand-unterschrift, und vorgedrucktem Pettschaft.

Bingen am Rhein, den 3. Sept. 1774.

(L. S.) N. N.

Quittungen.

Daß von einer Löbl. Landschaft von Würtemberg aus Zweyhundert Gulden Capital, Ends Unterschriebener, den auf Georgii 1774. verfallenen Zins mit
10. fl. Zehen Gulden,
richtig empfangen hat, wird hiemit nicht nur bekannt, sondern auch eine Löbl. Landschaft, Dero verordnete Einnehmere, als S. T. Herr N. N. und Herr N. N. oder wer sonsten hierum quittirens vonnöthen ist, für mich und meine Nachkommen in bester Form quittiret, in Kraft eigenhändiger Unterschrift.

Schorndorff, auf Georgii 1774.

N. N.

Eine andere.

Daß Endsunterschriebene von dem Herzogl. Würtemb. Hochlöbl. Fisco charitativo, die dieses Jahr ihr mildest zugefallene Gutthat und Witwensteuer richtig erhalten, mit
25. fl. Zwanzig fünf Gulden,
wird hiermit nicht nur bekannt, sondern auch ermeldter Fiscus, dessen Herr Administrator, und wer sonsten hierum quittirens vonnöthen ist, für mich und meine Erben, in bester Form quittirt, in Kraft eigener Namens Unterschrift.

Gomaringen, den
1774.

N. N.
verwittibte Pfarrerin allda.

Eine andere.

Daß mir mein Herr Schwager S. T. Herr N. die Ihm vor einem Jahr geliehene fünfzig Gulden, wiederum auf den versprochenen Termin richtig bezahlt habe, mit

50 fl. Fünfzig Gulden,

samt dem landläufigen Interesse von

2. fl. 30. kr. zwey Gulden, dreißig Kreuzer,

wird hiemit nicht nur bekannt, sondern auch gedacht mein Herr Schwager mit Zurückgebung seiner Obligation dafür bestens quittiret, vermög eigenhändiger Unterschrift.

Altenburg, in Sachsen, den
1774.

N. N.

Eine andere.

Daß S. T. Herrn N. die mir Ends-Unterschriebenem für empfangene Waaren schuldig gewesene

20 Thlr. zwanzig Thaler,

nach Verlauf eines halben Jahres, versprochener maßen richtig und unmangelhaft bezahlt, bekenne ich nicht nur, sondern quittire Ihn auch dafür in bester Form, kraft eigener Namens Unterschrift.

Arnstadt in Sachsen, den
1774.

N. N.

Daß ich von S. T. Herrn N. an meiner Forderung acht Gulden auf Abschlag empfangen habe, bescheine ich hiemit.

Annaberg in Sachsen, den 7 März
1774.

N. N.

Mortifica=

Mortificationsschein.

Wenn eine Obligation, oder dergleichen etwas, verlohren gegangen ist.

Daß Herr N. N., wohlangesehener Goldschmid allhier, mir Ends-Unterschriebenem die schuldig gewesene fünfzig Thaler richtig samt dem Zins bezahlt habe, wird hiemit von mir bekennt, und er deswegen gebührend quittirt. Da aber die ausgestellte Obligation inzwischen verlohren gegangen ist, so wird solche, wenn sie wieder sollte gefunden werden, für todt, null und nichtig erkläret. Zu Urkund dessen habe' ich diesen Mortificationsschein eigenhändig unterschrieben, und mit meinem gewöhnlichen Pettschaft bekräftiget.

Bauzen in der Oberlausitz,
den 10. Oct. 1774.

(L. S.)   N. N.

Aßignationen oder Anweisungen.

Auf diese meine Aßignation bitte ich dem Herrn N. zehen Gulden zu bezahlen, und es mir auf meine Rechnung zu setzen.

Rinteln, den
1774.   N. N.

Eine andere.

Vorzeigern dieses beliebe der Herr Vetter drey Thaler zu bezahlen, und mir selbige an
dem

dein Zins von meinem bey Ihm stehenden Capital abzurechnen.

Kiel in Hollstein, den 2. März,
1774. N. N.

Eine andere.

Da ich Unterschriebener meinem Schuhmacher für ein paar Stiefel sechs Gulden schuldig bin, so habe ich denselben zu Beschleinigung der Zahlung an Herrn Schwager anweisen, und Sie bitten wollen, ihme Vorweisern dieses gedachte sechs Gulden einzuhändigen, und solche mir an meinem Conto abzuziehen.

Brieg in Schlesien, den 6. May
1774. N. N.

Tauf=Scheine.

Allhier ist den   im Jahr   , gebohren und in hiesiger Parochial-Kirche den folgenden Tag zur Taufe gebracht worden
Johann Georg.
Die Eltern waren, weyland N. N. allhier, und seine noch lebende Mutter heißt N. N.

Die Taufzeugen waren, N. N und N. N. weyland N. N. allhier hinterlassene Wittib.

Aus dem Taufbuch fideliter extrahirt zu haben, bezeugt mit Beydruckung seines Sigills und Nahmens Unterschrift.

N. N.   N. N.
den 20 Jan. 1774.   Pfarrer allda.

Ein

von Taufscheinen.

Ein anderer.

Herr N. N. nunmehriger N. N. zu N. N. ist allhier zu N. N. gebohren und christlich getauft worden, den 20. Oct. 1740.

Bey der heil. Tauf empfieng er den Nahmen,
(Johann Friederich.)

Sein längst verstorbener Herr Vater war N. N. vieljähriger N. N. zu N. N. Die sel. Frau Mutter hieß N. N. eine gebohrne N. N.

Zu Taufzeugen wurden erbetten.

Weyland Herr N. N. (Burgvogt) allhier, Frau N. N. weyland Herrn N. N. hinterlassene noch lebende Wittib.

Daß dieser Extract dem hiesigen Taufbuch conform seye, sollte auf Begehren mit Beydruckung seines Pettschafts anbey pflichtmäßig bezeugen und testiren.

N. N.   N. N.
den 12. Sept. 1774.   Pastor daselbst.

Proclamations=Schreiben und Copulations - Scheine.

Hochwohl Ehrwürdig,
Hochgelehrter Herr Pfarrer,
Hochzuehrender Herr Collega und Gönner!

N. N. Burger und Glaser allhier. Weyland N. N. Burgers und Schuhmachers allhier hinterterlaſſener ehlicher Sohn, und N. N. des N. N. Burgers und Leinewebers zu N. N. ehliche Tochter, haben sich in Sponsalien eingelaſſen und wünſchen nächſten Sonntag nemlich Dom. (III. poſt Trin.) und ſo ferner, Ordnungsmäßig proclamirt zu werden. Auf Seiten des Sponſi iſt kein impedimentum legale vorhanden: Sollte es auf ſeiten der Sponſæ eine gleiche Bewandniß haben, ſo bitte um amtlichen Bericht, damit die Proclamation auf gedachten Termin an beeden Orten vorgenommen werden kann. Uebrigens habe ich die Ehre unter vollkommenſter Hochachtung zu ſeyn

Euer Hochwohlehrwürden

N. N.
den 4. Jan. 1774.

gehorſamſter Diener
N. N.
Pfarrer allda.

Ein anderer.

HochEhrwürdiger,
Hochgelehrter Herr Stadt-Pfarrer,
Hochzuehrender Herr und Gönner!

Euer HochEhrwürden ſollte ich Ordnungsmäßig berichten, daß Herr N. N. Burger und Peruquier allhier Wittwer, ſich mit Jungfer N. N. des Herrn N. N. Burger und Handelsmann zu N. N. ehlicher Tochter in eine Verbindung eingelaſſen, und um die Proclamation bis nächſt-

nächstkommenden Sonntag neinlich (Dom. II. P. Epiph.) das erstemal und so weiter, Ansuchung gethan hat. Da nun auf Seiten des Sponsi die in der Kirchen-Ordnung halbjährige Trauerzeit vorbey, auch sonsten kein impedimentum canonicum bekannt ist, so wollte ich anbey gehorsamst anfragen, ob Euer HochEhrwürden ein gleiches von der Jungfer Braut, besonders auch in Absicht auf den Consens ihrer Eltern versichern könnten, in welchem Fall die Proclamation nach dem Begehren des Herrn Bräutigams sowohl hier als zu N. N. auf den gedachten Sonntag vorgenommen werden kann, in Erwartung einer Amtlichen Nachricht, habe die Ehre mit vollkommensten Respect zu seyn

Euer HochEhrwürden

N. N.   gehorsamer Diener
den 8. Jan. 1774.   N. N.
                                  Pfarrer allda.

Copulations-Schein.

Herr N. N. Burger und Handelsmann allhier hat sich den   im Jahr   in hiesiger Kirche durch Priesterliche Copulation und Einsegnung mit Frau N. N. weyland Herrn N. N. Burgers und Handelsmann allhier öffentlich trauen lassen, und inzwischen eine friedliche und gottselige Ehe gehabt. Obiges aus dem Ehebuch fideliter extrahirt zu haben, solte nut Beydruckung seines Sigills bezeugen.

N. N.   N. N.
den 10. November   Pfarrer allda.
                L. S.

Erste Zugabe,

Todes=Scheine.

Daß N. N. vieljähriger Burger und Zeugmacher allhier, den   an der N. N. in einem Alter von   Jahren,   Monath, und   Tag gestorben seye, ein solches bezeuget nach dem hiesigen Todenbuch

N. N.
den 20 May 1774.

N. N.
Pfarrer allda.

Ein anderer.

Den   (im Jahr) starb allhier an einem (hitzigen Fieber) Jungfer N. N. weyland Herrn N. N. Gerichts=Verwandten allhier hinterlassene Tochter, nachdem sie ihr Alter auf   Jahr,   Monathe, und   Tag gebracht hat.

Dem Todenbuch Conform obiges extrahirt zu haben

N. N.
den 20 Sept. 1774.

T. N. N.
Pfarrer daselbst.

Beicht=Zettel,
oder Communions=Schein.

N. N. von N. N. gebürtig, hat sich als (Zeugmachers=Gesell,) bey dem hiesigen Zeug=Fabrica bricanten, Herrn N. N. Jahre lang aufgehalten, und ein gutes Zeugnuß seines Fleißes und Wohlverhaltens von ihm bekommen, wie dann auch ich als der Beicht-Vater ein solches bestättigen und melden kann, daß er mehrmahlen der heil. Communion mit Andacht beygewohnet habe, und zwar das letztemal am N. N. GOtt regiere ihn ferner mit seinem guten Geist, und lasse es ihm in allem seinem Vorhaben gelingen.

N. N.

den 10 Jun. 1774.

T. N. N.
Pastor allda.

Zweyte Zugabe.

Von

Titeln in und auf den Briefen.

Kurzer Vorbericht.

Titel sind Ehrenbenennungen, welche die Höflichkeit eingeführt hat, und wenn man sie recht gebraucht, nicht nur erlaubt und nützlich, sondern auch nothwendig sind. Zeit und Raum erlaubet mir nicht ein förmliches und vollständiges Titularbuch zu schreiben. Doch will ich in möglichster Kürze das Nöthige hier vortragen. Ich muß zwey Abtheilungen machen, und erstlich von den

den Titeln in den Briefen, und sodann auch von den Titeln auf den Briefen gedenken.

Bey denen Titeln in den Briefen ist dreyerley zu merken 1) die Anrede 2) der Context, oder in dem Brief, und 3) am Ende des Briefs; von allem will ich das Nöthige anzeigen.

An den Kayser.

In der Anrede schreibt man: Allerdurchlauchtigster, Großmächtigster, und Unüberwindlichster Römischer Kayser, Allergnädigster Kayser und Herr Herr! Im Briefe: Ew. Kayserliche Majestät. Am Ende: Ew. Kayserlichen Majestät alleruntertänigster (auch wohl von einem Unterthanen treugehorsamster) Knecht.

An einen König.

Anrede: Allerdurchlauchtigster, Großmächtigster König, Allergnädigster König und Herr! Im Briefe: Ew. Königliche Majestät. Am Ende: Ew. Königlichen Majestät alleruntertänigster (treugehorsamster) Knecht.

An einen Fürsten.

Dieser Titel ist zwar an sich einerley, weil aber die Fürsten an Rang und Benennungen unterschieden sind, (dann es giebt Churfürsten, Erz- und Großherzoge, Herzoge, Pfalzgrafen, Markgrafen, Landgrafen, Fürsten ꝛc.) muß man solchen Beysatz bemerken.

von Titeln in und auf den Briefen.

bemerken. Man setzt demnach in der Anrede: Durchlauchtigster Churfürst, Herzog, Markgraf ꝛc. Gnädigster Herzog, Fürst und Herr! Im Briefe: Ew. Churfürstliche, Herzogliche, Hochfürstliche Durchlaucht ꝛc. Am Ende: Ew. Churfürstlichen, Herzoglichen, Hochfürstlichen Durchlaucht unterthänigster (treugehorsamster) Knecht.

An einen Reichsgrafen.

Hochgebohrner Reichsgraf, Gnädigster Graf und Herr! Im Briefe: Ew. Hochgräfliche Excellenz. Am Ende: Ew. Hochgräflichen Excellenz unterthänigst-gehorsamster Knecht.

An einen andern Grafen.

Hochgebohrner Herr Graf, gnädigster Graf und Herr! Im Briefe: Ew. Hochgräfliche Gnaden. Am Ende: Ew. Hochgräflichen Gnaden unterthänigster.

An einen Reichsfreyherrn.

Reichs-Frey-Hochwohlgebohrner Herr, Gnädigster Herr; Im Briefe: Ew. Hochfreyherrlichen Excellenz, oder Gnaden. Am Ende: Unterthäniger Knecht.

An einen Freyherrn.

Hochwohlgebohrner Herr, Gnädiger Herr! Im Briefe: Ew. Hochwohlgebohrn, oder

Ew. Gnaden. Am Ende: unterthänig-gehorsamster.

An hohe Räthe und hohe Officiers.

Hochwohlgebohrner Herr Geheimer Rath, oder Herr Hauptmann, Hochgeschätzter Herr und Gönner, oder hoher Patron! Im Briefe: Ew. Hochwohlgebohrn, oder Excellenz. Am Ende: unterthäniger Diener.

An Regierungsräthe, Doctores und Professores der Rechten, und Arzneywissenschaft.

Anrede: Wohlgebohrner, und Hochgelehrter Herr Regierungsrath, Doctor, Professor ꝛc. Hochgeschätzter Herr und Gönner! Im Briefe: Ew. Wohlgebohrn, oder Ew. Excellenz. Am Ende: gehorsamster Diener. Männer, die ein wenig geringer sind, heissen Hochedelgebohrne, Hochedle.

An Amtleute, Advocaten, Secretarios, Commissarios, Stadtschreiber, Burgermeister, Amtschreiber.

Hochedelgebohrner und Hochgeachter, Hochgeehrtester Herr, werthester Gönner! Im Brief: Ew. Hochedelgebohrn. Am Ende: gehorsamer Diener, ergebenster Diener. Diejenige, welche studirt haben, nennt man auch nach ihren Graden, Hochgelehrte, oder Wohlgelehrte, nachdem man mit dem Edeln steiget. So setzt man

man auch, nach dem es der Grad leidet, dazu: Hochzuverehrender, Hochgeehrtester, Hochgeehrter, Vielgeehrtester, Vielgeehrter, Gelehrter, auch Abwechslungsweise: Hochgeschätzter, Werthgeschätzter Herr! ꝛc.

Von den

Titeln der Geistlichkeit.

An den Pabst.

Anrede: Heiligster Vater, auch wohl: Allerdurchlauchtigster Fürst! Im Briefe: Ew. Heiligkeit. Am Ende: allerunterthänigster Knecht.

An einen Cardinal und Patriarchen.

Hochwürdigster Fürst, Gnädigster Fürst und Herr! Im Brief: Ew. Eminenz. Am Ende: unterthänigster Knecht.

An geistliche Churfürsten, Erzbischöffe und Bischöffe.

Hochwürdigster, Durchlauchtigster Churfürst, Erzbischoff oder Bischoff, Gnädigster Churfürst, oder Fürst und Herr! im Brief: Ew. Churfürstl. oder Hochfürstl. Gnaden. (Durchlaucht wenn sie von fürstlicher Geburt sind.) Am Ende: unterthänigster Knecht.

An Aebte, Aebtißinnen, Prälaten, Domherren, die keine Fürsten sind.

Hochwürdiger, Hoch = oder Hochwohlgebohrner Herr oder Frau, Gnädiger Herr oder Frau! Im Brief: Ew. Hochwürden und Gnaden. Am Ende: unterthänig=gehorsamer Diener.

An Canonicos, Chor= und Stiftsherren.

Hochwürdiger, Hochgelehrter Herr Canonicus: Hochgeschätzter Herr und Gönner! Im Brief: Ew. Hochwürden. Am Ende: gehorsamster Diener.

An Domvicarios.

Hochwürdiger und Hochgelehrter Herr, Hochgeehrtester Herr! Im Brief: Ew. Hochwürden. Am Ende: gehorsamster Diener.

An Consistorialräthe, und protestantische Prälaten.

Hochwürdiger und Hochgelehrter, Hochzuverehrender Herr, hoher Gönner! Im Brief: Ew. Hochwürden. Am Ende: gehorsamster Diener.

An Speciale und Stadtpfarrer.

Hochehrwürdiger und Hochgelehrter, Hochzuverehrender Herr! Im Brief: Ew. Hochehrwürden.

An Diaconos in Städten und Pfarrer auf dem Land.

Hochwohlehrwürdiger und Hochgelehrter, Hochgeehrtester Herr! Im Brief: Ew. Hochwohlehrwürden.

Titel des Frauenzimmers.

Wenn es keine Aebtiſſinnen und dergleichen ſind, ſo bekommen ſie keine geiſtliche Titel, ſondern die weltliche, die ihren Vätern oder Männern zukommen, oder zukommen könnten. Da ſetzt man z. E. Hochwohlgebohrne Frau, Hochedelgebohrne Frau, Hochedle, Wohledle, und Tugendbegabte Frau oder Jungfer. Hochgeſchätzte, Hochgeehrteſte, Hochwerthe, Vielgeehrte Frau oder Jungfer.

Titel an ganze Collegia und Geſellſchafften.

Dieſe ſind ſchwer, und vielfältig. Man muß ſich nach eines jeden Orts Gewohnheit erkundigen, wann man nicht irren will. Ich will nur ein paar zur Probe herſetzen.

An die Hochlöbliche Landſchaft zu Stuttgart.

Hochwürdige, Wohlgebohrne, Hochedelgebohrne, Hochgelehrte ꝛc. inſonders Gnädig Hochgebietende Herren Herren! Im Brief: Euer Hochwürden und Excellenzien. Am Ende: unterthäniger Diener.

An die Universität zu Tübingen.

Magnifice Domine (Rector) Pro-Rector, Reverendissime Domine Cancellarie, Hochwürdige, Wohlgebohrne, Hochedelgebohrne, Hocherfahrne, Hochgelehrte, insonders Gnädig, Hochgebietende Herren Herren! Im Brief: Euer Magnificenz, Hochwürden und Excellenzien. Am Ende: unterthäniger Diener.

An eine theologische Facultät.

Hochwürdige, Hochachtbare und Hochgelehrte, Hochzuverehrende Herren Herren!

An eine juristische, medicinische und philosophische Facultät.

Wohlgebohrne, Hochachtbare (Hocherfahrne) und Hochgelehrte, Hochzuverehrende Herren Herren!

An ein Stadtgericht

Hochedelgebohrne und Hochgelehrte, Hoch- und Wohledle, Hoch- und Wohlvorgeachte, Fürnehm, Fürsichtig, Hoch- und Wohlweise, insonders Hoch und Vielgeehrteste Herren Herren! Am Ende! unterdienst-gehorsamster.

Von den Titeln auf den Briefen oder Ueberschriften.

Diese sind leicht zu machen, wann man nur die Hauptehrenbenennungen weißt, welche einem jeden nach seinem Stand und Rang zukommen, dann diese bleiben auch auf den Ueberschriften, und setzt man weiter nichts dazu, als den Namen, wie auch dessen Aemter und Ehrenstellen, welche derjenige besitzt, an den man schreibt.

Da ich nun bereits die einem jeden gehörige Ehrenbenennungen bey den Titeln in Briefen kürzlich angezeiget habe, und ein jeder das ohnehin wissen muß, was für Aemter und Ehrenstellen der habe, an den er schreibet, so kan ich hier desto kurzer abbrechen. Ich will deswegen nur etliche Exempel von Ueberschriften geben, weil mir Zeit und Raum ohnehin nicht mehr gestattet.

An Seine Herzogliche Durchlaucht zu Würtemberg.

Dem Durchlauchtigsten Herzog und Herrn, Herrn Carl, Herzogen zu Würtemberg und Teck, Grafen zu Mömpelgard, Herrn zu Heydenheim und Justingen ꝛc. Rittern des goldenen Vliesses, und des Löbl. Schwäbischen Creyses Generalfeldmarschalln ꝛc. Meinem gnädigsten Herzog und Herrn ꝛc.

An die Herzogliche-Hochlöbliche Landschaft zu Stuttgart.

Denen Hochwürdigen, Wohlgebohrnen, Hochedelgebohrnen, Hochgelehrten Herren Herren ꝛc. Sr. Herzogl. Durchl. zu Würtemberg Hochangesehenen Räthen und Prälaten, auch Einer Hochlöblichen Landschaft zum Engeren Ausschuß

schuß Hochverordneten Assessoribus, und Gliedern ꝛc. Meinen Gnädig Hochgebietenden Herren ꝛc.

An den Ritterhauptmann in Schwaben, des Canton Neckar-Schwarzwalds und Ortenau.

Dem Reichsfrey-Hochwohlgebohrnen Herrn, Herrn Baron von Gemmingen, Herrn zu Steineck, Tiefenbronn, Neuhausen, Hamberg, Hohenwarth, Schöllbronn ꝛc. Ihro Röm. Kayserl. Majestät Rath, Hochfürstlich-Baadischen Geheimen Rath, und Ritterhauptmann in Schwaben, des Canton Neckar Schwarzwalds und Ortenau ꝛc. Meinem gnädigen Herrn ꝛc.

An die Universität zu Tübingen.

Denen Magnificis, Hochwürdigen, Wohlgebohrnen, Hochedelgebohrnen, Hocherfahrnen, Hochgelehrten Herren Herren ꝛc. Pro-Rectori, Cancellario, Doctoribus und Regenten der Herzoglich Würtembergischen Universität zu Tübingen ꝛc. Meinen Gnädig Hochgebietenden Herren Herren ꝛc.

An eine Reichsstadt.

Denen Wohlgebohrnen, Hochedelgebohrnen, Hochgelehrten Herren Herren ꝛc. Burgermeister und Rath der Kayserlichen freyen Reichsstadt N. N. Meinen Gnädig Hochgebietenden Herren Herren ꝛc.

von Titeln in und auf den Briefen. 315

An einen Ritterrath und Ausschuß.

Dem Reichsfrey-Hochwohlgebohrnen Herrn, Herrn N. Freyherrn von Göllnitz auf Waldenstein; Ihro Röm. Käiserl. Majestät Rath; Herzoglich-Würtemb. Adelichen Regierungsrath und Hofgerichtsvicepräsidenten, wie auch der unmittelbaren freyen Reichsritterschaft in Schwaben, des Viertels am Neckar und Schwarzwald, erbettenen Ritterrath und Ausschuß ꝛc. Meinen gnädigen Herrn.

An einen geheimen Rath, der nicht von Adel ist.

Dem Hochwohlgebohrnen und Hochgelehrten Herrn N. N. Herzogl. Würtembergischen hochbetrauten geheimden Rath ꝛc. Meinem Hochzuverehrenden Herrn. ꝛc.

An einen Regierungs- oder andern Rath, der nicht von Adel ist.

Dem Wohlgebohrnen und Hochgelehrten Herrn N. N. Herzogl. Würtemb. Hochverdienten Regierungsrath ꝛc. Meinem Hochzuverehrenden Herrn ꝛc.

An einen Consistorialrath und Abbten.

Dem Hochwürdig-Hochachtbar-und Hochgelehrten Herrn N N. (der heiligen Schrift Doctorn) Seiner Herzogl. Durchlaucht zu Würtemberg hochangesehenen Consistorialrath und Abbten des Closters N. Meinem Hochzuverehrenden Herrn ꝛc.

An einen Prälaten.

Dem Hochwürdig-Hochachtbar-und Hochgelehrten Herrn N. N. Herzogl. Würtemb. Rath und Abbten des Closters N. Meinem Hochzuverehrenden Herrn ꝛc.

An einen Theologiæ Doctorem und Professorem.

Dem Hochwürdig-Hochachbar-und Hochgelehrten Herrn N. N. der heiligen Schrift hochberühmten Doctorn, und der heiligen Gottesgelahrtheit öffentlichen ordentlichen Professorn auf der Universität N. Meinem Hochzuverehrenden Herrn ꝛc.

An einen Professorem Juris.

Dem Wohlgebohrnen, Hochachtbaren, und Hochgelehrten Herrn N. N. beeder Rechten Hochberühmten Doctorn, und öffentlichen ordentlichen Lehrern auf der Universität N. Meinem Hochzuverehrenden Herrn ꝛc.

An einen Professorem Medicinæ.

Dem Wohlgebohrnen, Hocherfahrnen und Hochgelehrten Herrn N. N. der Arzneygelahrtheit hochberühmten Doctorn, und öffentlichen ordentlichen Lehrern auf der Universität N. Meinem Hochzuverehrenden Herrn ꝛc.

An einen Professorem Philosophiæ.

Dem Wohlgebohrnen und Hochgelehrten Herrn N. N. der Weltweisheit hochberühmten ordentlichen Lehrern auf der Universität N. Meinem Hochzuverehrenden Herrn ꝛc.

An einen Special und Stadtpfarrer.

Dem Hochwürdigen und Hochgelehrten Herrn N. N. Hochverdienten Specialsuperintendenten und Stadtpfarrern zu N. Meinem Hochzuverehrenden Herrn.

An einen Diaconum in der Stadt.

Dem Hochehrwürdigen und Hochgelehrten Herrn N. N. treueiferigen Seelsorger der Gemeinde zu N. Meinem Hochgeehrtesten Herrn.

An einen Dorfpfarrer.

Dem Hochehrwürdigen und Hochgelehrten Herrn N. N. treueiferigen Seelsorger der Gemeinde zu N. Meinem Hochgeehrtesten Herrn.

An einen Studiosum Theologiæ.

Dem Wohlehrwürdigen und Hochgelehrten Herrn N. N. Theologiæ Studioso, (der heiligen Schrift Beflissenen) Meinem Hochgeehrten Herrn.

An einen Studiosum Juris, Medicinæ & Philosophiæ.

Dem Hochedlen und Hochgelehrten Herrn N. N. der Rechten (der Arzneywissenschaft) (der Weltweisheit) Beflissenen. Meinem Hochgeehrten Herrn.

An einen Oberamtmann.

Dem Hochedelgebohrnen und Hochgelehrten Herrn N. N. Herzogl. Würtemb. Hoch-

angesehenen Oberamtmann ꝛc. Meinem Hochzuverehrenden Herrn.

An einen Amtmann.

Dem Hochedelgestrengen und Hochachtbaren
Herrn N. N. Herzogl. Wurtemb. bestverdienten
Amtmann zu N. Meinem Hochgeehrtesten Herrn.

An einen Stadtschreiber.

Dem Hochedlen und Hochgeachten Herrn N. N.
Hochwohlverordneten Stadtschreibern zu N.
Meinem ꝛc.

An einen Burgermeister.

Dem Hochedlen und Wohlweisen Herrn
N. N. Wohlverdienten Burgermeistern zu N.
Meinem ꝛc.

An einen Gerichts- und Rathsver-
wandten.

Dem Wohledlen Herrn N. N. Wohlangesehenen Gerichts- oder Rathsherrn zu N. Meinem
Vielgeehrtesten Herrn.

An Frauenzimmer.

Der Hochedlen, (Wohledlen) (Edlen) Ehren-
und Tugendgezierten Frau, (Jungfer) N. N.
Meiner Hochgeehrten, Vielgeehrten, Geehrten
Frau, (Jungfer.)

Dritte

Dritte Zugabe.
Von mündlichen Reden bey Geburten, Hochzeiten, Leichen, Geburts= und Namenstagen, auch neuem Jahre.

Glückwünsche bey Geburten.

Mein Herr! Ich erfreue mich von Herzen, daß die werthe Frau Liebstin glücklich entbunden, und Ihr werthes Haus mit einem jungen Erben ist gesegnet worden. Ich gratulire Ihnen deswegen, und wünsche von Herzen, daß der liebe GOtt sowohl die Frau Liebstin, als auch das liebe Kind samt Ihnen, in seiner Gnade und Segen erhalten wolle, damit wir jederzeit Ursache haben, uns über die grosse Güte unsers GOttes zu erfreuen.

Ein anderer.

Zu der glücklichen Entbindung Dero Frau Liebstin gratulire ich von Herzen. Der liebe GOtt stärke die Frau Kindbetterin, und lasse das Kind, zu seiner Eltern Freude, in seinem Segen wachsen und zunehmen, damit Sie in Zukunft an demselben viele Freude und Vergnügen erleben mögen.

Ein anderer.

Daß die Frau Liebstin so glücklich entbunden, und Sie mit einem jungen Sohne (Tochter) gesegnet worden, hat mich sehr erfreuet. Ich wünsche also nur, daß der Herr die Frau Liebstin, das liebe Kind samt Ihnen, gesund erhal=

halten, und Ihr werthes Haus mit immer mehrerem Glück und Segen überschütten wolle.

Ein anderer.

Hochwerthe Frau! Es freuet mich von Herzen, daß Ihnen der liebe Gott so glücklich durch Ihre Geburt geholfen, und Sie mit einem jungen Erben gesegnet hat. GOtt erhalte Sie samt dem Herrn Liebsten und dem lieben Kinde, in beständiger Gesundheit und Wohlergehen, und lasse mich jederzeit lauter angenehme Nachrichten von dem gesegneten Zustande Ihres Hauses erhalten.

Glückwünsche bey Hochzeiten.

Mein Herr Bräutigam! Ich gratulire von Herzen zu der glücklichen Heyrath, welche Sie getroffen, und nun durch priesterliche Copulation vollziehen wollen. GOtt der Stifter des heil. Ehestandes, begleite den Anfang und Fortgang mit vielem Segen, und lasse Sie samt der Jungfer Braut, beständiges Vergnügen und Wohlergehen in solchem Stande geniessen.

Ein anderer.

Wertheste Jungfer Braut! Ihre wohlgetroffene Heyrath erfreuet mich von Herzen. Noch mehr aber, daß Sie mir die Ehre angethan haben, und mich zu Ihrer Hochzeit einladen lassen. Ich wünsche also nur, daß die Hochzeitfreude vergnügt vollbracht, und der ganze Ehestand friedlich, beglückt und gesegnet werden möge.

Ein anderer.

Werthester Herr Bräutigam! Es ist mir lieb, daß ich Ihme bey einer so angenehmen Gelegenlegenheit dienen kan. GOtt gebe Ihm Glück zu dem neuen Stande, und lasse Ihn viele Jahre eine liebreiche, friedliche, vergnügte und gesegnete Ehe erleben.

Ein anderer.

Wertheste Frau Braut! Es freuet mich von Herzen, daß Ihr der HErr den Verlust des sel. Mannes wiederum durch die neu getroffene Heyrath so wohl ersetzet hat. Ich wünsche also Glück zu dieser Ehe, besonders aber, daß sie der liebe GOtt nicht so bald, wie die erste trennen, sondern dauerhaft, friedlich und beglückt machen wolle.

Ein anderer.

Jungfer Braut! Ich wünsche Ihr viel Seegen und beständiges Vergnügen und Wohlergehen zu der getroffenen Heyrath. GOtt wolle Ihr dadurch eine glückliche, liebreiche und vergnügte Ehe beschehren.

Leidbezeugungen bey Leichen.

Ich bedaure den Tod Ihres sel. Vaters, (Mutter,) und nehme an Ihrem tiefen Leid grossen Antheil. Die Wunde ist freylich groß und schmerzlich: doch der sie geschlagen hat, wird sie auch wieder heilen. Wir müssen in unsern Thränen Masse halten, und uns die Führung und den gnädigen Willen GOttes gefallen lassen. Der ist und bleibet doch der beste. Der HErr erfülle also nur Ihr Herz mit Trost, und ersetze diesen Verlust anderswo, durch seinen väterlichen Segen und beständiges Wohlergehen.

Ein anderer.

Der frühzeitige Tod Ihres lieben Sohnes (Tochter) ist mir sehr empfindlich, und ich kan mir auch wohl vorstellen, wie es Ihnen seyn mag, einen so hofnungs-vollen Sohn, (Tochter) in der besten Blüthe der Jahren zu verlieren. Allein wenn wir bedenken, daß wir hier keine bleibende Stätte haben, und es dem Seligen nunmehr ewig wohl ist, so können wir uns auch wieder aufrichten, denn GOtt läßt uns nicht versucht werden über unser Vermögen, und ein übermäßiges Klagen gefället ihm nicht. Wir wollen uns also seinem heiligen Willen in Gedult überlassen. Er wird auch diesen Verlust durch seinen Segen anderwerts wieder zu ersetzen wissen.

Ein anderer.

Es ist mir leyd, daß Sie durch den Tod Ihres Mannes so sehr betrübet worden sind. Der Herr tröste Sie in diesem Leyd, und erfreue Sie anderwerts. Den Seligen aber erquicke er in seiner ewigen Ruhe.

Ein anderer.

Das frühzeitige Absterben der nunmehr seligen Frau Liebstin bedaure ich sehr. GOtt, der Ihr Herz durch diesen Fall empfindlich gerühret hat, erfülle es auch wieder mit Trost und Freude, und gebe Ihnen seinen heiligen Willen in Gedult und Gelassenheit zu erkennen. Er bewahre Ihr Haus lange Zeit für solchen traurigen Schicksalen,

salen, und wende Ihnen anderwärtiges Glück und Wohlergehen reichlich zu.

Ein anderer.

Ich bezeuge mein herzliches Beyleid, da sich ein so unvermutheter empfindlicher Todesfall in Ihrem werthen Hause ereignet hat, und wünsche, der Höchste wolle Ihnen in Ihrer Betrübnis reichen Trost, und hinfuhro viel Vergnügen und Wohlergehen verleyhen.

Ein anderer.

Ich condolire herzlich, daß ein so betrübter Fall Ihr Haus betroffen, und wünsche, GOtt wolle Sie anjetzo kräftig trösten, und künftig auf andere Weise erfreuen.

Ein anderer.

Ich trage Leid für die sel. Verstorbene, und bedaure auch Ihn, daß Er so hart von GOtt heimgesucht worden ist. Doch es ist sein gnädiger Wille, den wir uns gefallen lassen wollen. Ich wünsche also nur, daß der HErr statt der Betrübniß, sein Herz bald mit anderwärtiger Freude erfüllen und erquicken wolle.

Glückwünsche zu Geburts- und Namenstagen.

Ich gratulire zu Ihrem neu erlebten Geburtstag (Namenstag, und wünsche von Grund der Seelen, daß Sie diesen erfreulichen Tag nicht nur heute, sondern noch vielmal bey guter Gesundheit und erwünschtem Wohlseyn begehen mögen.

Ein anderer.

Ueber seinen abermals glücklich erlebten erfreulichen Geburtstag (Namenstag) bin ich sehr vergnügt, besonders da ich ihn daran in so gutem Wohlstand sehe. GOtt lasse Ihn noch viel solche frohe Tage erleben, und erhalte Ihn bey langer Gesundheit, damit ich mich an seinem Wohlergehen noch lange Jahre ergötzen möge.

Ein anderer.

Ich erfreue mich von Herzen, daß dein angenehmer Geburtstag (Namenstag) abermal zu unserm Vergnügen erschienen ist, und du denselben gesund und vergnügt begehen kanst. Ich wünsche dir viel Glück dazu. GOtt lasse dich diesen Tag noch vielmal wohl und gesund erleben. Das wenige, so ich dir dabey überreiche, bitte ich nicht zu verschmähen, und als ein Zeichen meiner aufrichtigen Liebe anzunehmen.

Glückwünsche zum neuen Jahr.

Ich erfreue mich, daß ich die Ehre und das Vergnügen habe, Sie bey dem Antritt dieses neuen Jahres gesund und wohl zu sehen. Ich wünsche Ihnen auch alle göttliche Gnade und Segen nicht nur zu diesem, sondern noch vielen nachkommenden Jahren. Der HErr erhalte Sie und die Ihrige in stetem Wohlergehen, und schenke Ihnen, was zu Seele und Leib ersprießlich ist.

Ein anderer.

Liebe Eltern! Ich schätze es für ein grosses Glück, daß ich euch bey dem Eintritt dieses

Jahres in guter Geſundheit und Wohlſeyn erblicken kan. Ich gratulire disfalls auch von Herzen. Ich danke für alle mir bisher erwieſene elterliche Liebe und Treue, und wünſche, daß es der liebe GOtt in dieſem und noch vielen nachfolgenden Jahren, mit vielem Segen vergelten wolle.

Ein anderer.

Ich gratulire dir auch zum neuen Jahre. Ich wünſche dir beſtändige Geſundheit, Glück und Segen, und alles dasjenige Gute, was dir an Seel und Leib mag heilſam ſeyn. Anbey getröſte ich mich deiner fernern Liebe und Freundſchaft, und verſichere dich auch der Meinigen.

Anmerkung.

Auf ſolche Komplimenten muß man auch ein kurzes Gegen-Kompliment machen. Das iſt aber leicht, nemlich: Man dankt nur für den gütigen Wunſch oder Leidbezeugung, wünſchet wiederum alles wahre Wohl dargegen an, und empfiehlet ſich zu fernerer Liebe und Freundſchaft; z. E. Ich danke von Herzen für den wohlgemeinten guten Wunſch. GOtt wolle denſelben erfüllen, und auch Ihnen alles wahre Wohlergehen verleyhen, anbey verſehe ich mich zu weiterer Freundſchaft, wie ich auch nicht ermangeln werde, Ihnen dafür Lebenslang ergeben zu bleiben.

Gute Dinten anzusetzen.

℞. Gallus 4. Loth, Vitriol 3. Loth,
  Gummi Arabicum, 1 Loth,
  Eine Hand voll Salz,

dieses wird gröblich zerstossen, und ein halbe Maas Essig darauf gegossen, und wann es einen Tag auf dem Ofen gestanden, dazu eine Maas weisses Bier gethan, und etliche Tage in Digestion gestellet.

Ein admirables Dintenpulver, so man beständig auf der Reise bey sich führen kan.

℞. Türkischen Gallus. 6. Loth,
  Vitriol, der von der Sonne gedörret ist, 4. Loth.
  Gummi Arabici, 2. Loth,
  Alum. Usti, 1. Loth, Weinstein, 1. Loth.
  Sol nitri, 2. Quintlein,

zerstosse jedes besonders in einem Mörser zu zartem Pulver, und thue es unter einander gemengt in einen Kessel, laß es da innen ein wenig warm und hart werden, darnach sieb es durch ein Haarsieb, verwahre es in einer Schachtel zum Gebrauch. Wilst du nun geschwinde Dinte haben, so nimm ein wenig Wasser oder Bier, oder weissen Wein, welcher besser ist, rühre etwas von dem Pulver darein, so hast du gute Dinte.

Gefärbten Sand zu machen.

Man nimmt einen weissen Sandstein, und verklopft solchen zart, etwas gröber als Schreibsand; alsdann nimmt man ein Dockengeschirr, und reibet ihn recht fein ab auf einem Farbenstein; man thut solchen in ein Gefäß, und schüttet Wasser daran; der Sand aber muß zuvor durch ein feines Sieb gesiebet werden; alsdann schüttet man diesen Sand in die Farben, sie mögen vor eine Farbe haben, was sie wollen, und rührt solches alles unter einander, bis man glaubt, der Sand möchte durchaus gefärbet seyn; laß es stehen, bis es wiederum trocken ist, und zerreibe es mit den Händen.

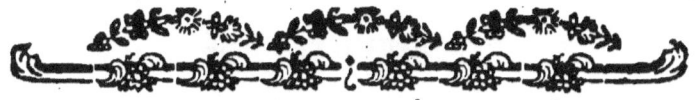

Register

A.

Abrathungsbrief	262
Abschiedsbrief, Anleitung sie zu schreiben	208
— — an einen Patronen	209=212
— — an Freunde und Verwandte	213=216
— — an ein Frauenzimmer	216=224
Anerbietungsbrief	256
— Waaren aus der Messe mitzubringen	257
Anrathungsbrief wegen einer Heyrath	258
Anwerbungsbrief an eine Wittwe	235
Assignationen	293. 299

B.

Beklagungsbrief	264=268
Berathschlagungsbrief	276
— wegen seinem Sohn	279
Bescheinungen	293. 300
Beschenkungsbrief, was dabey zu beobachten ist	167
— zu einem Christ=Geschenke	168=170
— zu einem Neu Jahrs=Geschenk	170=172
— zu einem Hochzeit=Geschenk	173=175
— zu einem Gevatter=Geschenk	175. 176
— zu einem Geschenk auf den Geburtstag	177
— — — auf den Namenstag	178
— zu einer freywilligen Verehrung	179=181
— zu einer Verehrung aus schuldiger Dankbarkeit	182=184

X 4   Bitt=

Register.

Bittbrief, deſſen Erforderniſſe   225
— oder Memoriale einer Pfarrerswittwe um das Wittwengeld aus dem Fiſco Charitativo   226
— um ein Frucht-Gratiale   227
— um ein abermaliges Frucht-Gratiale   229
— um das jährl. Opfer aus der Herzogl. Hof-Capelle   234
— darinn man jemand zu heyrathen begehrt   235. 236
— darinn man einen andern bittet, ihm eine Braut zu werben   239
— um Recommendation   241
— Geld zu entlehnen   243-246
— die Vormundſchaft anzunehmen   282-286
— um Waaren   246-248
— um einige Nachrichten   248-253
— ihm einen Brief einzuſchlieſſen   254
— darinn man einen zum Gevatter bittet   74-82

C.

Communionſchein   340
Condolenz-Trauer-und Troſtbriefe, ihre Eigenſchaften   97
— über den Tod eines Vaters   99
— über den Tod eines Sohns   100
— über den Tod einer Mutter   102
— über den Tod ſeiner Frau   104
— — — ſeines Bruders   106
— — — ihres Mannes   107
— — — ihres Kindes   109
— wegen zurückgegangener Beförderung   111

Register.

Condolenzbrief, wegen zugestoßener Krankheit   113–115
— wegen einem Pferdsturz und Beinbruch   116
— wegen nächtlichem Einbruch und Plündern   118
— wegen erlittenem Feuer Schaden   119–120
— wegen fehlgeschlagener Heyrath   122
— wegen mancherley Hauskreutz   123
— wegen grosser Armuth   124
Condolenz Reden   321–323
Copulations Schreiben   304
— Scheine   303

D.

Danksagungsbriefe, deren Eigenschaften   185
— für ein Christ Geschenke   186–188
— für ein Neujahr Geschenke   189–190
— für ein Gevatter Geschenk   193–194
— für ein Geschenk auf seinen Geburtstag   195
— — auf den Namenstag   196
— für freywillige Geschenke   196–197
— für Geschenke aus schuldiger Dankbarkeit   198
— für erwießene Gütigkeit, Ehre, und Wohlthaten   199
— für erwießene Dienste und Hülfe   204–205
— für den gütigen Besuch   279

E.

Einladungsbriefe, deren Eigenschaften   63
— zur Hochzeit   64–73
— zur Kindtauf oder Gevatterschaft   74–88

Register.

Einladungsbriefe, zu einem Leichenbegängniß 83-85
— zu einem Besuch 85-88
— zu einem Gastmahl 88
— zu einem Kirchweihfest 90
— in die Vacanz 92
— zu einer Reise 93
— in den Herbst 95
Empfehlungsbrief für eine Haushälterin 271
— seines Freunds an einen dritten 272
— darinn man seinem Sohn das Schreiben empfiehlt 280
— darinn man einen jungen Menschen seinem Bekannten empfiehlt 288
Entschuldigungsbrief warum man bisher nicht habe schreiben können. 268
— darinn man den Vorwurf eines übeln Nachredens von sich ablehnet 267
— daß man mit den verlangten Waaren nicht dienen kan 282
— daß man die Vormundschaft nicht übernehmen kan 285
Ermahnungsbrief 269-270

F.

Forderungsbrief 273. 274
Freundschaftsbriefe deren Eigenschaften
— darinn man sich um die Freundschaft eines dritten bewirbt 1-5
— an einen Anverwandten, den man noch nicht kennt 6
— an einen Pfarrer, mit dem man zu thun hat, ihn aber nicht kennet 8-10

Freund-

Register.

Freundschaftsbrief, an ein junges Frauenzimmer, mit der man bekannt werden möchte   11
— an einen, mit dem man erst kürzlich bekannt worden ist   13=18
— an ein Frauenzimmer, mit dem man sich bey einer Hochzeit lustig gemacht hat   18
— an eine Anverwandtin   20

G.

Geburtsscheine   300=301
Gevatterbriefe   74=82
Glückwünschungsbriefe, deren Erfordernisse   22
— zum neuen Jahr   23=29
— zum Geburtstag   30
— zum Namenstag   32=34
— zu getroffener Heyrath   35=41
— wegen einer Entbindung, oder Kinder-Segen   41=44
— zu erhaltener Bedienstung   45=48
— an eine Wittwe, deren Sohn ins Kloster aufgenommen worden   48
— an eine Befreundin, die eine Cammerjungfer worden   49
— an einen Lieutenant bürgerl. Stands   50
— an einen Bruder, der einen Schuldienst erhalten   51
— wegen gesegneter Erndte   52
— zu glücklicher Reiße   52
— an einen, der glücklich von der Reiße zurück gekommen ist   55. 279

Glück=

Register.

Glückwünschungsbrief, an einen Bruder, der
   glücklich aus der Fremde gekommen
   ist   57
— wegen überstandener Krankheit   58-60
— wegen gewonnenen Proceßes   61
— wegen eines Gewinnstes in der Lotterie   62
Glückwünsche, mündliche bey Geburten   319
— bey Hochzeiten   320-321
— bey Geburtstagen   323
— bey Namenstagen   324
— zum neuen Jahr   325

H.

Hochzeitsbriefe   64-72
Hochzeitgeschenke, Danksagung dafür   191-193
Hochzeits Glückwünsche   320

K.

Klagbriefe   97-111
— wegen dem langen Aussenbleiben eines
   Briefs   265
— wegen übelem Nachreden   267
— wegen aufgehebtem Verspruch   287

M.

Mahn- und Forderungsbrief   273-275
Memoriale einer Pfarrers-Wittwe um das
   Wittwengeld aus dem Fisco charitativo   226
— um ein Frucht gratiale   227-229
— um Erlassung des Bestandgeldes wegen erlittenem Schaden   230
Mortificationschein   393-399
Mündliche Reden bey Geburten   319
— bey Hochzeiten   320

Register.

Mündliche Reden bey Leichen   321-323
— bey Geburts- und Namenstagen   323
— bey dem neuen Jahr   323

N.

Nachrichten, was bey solchen Briefen zu beobachten   126
— von vorhabender Heyrath   127-129
— von getrofener Heyrath   131-133
— von glücklicher Entbindnng   134-135
— von bevorstehender Confirmation   136-138
— von einer zugestossenen Krankheit   139-141
— von einem Todesfall   142-148
— von einem erhaltenen Dienst   148-150
— von einem grossen Wetterschaden   151
— von einer Feuersbrunst   152
— von vorhabender Reiße   153
— von seinem Aufenthalt   155
— von seiner Heimkunft   156
— von erhaltenen Waaren   158-161
— von Neuigkeiten   161
— von der Erndte   165
— von dem Weineinkaufen   164
— von Büchern   166
— daß die Leinwand auf die Bleiche gethan worden ist   281

O.

Obligationen, was sie sind   292
— nach wechselrecht: 292
— allerhand   294-296

Q.

Quittungen, was sie sind   292

Register.

Quittungen, verschiedene   297=298

R.

Reden, siehe mündliche   319

S.

Scheine   299. 300
— siehe Tauf, Communion=Copulations= und Todesscheine
Schuldverschreibungen   292. 294
Supplik an den Kirchen Convent um ein wöchentliches Almoßen   231
— um eine Krankensteuer   234

T.

Taufscheine   300. 301
Titul, was dabey zu beobachten ist   305
— in Briefen   305=312
— auf Briefen   312=318
Todesscheine   304
Trauerbriefe   83=87. 97=110
Trostbriefe   97=124

V.

Vermahnungsbrief   269. 270
Vermischte Briefe, was dabey zu beobachten ist   255
— allerhand   256
Vormundschaftsbriefe, darinn man einem die Vormundschaft aufträgt   282=285

W.

Wiederrufungsbrief, darinn man ein Verlöbniß aufzuheben sucht   286
— darinn man zweydeutige Worte wiederruft   268

Leichte

Anweisung

Leichte und deutliche

Anweisung

bey welcher man finden kan,

wie weit

die vornehmste Städte in Europa

von

einander entlegen sind.

Von Amsterdam.

bis	sind Meilen	bis	sind Meilen	bis	sind Meilen
Augspurg	83	Gent	53	Magdeburg	65
Berlin	88	Genua	73	Maynz	49
Braunschweig	56	Halle in Sachs.	68	Malta	316
Bremen	38	Hamburg	46	Marburg	43
Breßlau	118	Heydelberg	57	Meissen	81
Carlsruhe	60	Hildesheim	50	Merseburg	69
Cassel	47	Jerusalem	563	München	90
Coburg	67	Ingolstadt	80	Münster	26
Cölln	26	Inspruck	107	Naumburg	67
Constantinop.	365	Kemniz	79	Nördlingen	73
Copenhagen	150	Kizingen	64	Nürnberg	73
Cracau	145	Königsberg	183	Paris	76
Danzig	134	Landshut	89	Prag	98
Dreßden	84	Leipzig	73	Presburg	135
Erfurt	62	Lissabon	285	Regenspurg	85
Frft. am Mayn	50	London	66	Riga	256
– an der Oder	88	Lübeck	56	Rom	205
Geneve	119	Lüneburg	50	Rostock	71

Von

Von Amsterdam.

bis	sind Meilen	bis	sind Meilen	bis	sind Meilen
Salzburg	104	Stuttgardt	66	Wien	128
Speyer	59	Trier	42	Wittenberg	75
Stettin	90	Tübingen	70	Worms	53
Stockholm	240	Turin	60	Würzburg	64
Strasburg	64	Venedig	146	Zerbst	67
Stralsund	82	Ulm	75	Zwickau	80

Von Augspurg.

bis	sind Meilen	bis	sind Meilen	bis	sind Meilen
Berlin	71	Hildesheim	66	Prag	45
Braunschweig	64	Jerusalem	472	Presburg	78
Bremen	76	Ingolstadt	9	Regenspurg	18
Breßlau	78	Inspruck	26	Riga	205
Carlsruh	24	Königsberg	154	Rom	120
Cassel	49	Landshut	12	Rostock	89
Coburg	33	Leipzig	54	Salzburg	25
Cölln	58	Lissabon	305	Speyer	30
Constantinop.	280	London	145	Stettin	85
Copenhagen	118	Lübeck	80	Stockholm	205
Cracau	79	Lüneburg	78	Strasburg	30
Danzig	120	Magdeburg	60	Stralsund	93
Dreßden	52	Maynz	42	Stuttgardt	18
Erfurt	44	Malta	230	Trier	48
Frft. am Mayn	36	Marburg	43	Tübingen	17
,, an der Oder	70	Meissen	48	Venedig	66
Geneve	56	Merseburg	50	Ulm	9
Gent	84	München	9	Wien	62
Gotha	40	Naumburg	48	Wittenberg	56
Hall in Sachsen	50	Nördlingen	9	Worms	34
Hamburg	86	Nürnberg	17	Würzburg	23
Heydelberg	31	Paris	108	Zürich	26

Von Berlin.

bis	sind Meilen	bis	sind Meilen	bis	sind Meilen
Augspurg	71	Ingolstadt	60	Prag	37
Braunschweig	25	Inspruck	86	Presburg	72
Bremen	43	Kemnitz	24	Regenspurg	54
Breßlau	40	Kitzingen	50	Riga	162
Cassel	40	Königsberg	76	Rom	190
Coburg	38	Landshut	60	Rostock	26
Cölln	73	Leipzig	20	Salzburg	68
Constantinop.	285	Lissabon	370	Speyer	65
Coppenhagen	80	London	158	Stettin	20
Cracau	70	Lübeck	31	Stockholm	166
Danzig	55	Lüneburg	33	Strasburg	80
Dresden	20	Magdeburg	16	Stralsund	29
Erfurt	30	Mayntz	58	Stuttgardt	64
Frft. am Mayn	55	Malta	290	Trier	75
,, an der Oder	10	Marburg	50	Tübingen	67
Geneve	104	Meissen	11	Venedig	120
Gent	93	Merseburg	44	Ulm	67
Hall in Sachsen	30	München	72	Wien	84
Hamburg	33	Münster	255	Wittenberg	12
Heydelberg	63	Naumburg	24	Worms	62
Hildesheim	31	Nördlingen	60	Würzburg	50
Jerusalem	482	Nürnberg	54	Zerbst	14
		Paris	156	Zürich	97

Von Braunschweig

bis	sind Meilen	bis	sind Meilen	bis	sind Meilen
Bremen	18	Dresden	33	Hildesheim	6
Breßlau	60	Erfurt	20	Jerusalem	510
Cassel	26	Frankf. a. M.	37	Ingolstadt	53
Coburg	28	Frankf. a. d. O.	33	Inspruck	83
Cölln	40	Gent	70	Königsberg	110
Constantinop.	300	Gotha	23	Leipzig	21
Coppenhagen	77	Hall in Sachs.	16	Lissabon	344
Cracau	91	Hamburg	23	London	180
Danzig	83	Heydelberg	45	Lübeck	15

Von Braunschweig

bis	sind Meilen	bis	sind Meilen	bis	sind Meilen
Lüneburg	13	Prag	48	Stuttgardt	51
Magdeburg	11	Preßburg	85	Trier	55
Maynz	40	Regenspurg	51	Tübingen	54
Malta	295	Riga	190	Venedig	120
Marburg	29	Rom	280	Ulm	65
Meissen	30	Rostock	30	Wien	84
Merseburg	17	Salzburg	74	Wittenberg	20
		Speyer	84		
München	63	Stettin	40	Worms	43
Naumburg	18	Stockholm	147	Würzburg	40
Nürnberg	47	Strasburg	62	Zerbst	15
Paris	117	Stralsund	40	Zwickau	36

Von Bremen.

bis	sind Meilen	bis	sind Meilen	bis	sind Meilen
Breßlau	75	Königsberg	138	Regenspurg	67
Cassel	26	Kemnitz	49	Riga	165
Coburg	43	Kitzingen	48	Rom	193
Cölln	35	Landshut	72	Rostock	35
Constantinop.	335	Leipzig	41	Salzburg	85
Coppenhagen.	78	Lissabon	330	Speyer	52
Cracau	110	London	100	Stettin	45
Danzig	98	Lübeck	22	Stockholm	192
Dreßden	52	Lüneburg	14	Strasburg	65
Erfurt	35	Magdeburg	29	Stralsund	46
Frft. am Mayn	41	Maynz	42	Stuttgardt	58
ß an der Oder	51	Malta	318	Trier	50
Gent	55	Marburg	30	Tübingen	61
Hall in Sachsen	36	Meissen	52	Venedig	138
Hamburg	12	München	76	Ulm	65
Heydelberg	50	Naumburg	38	Wien	104
Hildesheim	17	Nürnberg	58	Wittenberg	40
Jerusalem	584	Paris	118	Worms	48
Ingolstatt	65	Prag	66	Würzburg	45
Jnspruck	95	Preßburg	106	Zerbst	36

Von Breßlau.

bis	sind Meilen	bis	sind Meilen	bis	sind Meilen
Caſſel	65	Ingolſtadt	62	Riga	135
Coburg	50	Inſpruck	96	Rom	150
Cölln	90	Königsberg	76	Roſtock	58
Conſtantinop.	236	Leipzig	44	Salzburg	58
Coppenhagen	115	Liſſabon	363	Speyer	80
Cracau	36	London	184	Stettin	40
Danzig	58	Lübeck	71	Stockholm	172
Dreßden	31	Lüneburg	71	Strasburg	90
Erfurt	53	Magdeburg	45	Stralſund	75
Frft. am Mayn	74	Maynz	86	Stuttgardt	74
,, an der Oder	28	Malta	260	Trier	95
Geneve	127	Marburg	73	Tübingen	77
Gent	124	München	66	Venedig	104
Gotha	54	Naumburg	46	Ulm	73
Hall in Sachſen	41	Nürnberg	62	Wien	53
Hamburg	74	Paris	180	Worms	78
Heydelberg	78	Prag	32	Würzburg	64
Hildesheim	60	Presburg	42	Zerbſt	45
Jeruſalem	450	Regenspurg	52	Zürich	100

Von Caſſel.

bis	sind Meilen	bis	sind Meilen	bis	sind Meilen
Coburg	22	Heydelberg	27	München	50
Cölln	25	Hildesheim	14	Naumburg	22
Coppenhagen	85	Ingolſtadt	40	Nürnberg	37
Cracau	102	Inſpruck	70	Paris	104
Danzig	102	Königsberg	133	Prag	52
Dreßden	39	Leipzig	26	Presburg	90
Erfurt	14	London	113	Regenspurg	42
Franff. a. M.	20	Lübeck	36		
,, an der Oder	40	Lüneburg	28	Riga	215
Gent	57	Magdeburg	25	Rom	165
Gotha	22	Maynz	20	Roſtock	48
Göttingen	6	Malta	273	Salzburg	61
Hall in Sachſ.	24	Marburg	10	Speyer	30
Hamburg	33	Merſeburg	25	Stettin	58

Von Cassel.

bis	sind Meilen	bis	sind Meilen	bis	sind Meilen
Stockholm	220	Stuttgardt	35	Venedig	110
				Ulm	40
Strasburg	45	Trier	36	Wien	84
Stralsund	58	Tübingen	38	Worms	25

Von Coburg.

bis	sind Meilen	bis	sind Meilen	bis	sind Meilen
Cölln	43	Leipzig	21	Rostock	59
Constantinop.	295	Lissabon	324	Salzburg	45
Coppenhagen.	118	London	135	Speyer	31
Cracau	85	Lübeck	54	Stettin	49
Danzig	94	Lüneburg	49	Stockholm	216
Dreßden	33	Magdeburg	28	Strasburg	43
Erfurt	11	Maynz	27	Stralsund	60
Frft. am Mayn	24	Marburg	25	Stuttgardt	31
,, an der Oder	40	München	38	Trier	47
Gent	74	Nürnberg	15	Tübingen	34
Hall in Sachsen	18	Paris	115	Venedig	93
Hamburg	47	Prag	32	Ulm	31
Hildesheim	27	Presburg	76	Wien	68
Ingolstatt	26	Regensburg	25	Worms	30
Inspruck	54	Riga	189	Würzburg	12
Königsberg	126	Rom	150	Zwickau	16

Von Cölln.

bis	sind Meilen	bis	sind Meilen	bis	sind Meilen
Constantinop.	330	Dreßden	63	Gent	32
Coppenhagen	142	Erfurt	41	Gotha	40
Cracau	126	Frankf. a. M.	24	Hall in Sachs	50
Danzig	125	,, an der Oder	73	Hamburg	46
				Heydelberg	28

Jerus

Von Cölln.

is	sind Meilen	bis	sind Meilen	bis	sind Meilen
...ildesheim	35	Marburg	18	Stettin	80
...erusalem	534	Meissen	60	Stockholm	245
...ngolstadt	52	München	62	Strasburg	37
...nspruck	78	Naumburg	47	Stralsund	78
...ißingen	37	Nürnberg	48	Stuttgardt	44
...önigsberg	165	Paris	75	Trier	18
...eipzig	52	Prag	75	Tübingen	48
...ssabon	290	Presburg	110	Venedig	118
...ondon	86	Regenspurg	60	Ulm	45
...übeck	53	Riga	196	Wien	103
...üneburg	44	Rom	176	Wittenberg	56
...agdeburg	50	Rostock	67	Worms	25
...aynz	24	Salzburg	76	Würzburg	40
...alta	288	Speyer	28		

Von Coppenhagen.

is	sind Meilen	bis	sind Meilen	bis	sind Meilen
...racau	108	Kemniz	108	Regenspurg	130
...anzig	40	Leipzig	97	Riga	110
...reßden	110	Lissabon	430	Rom	240
...rfurt	99	London	205	Rostock	62
...ranff. a. M.	107	Lübeck	60	Salzburg	102
...an der Oder	98	Lüneburg	63	Speyer	108
...ent	117	Magdeburg	83	Stettin	100
...all in Sachs.	93	Maynz	110	Stockholm	102
...amburg	55	Malta	345	Stuttgardt	123
...eydelberg	140	München	148	Trier	95
...ildesheim	95	Nürnberg	133	Tübingen	126
...erusalem	505	Paris	245	Venedig	196
...ngolstadt	124	Prag	105	Ulm	100
...nspruck	166	Presburg	130	Wien	162

Von Danzig.

is	sind Meilen	bis	sind Meilen	bis	sind Meilen
...reßden	75	...an der Oder	52	Hall in Sachs.	78
...rfurt	90	Gotha	93	Hamburg	86
...ranff. a. M.	116	Gent	150	Hildesheim	90

Von Danzig.

bis	ſind Meilen	bis	ſind Meilen	bis	ſind Meilen
Ingolſtadt	114	Marburg	110	Strasburg	136
Inſpruck	134	München	120	Stralſund	55
Königsberg	24	Nürnberg	105	Stuttgardt	122
Leipzig	80	Paris	210	Trier	136
Liſſabon	448	Prag	80	Tübingen	125
London	216	Regenſpurg	105	Venedig	158
Lübeck	80	Riga	100	Ulm	123
Lüneburg	85	Rom	220	Wien	87
Magdeburg	76	Roſtock	65	Worms	122
Maynz	119	Stettin	45	Würzburg	110
Malta	316	Stockholm	115	Zerbſt	74

Von Dreßden.

bis	ſind Meilen	bis	ſind Meilen	bis	ſind Meilen
Erfurt	26	Lüneburg	44	Speyer	53
Frankf. a. M.	53	Magdeburg	25	Stettin	40
ſs an der Oder	20	Maynz	57	Stockholm	195
Geneve	107	Malta	260	Strasburg	63
Gent	94	Marburg	45	Stralſund	52
Gotha	29	München	47	Stuttgardt	48
Hall in Sachſ.	16	Naumburg	19	Trier	68
Hamburg	54	Nördlingen	42	Tübingen	51
Hildesheim	36	Nürnberg	36	Venedig	96
Jeruſalem	481	Paris	140	Ulm	50
Ingolſtadt	40	Prag	17	Wien	50
Inſpruck	65	Presburg	55	Wittenberg	10
Königsberg	100	Regenſpurg	33	Worms	50
Leipzig	13	Riga	184	Würzburg	42
Liſſabon	348	Rom	158	Zerbſt	20
London	156	Roſtock	48	Zwickau	12
Lübeck	48	Salzburg	46		

Von Erfurt.

bis	ſind Meilen	bis	ſind Meilen	bis	ſind Meilen
Fkfrt. a. Mayn	27	Göttingen	13	Hall in Sachſ.	11
ſs an der Oder	37	Gotha	3	Hamburg	44

Von Erfurt.

bis	sind Meilen	bis	sind Meilen	bis	sind Meilen
Hildesheim	18	Nürnberg	30	Strasburg	48
Ingolstadt	36	Paris	128	Stralsund	52
Inspruck	65	Prag	38	Stuttgardt	37
		Regenspurg	33	Trier	50
Königsberg	113	Riga	200	Tübingen	40
Leipzig	13	Rom	164	Venedig	102
London	130	Rostock	45	Ulm	40
Lübeck	38	Salzburg	52	Wien	68
Magdeburg	16			Wittenberg	19
Maynz	30	Speyer	36	Würzburg	26
Marburg	24	Stettin	48	Zerbst	16
München	45	Stockholm	245	Zwickau	16

Von Frankfurt am Mayn.

bis	sind Meilen	bis	sind Meilen	bis	sind Meilen
Dresden	53	London	110	Rom	156
Erfurt	57	Lübeck	54	Rostock	65
Frankf. a. b. O.	66	Lüneburg	45	Salzburg	54
Geneve	64	Magdeburg	40	Speyer	13
Gent	55	Maynz	4	Stettin	73
Hall in Sachs	37	Malta	268	Stockholm	235
		Marburg	12		
Hamburg	52	Meissen	45	Strasburg	28
Heydelberg	12	Merseburg	37	Stralsund	75
Hildesheim	31	München	40	Stuttgardt	18
Jerusalem	510	Münster	30	Trier	23
Ingolstadt	31	Naumburg	34	Tübingen	21
Inspruck	58	Nördlingen	24	Venedig	98
				Ulm	26
Kemniz	41	Nürnberg	27	Wien	82
Kizingen	15	Paris	90	Witterberg	45
Königsberg	150	Prag	60	Worms	10
Landshut	40	Presburg	96	Würzburg	15
Leipzig	40	Regenspurg	37	Zerbst	42
Lissabon	300	Riga	230	Zwickau.	38

Von Franckfurt an der Oder.

bis	sind Meilen	bis	sind Meilen	bis	sind Meilen
Gent.	104	Maynz	65	Speyer	70
Hamburg	50	Malta	200	Stettin	15
Hall in Sachs.	25	Marburg	57	Stockholm	160
Hildesheim	40	Meissen	20	Strasburg	83
Jerusalem	480	Merseburg	25	Stralsund	33
Ingolstadt	63	München	70	Stuttgardt	69
Inspruck	85	Naumburg	30	Trier	83
Kemnitz	25	Nürnberg	60	Tübingen	72
Kitzingen	54	Paris	165	Venedig	117
Königsberg	74	Prag	36	Ulm	70
Leipzig	24	Pressburg	65	Wien	60
Lissabon	377	Regenspurg	55	Wittenberg	18
London	170	Riga	154	Worms	68
Lübeck	44	Rom	185	Würzburg	55
Lüneburg	43	Rostock	34	Zerbst	20
Magdeburg	28	Salzburg	68	Zwickau	39

Von Geneve.

bis	sind Meilen	bis	sind Meilen	bis	sind Meilen
Belgrad	190	Jena	98	Parma	60
Bonn	85	Kaminieck	239	Petersburg	412
Brüssel	83	Leipzig	106	St. Gallen	35
Carlsbad	103	Leyden	101	Stuttgardt	54
Carlsruh	53	Lion	19	Temeswar	244
Cadix	223	Livorno	86	Tübingen	51
Darmstadt	66	Madrit	169	Turin	34
Florenz	89	Nürnberg	79	Utrecht	96
Gibraltar	225	Orfordt	131	Wien	125
Haag	99	Osnabrück	106	Zürich	28

Von Gent.

	Meilen	bis	sind Meilen	bis	sind Meilen
Sachs.	80	Hamburg	65	Heydelberg	56

Hib

Von Gent.

bis	sind Meilen	bis	sind Meilen	bis	sind Meilen
Hildesheim	63	Maynz	50	Speyer	55
Jerusalem	567	Malta	310	Stettin	107
				Stockholm	268
Ingolstadt	83	Marburg	56	Straßburg	60
Inspruck	105	Meißen	92		
Kemniz	90	Mersenburg	80	Stuttgardt	64
Kizingen	68	München	90	Trier	36
Königsberg	201	Nürnberg	77	Tübingen	67
Landshut	90	Paris	50	Venedig	143
Leipzig	84	Prag	106	Ulm	74
Lissabon	202	Regenspurg	90	Wien	135
London	50	Riga	277	Wittenberg	87
Lübeck	74	Rom	200	Worms	53
Lüneburg	68	Rostock	90	Würzburg	64
Magdeburg	80	Salzburg	105	Zerbst	85

Von Gotha.

bis	sind Meilen	bis	sind Meilen	bis	sind Meilen
Achen	53	Hamburg	47	Passau	44
Aichstätt	30	Heydelberg	31	Posen in Pohlen	60
Bamberg	14	Ingolstadt	33	Prag	38
Baußen	32	Inspruck	62	Riga	203
Coppenhagen	113	Kemniz	20	Rom	161
Constanz	50	Königsberg	116	Speyer	33
Danzig	93	Landshut	43	Stockholm	208
Dreßden	29	Leipzig	16	Trier	48
Eßlingen	32	Linz	53	Tübingen	37
Eißleben	15	Marburg	21	Venedig	99
Freyberg in Meißen	24	München	45	Ulm	40
		Naumburg	10	Wien	70
Görliz	36	Nördlingen	32	Würzburg	19
Halberstadt	15	Nürnberg	23	Zeitz in Meißen	10
Hall in Sachs.	14	Ofen	115	Znaim in Mähren	63

Von Hall in Sachsen.

bis	sind Meilen	bis	sind Meilen	bis	sind Meilen
Leipzig	5	London	140	Lüneburg	28
Lissabon	343	Lübeck	33		

Von Hall in Sachsen.

bis	sind Meilen	bis	sind Meilen	bis	sind Meilen
Magdeburg	11	Regenspurg	40	Tübingen	50
Maynz	40	Riga	188	Venedig	107
Malta	280	Rom	172	Ulm	50
Marburg	33	Rostock	36	Wien	65
München	52	Salzburg	57	Wittenberg	8
Naumburg	6	Stettin	38	Worms	44
Nürnberg	32	Strasburg	60	Würzburg	32
Paris	130	Stralsund	43	Zerbst	8
Prag	31	Stuttgardt	47	Zwickau	14
Presburg	72	Trier	58		

Von Hamburg.

bis	sind Meilen	bis	sind Meilen	bis	sind Meilen
Heydelberg	60	Magdeburg	29	Rostock	25
Hildesheim	20	Maynz	50	Salzburg	90
Jerusalem	535	Malta	326	Stettin	45
Ingolstatt	71	Marburg	39	Stockholm	170
Inspruck	100	Meissen	49	Strasburg	78
Kizingen	55	Merseburg	41	Stralsund	36
Königsberg	110	München	81	Stuttgardt	65
Landshut	76	Nürnberg	70	Trier	60
Leipzig	43	Paris	136	Tübingen	68
Lissabon	350	Prag	69	Venedig	145
London	113	Regenspurg	76	Ulm	76
Lübeck	10	Riga	166	Wien	104
Lüneburg	7	Rom	216	Worms	56

Von Heidelberg.

bis	sind Meilen	bis	sind Meilen	bis	sind Meilen
Hildesheim	46	Königsberg	150	Lüneburg	54
Jerusalem	504	Landshut	35	Magdeburg	48
Ingolstadt	29	Leipzig	45	Maynz	9
Inspruck	50	Lissabon	394	Malta	256
Kemniz	46	London	115	Marburg	20
Kizingen	16	Lübeck	64	Meissen	50

Mers

Von Heidelberg.

bis	sind Meilen	bis	sind Meilen	bis	sind Meilen
Merseburg	43	Riga	240	Trier	22
München	35	Rom	148	Tübingen	10
Münster	37	Rostock	75	Venedig	96
Naumburg	40	Salzburg	50	Ulm	18
Nördlingen	18	Speyer	3	Wien	82
Nürnberg	24	Stettin	81	Wittenberg	51
Paris	86	Stockholm	240	Worms	4
Prag	57	Strasburg	18	Würzburg	14
Presburg	60	Stralsund	84	Zerbst	50
Regenspurg	35	Stuttgardt	7	Zwickau	42

Von Inspruck.

bis	sind Meilen	bis	sind Meilen	bis	sind Meilen
Kizingen	47	Olmütz	70	Schneeberg	56
Königsberg	160	Ofen	90	Stettin	104
Leipzig	67	Paris	110	Stockholm	260
Lianiz	75	Passau	40	Stralsund	112
Lissabon	304	Pilsen	50	Strasburg	45
London	164	Posen	98	Straubingen	32
Lübeck	100	Prag	55	Torgau	70
Lüneburg	90	Presburg	67	Trier	86
Magdeburg	77	Regenspurg	32	Tübingen	38
Maynz	58	Riga	242	Venedig	43
Malta	260	Rom	96	Ulm	31
München	20	Rostock	104	Wien	56
Nordhausen	72	Salzburg	18	Wittenberg	47
Nürnberg	40	Schmalkalden	54	Würzburg	50

Von Königsberg.

bis	sind Meilen	bis	sind Meilen	bis	sind Meilen
Landshut	138	Lübeck	112	Meissen	100
Leipzig	104	Lüneburg	114	Merseburg	107
Lignitz	78	Magdeburg	100	München	148
Lissabon	450	Maynz	154	Münster	154
London	240	Malta	316	Naumburg	114
Ludwigsburg	158	Marburg	140	Nördlingen	145

Von Königsberg.

bis	sind Meilen	bis	sind Meilen	bis	sind Meilen
Nordhaußen	118	Salzburg	137	Trier	172
Nürnberg	140	Schmalkalden	122	Tübingen	163
Ollmütz	88	Speyer	162	Venedig	175
Paris	240	Stettin	65	Ulm	155
Prag	100	Stockholm	106	Wien	105
Presburg	107	Stralsund	86	Wittenberg	100
Regenspurg	130	Straßburg	175	Worms	156
Riga	64	Straubingen	103	Würzburg	130
Rom	230	Stuttgardt	160	Zerbst	105
Rostock	95	Torgau	102	Zürich	179

Von Landshut.

bis	sind Meilen	bis	sind Meilen	bis	sind Meilen
Leipzig	44	Nürnberg	18	Stockholm	235
Lignitz	52	Ollmütz	52	Stralsund	87
Lissabon	320	Paris	124	Straßburg	40
London	156	Passau	17	Straubingen	9
Lübeck	76	Posen	25	Stuttgardt	25
Lüneburg	70	Prag	33	Torgau	45
Magdeburg	52	Presburg	57	Trier	57
Maynz	41	Regenspurg	8	Tübingen	17
Malta	225	Riga	220	Venedig	64
Marburg	148	Rom	120	Ulm	20
Meissen	40	Rostock	81	Wien	50
Merseburg	43	Salzburg	15	Wittenberg	48
München	16	Schmalkalden	34	Worms	38
Münster	66	Schneeberg	30	Würzburg	36
Naumburg	40	Speyer	57	Zerbst	50
Nördlingen	17	Stettin	78	Zwickau	33
Nordhaußen	47				

Von Leipzig.

bis	sind Meilen	bis	sind Meilen	bis	sind Meilen
Lignitz	34	Lüneburg	36	Marburg	36
Lissabon	344	Magdeburg	14	Meissen	10
London	144	Maynz	44	Merseburg	3
Lübeck	44	Malta	274	München	54

Mün-

Von Leipzig.

bis	sind Meilen	bis	sind Meilen	bis	sind Meilen
Münster	46	Regenspurg	40	Stuttgardt	45
Naumburg	6	Riga	168	Torgau	6
Nördlingen	45	Rom	166	Trier	60
Nordhausen	15	Rostock	48	Tübingen	48
Nürnberg	36	Salzburg	56	Venedig	122
Olmütz	50	Schmalkalden	20	Ulm	48
Ofen	108	Schneeberg	12	Wien	60
Paris	133	Speyer	47	Wittenberg	8
Passau	44	Stettin	40	Worms	44
Posen	46	Stockholm	196	Würzburg	32
Prag	26	Strasburg	61	Zerbst	9
Presburg	66	Straubingen	39	Zwickau	9

Von Londen.

bis	sind Meilen	bis	sind Meilen	bis	sind Meilen
Linz	342	Olmütz	380	Stralsund	376
London	250	Paris	215	Strasburg	275
Lübeck	360	Passau	355	Straubingen	328
Lüneburg	352	Posen	400	Stuttgardt	285
Magdeburg	350	Prag	355	Torgau	348
Maynz	296	Presburg	360	Trier	278
Malta	368	Regenspurg	322	Tübingen	288
Marburg	316	Riga	330	Venedig	308
Meissen	345	Rom	310	Ulm	295
Merseburg	341	Rostock	370	Weimar	333
München	310	Salzburg	325	Wien	374
Münster	306	Schmalkalden	328	Wittenberg	359
Naumburg	338	Schneeberg	340	Worms	293
Nördlingen	305	Speyer	290	Würzburg	310
Nordhausen	334	Stettin	390	Zerbst	353
Nürnberg	815	Stockholm	530	Zwickau	342
Ofen	390				

Von London.

bis	sind Meilen	bis	sind Meilen	bis	sind Meilen
Aichstätt	143	Freyberg in Meissen	158	Halberstadt	135
Bamberg	130			Hof	144
Eßlingen	125	Görlitz	171	Ludwigsburg	120

Von.

Von London.

bis	sind Meilen	bis	sind Meilen	bis	sind Meilen
Lüneburg	25	Riga	308	Venedig	140
Magdeburg	142	Rostock	143	Ulm	134
Marburg	110	Salzburg	164	Wien	212
Münster	90	Speyer	114	Wittenberg	148
Naumburg	138	Stockholm	240	Worms	110
Nürnberg	140	Straßburg	116	Würzburg	127
Paris	76	Torgau	150	Zeitz	140
Prag	170	Trier	93	Zerbst	142
Presburg	220	Tübingen	125	Zwickau	145
Regenspurg	152				

Von Lübeck

bis	sind Meilen	bis	sind Meilen	bis	sind Meilen
Lüneburg	10	Paris	145	Straßburg	84
Magdeburg	31	Passau	86	Straubingen	73
Mayntz	54	Pilsen	61	Schwerin	8
Marburg	44	Prag	65	Torgau	40
Meissen	45	Presburg	101	Trier	68
Merseburg	36	Regenspurg	76	Tübingen	74
München	83	Riga	180	Venedig	140
Münster	38	Rom	222	Ulm	75
Naumburg	40	Rostock	16	Wien	96
Nördlingen	76	Salzburg	90	Wittenberg	36
Nordhausen	31	Speyer	66	Worms	64
Nürnberg	72	Stettin	37	Würzburg	56
Olmütz	81	Stockholm	130	Zerbst	31
				Zwickau	50

Von Magdeburg

bis	sind Meilen	bis	sind Meilen	bis	sind Meilen
Amberg	38	Fulda	30	Münster	40
Bamberg	31	Hoff	24	Naumburg	14
Constanz	68	Mayntz	44	Nördlingen	54
Eger	30	Marburg	35	Nürnberg	42
Eißleben	9	Merseburg	10	Olmütz	60
Freyberg	24	München	64	Paris	140
				Passau	

Von Magdeburg

bis	sind Meilen	bis	sind Meilen	bis	sind Meilen
Paſſau	64	Salzburg	64	Tübingen	55
Prag	40	Schmalkalden	22	Ulm	56
Presburg	77	Speyer	50	Worms	47
Regenſpurg	48	Stockholm	182	Würzburg	38
Riga	180	Straſburg	64	Zeitz	18
Rom	180	Stuttgardt	52	Zwickau	23
Roſtock	30	Trier	60		

Von Maynz.

bis	sind Meilen	bis	sind Meilen	bis	sind Meilen
Malta	268	Presburg	92	Torgau	40
Meiſſen	50	Regenſpurg	40	Trier	20
Merſeburg	39	Riga	135	Tübingen	23
München	42	Rom	158	Venedig	100
Münſter	30	Roſtock	68	Ulm	28
Naumburg	37	Salzburg	56	Wien	85
Nördlingen	28	Schneeberg	40	Wittenberg	48
Nürnberg	28	Speyer	11	Worms	7
Olmütz	80	Stockholm	237	Würzburg	61
Paris	86	Straſburg	24	Zerbſt	45
Paſſau	56	Stralſund	78	Zwickau	41
Prag	60	Stuttgardt	20		

Von Nürnberg.

bis	sind Meilen	bis	sind Meilen	bis	sind Meilen
Aichſtätt	10	Prag	32	Ulm	18
Amberg	8	Presburg	66	Weimar	28
Anſpach	5	Regenſpurg	13	Wien	72
Baſel	42	Roſtock	67	Worms	28
Brünn	58	Salzburg	33	Würzburg	13
Olmütz	56	Speyer	27	Zerbſt	40
Paris	112	Straſburg	36	Zwickau	25
Paſſau	30	Tübingen	22		

Von

Von Prag.

bis	sind Meilen	bis	sind Meilen	bis	sind Meilen
Arnstatt	37	Salzburg	36	Ulm	50
Presburg	38	Speyer	69	Wien	36
Regenspurg	30	Strasburg	67	Wittenberg	32
Riga	180	Stralsund	66	Würzburg	50
Rom	146	Stuttgardt	52	Zwickau	20
Rostock	63	Trier	77		

Von Regenspurg.

bis	sind Meilen	bis	sind Meilen	bis	sind Meilen
Riga	214	Stockholm	228	Wien	60
Rostock	75	Stuttgardt	30	Wittenberg	43
Salzburg	20	Trier	50	Würzburg	25
Speyer	36	Ulm	23	Zeiz	31

Von Stuttgardt.

bis	sind Meilen	bis	sind Meilen	bis	sind Meilen
Durlach	7	Ulm	14	Würzburg	15
Heilbronn	5	Wien	78	Zerbst	52
Heydelberg	10	Wittenberg	53	Zwickau	41
Mannheim	10	Worms	13		

Von Tübingen.

bis	sind Meilen	bis	sind Meilen	bis	sind Meilen
Basel	20	Paris	88	Speyer	12
Bern	26	Passau	44	Strasburg	14
Eßlingen	3	Pilsen	44	Ulm	7
Eißleben	48	Posen	92	Wien	76
München	25	Presburg	82	Wittenberg	56
Nordhausen	45	Regenspurg	28	Worms	14
Ofen	124	Salzburg	41	Würzburg	18
Olmütz	75	Schafhausen	12	Zürich	56

Von Wien.

bis	sind Meilen	bis	sind Meilen	bis	sind Meilen
Achen	112	Halberstadt	73	Venedig	70
Anspach	65	Hof	55	Ulm	70
Bauzen	47	Linz	30	Wittenberg	60
Donauwerdt	63	Olmütz	30	Worms	84
Eger	81	Ofen	35	Würzburg	70
Fuld	76	Posen	57	Zerbst	64
Görlitz	43	Straubingen	54	Zwickau	56

www.ingramcontent.com/pod-product-compliance
Lightning Source LLC
Chambersburg PA
CBHW020315240426

43673CB00039B/814